本书为贵州师范大学博士科研启动经费项目研究成果

教育学生命力研究

韦永琼　著

中国社会科学出版社

图书在版编目（CIP）数据

教育学生命力研究／韦永琼著. —北京：中国社会科学
出版社，2017.5
ISBN 978 - 7 - 5161 - 8027 - 3

Ⅰ.①教… Ⅱ.①韦… Ⅲ.①教育学—研究 Ⅳ.①G40

中国版本图书馆 CIP 数据核字(2016)第 084296 号

出 版 人	赵剑英
选题策划	罗 莉
责任编辑	刘 艳
责任校对	陈 晨
责任印制	戴 宽

出 版	中国社会科学出版社
社 址	北京鼓楼西大街甲 158 号
邮 编	100720
网 址	http://www.csspw.cn
发 行 部	010 - 84083685
门 市 部	010 - 84029450
经 销	新华书店及其他书店

印 刷	北京明恒达印务有限公司
装 订	廊坊市广阳区广增装订厂
版 次	2017 年 5 月第 1 版
印 次	2017 年 5 月第 1 次印刷

开 本	710×1000 1/16
印 张	16
插 页	2
字 数	266 千字
定 价	68.00 元

凡购买中国社会科学出版社图书,如有质量问题请与本社营销中心联系调换
电话:010 - 84083683

目 录

序 ……………………………………………………………………… (1)

前言 ……………………………………………………………………… (1)

上篇 理论篇

绪论 ……………………………………………………………………… (3)

第一节 研究背景 ……………………………………………………… (4)

一 问题提出 ………………………………………………………… (4)

二 文献综述 ………………………………………………………… (9)

第二节 研究的对象与方法 …………………………………………… (16)

一 研究的对象 ……………………………………………………… (16)

二 研究的方法 ……………………………………………………… (17)

三 术语界定 ………………………………………………………… (23)

四 文献资料的选取 ………………………………………………… (26)

第三节 研究的目的与意义 …………………………………………… (28)

一 研究的目的 ……………………………………………………… (28)

二 研究的意义 ……………………………………………………… (30)

第一章 会通于生命时间处的复杂性、柏格森哲学
与教育学理论 ……………………………………………… (31)

第一节 对柏格森哲学的偏见、误读及它的不灭生机 ………… (31)

一 一种对直觉的固有偏见 ……………………………………… (31)

二 二层失真的误读 ……………………………………（32）

三 三个世纪不息的绵延 …………………………………（38）

第二节 复杂性研究进程中柏格森的"二维四现"及其

自然哲学属性 ……………………………………（41）

一 第一维:生命时间引发的复杂性思考 ………………（42）

二 第二维:演化哲学专著获诺贝尔文学奖的世纪困惑 ………（54）

三 柏格森生命时间哲学的自然哲学属性 ………………（56）

第三节 复杂性与生命性互为因果创制的教育学理论 …………（60）

一 教育学的理论知识如何是"生成的" …………………（60）

二 教育学的理论生命力何以是可能的 …………………（64）

三 复杂性与生命性互为因果创制的教育学理论 …………（67）

第二章 生成的教育学理论 ………………………………（73）

第一节 复杂性视域下的直觉方法论 ……………………（73）

一 对直觉的一般性界定 …………………………………（73）

二 柏格森的直觉方法论 …………………………………（76）

三 复杂性科学里的直觉方法论 …………………………（78）

第二节 生成的教育学理论:基于复杂性视域下柏格森

直觉方法论的理解 ………………………………（80）

一 自主生成的教育学理论 ………………………………（80）

二 直觉生成的教育学理论 ………………………………（82）

三 持续生成的教育学理论 ………………………………（84）

第三章 创造的教育学理论 ………………………………（88）

第一节 被隐喻了的非理性及其对它的合理认识 …………（88）

一 负面隐喻理解下的非理性 ……………………………（88）

二 正确认识与合理看待非理性 …………………………（94）

第二节 创造的教育学理论:基于复杂性视域下非理性

情感因素的理解 …………………………………（103）

一 教育学理论生成初始的非理性 ………………………（103）

二 教育学理论生成过程的非线性 ………………………（106）

三 教育学理论生成结果的非确定性 ……………………（109）

第四章　教育学理论的生机:复杂性视域下非理性情感
　　　　　因素的贡献 ································ (111)
　第一节　非理性情感因素中自卑情结及愤怒转化 ········· (112)
　　一　阿德勒的"自卑情结与超越"理论 ············· (112)
　　二　情感社会学透视下的愤怒表达 ··············· (113)
　第二节　犹太血统的自卑与愤怒:地理空间的散户与
　　　　　知识领域的"大户" ··························· (116)
　　一　自卑与黯然的地理生存空间 ··············· (116)
　　二　愤怒造就学术知识领域里的"大户" ········· (118)
　第三节　知识的创造是一种情感的表达 ··············· (119)
　　一　复杂性视域下非理性情感因素的贡献 ········· (120)
　　二　生命个体因具有情感而显其复杂 ············· (122)
　　三　教育学理论因情感熔铸而显其生机 ··········· (123)

下篇　实践篇

第一章　欧文的和谐教育实践 ························· (127)
　第一节　欧文和谐教育的理想与实践 ··············· (128)
　　一　欧文和谐教育的理想 ····················· (128)
　　二　欧文和谐教育的实践 ····················· (128)
　第二节　欧文和谐教育的新启示 ··················· (129)
　　一　审视农民工子弟学校所处地理位置,环境决定论
　　　　有新的现实积极意义 ····················· (130)
　　二　透视农民工子弟学校的环境生存空间,实施公平
　　　　教育应从改善学生生活环境开始 ··········· (131)

第二章　密尔功利教育的非功利性价值内蕴 ··········· (133)
　第一节　功利主义的幸福观 ······················· (133)
　第二节　功利主义的教育幸福观 ··················· (135)
　第三节　功利主义教育幸福观的终结 ··············· (136)
　　一　人的功利价值观与人欲求幸福的愿望相冲突,教育
　　　　难以承担让人获得幸福的使命 ············· (136)

二　功利主义价值评判下的幸福与善行始终相冲突，
教育难以调节这一矛盾 …………………………………（138）

三　日常生活行事准则式的功利主义利益权衡观，
致使教育幸福目的观沦为虚幻 ……………………………（139）

第三章　叔本华之尼采的教育实践 ……………………………（141）

第一节　何谓真教育者 ……………………………………（141）

一　因深切理解个体的责任式自由而与时代保持着
某种距离 ……………………………………………………（141）

二　真教育者的生命行动之影，深沉而持久地隐匿
于文本中 ……………………………………………………（142）

三　真教育者是天才、榜样与范型 ……………………………（144）

第二节　真教育者存在于何处 ……………………………（146）

一　存在于真学习者对伟大作品的参透性理解中 …………（146）

二　存在于具有文化特征的公共性空间中 …………………（148）

第三节　真教育者教什么 …………………………………（150）

一　教个体如何发现自我 ……………………………………（150）

二　教个体如何实现其最高的价值与最深的意义 …………（151）

第四章　晏阳初的"三 C"教育实践 ……………………………（153）

第一节　内地会西学堂时期：由恐惧不适到自愿接受洗礼 ………（153）

第二节　成都时期：崇尚道德教育，追求基督教精神 …………（155）

第三节　香港时期：明确救国与救世一致的思想 …………………（156）

第四节　耶鲁求学与赴法时期：明晰"三 C 力量"，志定平民
教育事业 ……………………………………………………（157）

一　初进耶鲁大学，感受平等与博爱精神 …………………（157）

二　亲历先进民主与平等，更促救国救民心 ………………（158）

三　基督、孔子仁爱思想合一，形成至爱教育思想 ………（158）

四　以仁爱善、济世救民心，为信仰基督宗教之缘由 ……（159）

五　服务华工"三 C 力量"明晰，志定平民教育事业………（159）

第五章　萨特存在主义视角下的教育实践 ……………………（161）

第一节　教师职业倦怠感概述 …………………………………（161）

第二节　存在主义哲学透视下的教师职业 ……………………（162）

　　一　自由与不自由的吊诡 …………………………………（162）

　　二　主动与被动的改变 ……………………………………（163）

　　三　自由与责任的选择 ……………………………………（165）

第三节　存在主义视角下的教师职业倦怠感 …………………（167）

　　一　工作的倦怠感是人生倦怠感的组成部分 ……………（167）

　　二　工作的意义是生命意义寻求的组成部分 ……………（168）

　　三　工作倦怠感是功利权衡后的选择 ……………………（169）

　　四　我们可以做出更好的选择 ……………………………（170）

第六章　贝塔朗菲一般系统论教育实践 ……………………（171）

第一节　贝塔朗菲一般系统论的产生 …………………………（171）

第二节　具有复杂性科学特征的贝塔朗菲一般系统论 ………（173）

第三节　贝塔朗菲复杂性科学特征的一般系统论教育观 ……（174）

第七章　贝塔朗菲、普里戈金与皮亚杰的复杂性教育实践 …（178）

第一节　具有代表性的三位跨学科复杂性科学研究者 ………（179）

　　一　与圣菲研究所的比照 …………………………………（179）

　　二　划分的标准 ……………………………………………（180）

　　三　对例证的分析 …………………………………………（182）

第二节　启示 ……………………………………………………（183）

　　一　作为人文社会科学而存在的教育学，综合意味着什么 …（183）

　　二　学校教育成为社会普遍问题"巴尔干半岛之争"的抗议 …（184）

　　三　复杂性科学研究范式，教育学研究的新通路 ………（185）

第八章　复杂性研究之人文社会科学的作为 ………………（186）

第一节　人文社会科学领域里的"复杂性"概念 ……………（186）

第二节　人文社会科学领域里的复杂性研究 …………………（187）

　　一　"复杂性"与后现代 …………………………………（187）

　　二　"复杂性"与中国传统文化 …………………………（188）

　　　三　"复杂性"与社会学 ……………………………………（190）

　　　四　"复杂性"与教育学 ……………………………………（190）

　　第三节　启示 ………………………………………………………（191）

第九章　鲍曼后现代幸福观省思下的教育实践 ………………（192）

　　第一节　"后现代幸福观"阐释 …………………………………（192）

　　第二节　遭遇后现代特性的现代教育 …………………………（194）

　　　一　现代教育者角色定位的转变 ……………………………（194）

　　　二　应对不确定性世界,现代教育面临困境 ………………（195）

　　第三节　后现代幸福观对现代教育的种种挑战 ……………（196）

　　　一　后现代幸福观对现代教育影响力的挑战 ………………（196）

　　　二　后现代幸福观对现代理性教育的挑战 …………………（197）

　　　三　后现代幸福观对具有风险性未来教育理想的挑战 ………（198）

第十章　冲突教育学初探 …………………………………………（199）

　　第一节　反常规教育:基于法兰克福学派的批判理论 ………（200）

　　第二节　相向教育:基于对工具理性主义惯习思维的批判 ……（202）

　　第三节　冲突教育:基于巴以长期战争状态的反思 …………（203）

　　第四节　冲突教育学:何以可能 …………………………………（206）

附录1　从"知识精英"到"知识工人"

　　　　——大学生社会身份整体下移趋势探析 ………………（209）

附录2　美国课外家教辅导及其启示 ……………………………（218）

参考文献 ………………………………………………………………（226）

后记 ……………………………………………………………………（246）

序

　　欣闻韦永琼将在她博士学位论文的基础上出版专著，嘱我为她写序，作为她的导师我自是义不容辞。

　　她原先的博士学位论文题名为《论教育学的理论生命力——复杂性视域下柏格森生命时间哲学的探索》，这是一个对教育学的理论知识进行纯理论思考的研究。其中，以复杂性理论和柏格森的生命哲学相交之处而形成的视角来看待教育学知识的生成问题。她主要探究了教育学知识生成中的几个特性：一是复杂性和综合性；二是强开放性和泛学科相关性；三是知识相互间影响的非线性和扰动性；四是人的情感因素对于学科知识生成的决定性。这些教育学知识生成的特性形成了直觉的教育学、生成的教育学、创造的教育学和情感与理性共契的教育学。在分析和论证的过程中，她赋予人们以往惯于在修辞层面使用的隐喻以方法论意义，指出隐喻是除归纳法和演绎法之外人们认知世界的一种方式。对于通过语言而存在的人而言（或如果人是一种语言动物），隐喻或可确实称为"我们赖以生存的隐喻"（Metaphors We Live）。在她博士学位论文的最后还专门提到了西方知识生产者们的犹太血统身份，这一点之所以被她特别提出来进行思考，乃在于她认为通观西方近现代的知识创制者们，有相当一部分人是具有犹太血统的，这种民族身份对于知识的产生是一个不容忽视的因素。最后的结论是，"教育学的理论生机就在于它的创制者身上所具有的非理性情感因素的参与。……生命活力不是靠沉闷而严密的理性逻辑认识得以体现的，而是因为非理性情感因素参与其中的创造过程，才显现出其勃勃的生机，教育学在理论上的生命活力同样也是如此"。

　　现在的这本专著是将其博士学位论文放在"上篇　理论篇"里，而"下篇　实践篇"则是她十年来对我国教育实践与现实层面状况的反思。

将这些已发表的论文串起来归为"实践篇",我想是对应于她博士学位论文的纯理论思考而言的,毕竟下篇的这些文章指向了现实层面的观察与思考。比如"欧文的和谐教育实践及其启示"、"密尔功利教育的非功利性价值内蕴"、"晏阳初的'三C'教育实践"、萨特存在主义视角下对教师职业倦怠感的分析、"贝塔朗菲、普里戈金与皮亚杰的复杂性教育实践"、"从'知识精英'到'知识工人'——大学生社会身份整体下移趋势探析"、"美国课外家教辅导及其启示"等。而"复杂性研究之人文社会科学的作为"和"冲突教育学初探"这两章则是在反思学科贡献与教育学学科内部的知识状况问题。

就我对她的了解而言,我认为这是一个较为勤奋而认真的学生。做博士学位论文期间,为了尽可能搜集到较为全面的相关文献资料,她顾及到了法文文献和日文文献,这两种语言她还专门自费去补习班学习了一阵子。当然,最终在研读文献时是否能使用这两种语言了还有待别论,但能够为了做论文而去学习新的语言,这一点应该是值得肯定的。

最后,她的研究也并非尽善尽美,仅是博士学位论文中就仍然存在着一些问题。比如,对于柏格森的研读所呈现出来的现在这种程度恐怕是入不了西方哲学研究者们的"法眼"的,同时对于复杂性理论的研究虽然她在此方面下了较大的功夫,也仍然有可能是不尽深刻、不尽到位的。再就是由于她的博士学位论文研究和思考的问题是教育学知识生成的问题,我们看到她在文献梳理中还同时顾及了民国时期的柏格森研究,这从现实操作的层面上来说,亦是加大了她的研究工作量,为此她专门花了一个暑假的时间泡在学校图书馆的古籍室里。这对于待在其他地方的学生而言不算什么,但对于生活在广州的学生而言一定是能深切体会个中滋味的。以上种种表明她在读博士的三年时间里确实付出了辛勤的劳动和汗水,收获是有的,同时也留下了些许的遗憾与许多的不足。有待她继续努力改进吧。

是为序。

全国教育基本理论专业委员会主任委员

华南师范大学　扈中平教授

2016 年 10 月

前　言

　　长期以来，人们对教育学的实践生命力给予极高肯定，较少述及教育学的理论生命力。教育学普遍被认为只有在实践领域才是具有生命力的，而本书认为教育学在理论领域同样也具有强大的生命力。教育学的生命力以深厚的理论生命力为依托，以生机勃勃的教育实践而活跃，绵延不绝、生生不息。

　　本书分为上、下两篇。上篇论证了教育学的理论生命力并不完全依附于教育学的实践而存在，基于复杂性视域下柏格森的生命时间哲学，以隐喻的方法视教育学的理论知识为"生命存在"，它在人类知识大系统中自适应而持续生存着。以此思维方式来理解教育学，更能够看清它在理论知识生成上的性质，从而更有助于提升教育学的学科自信力。下篇从近代至现当代教育发展史上，撷取几个典型人物的教育理念应用于实践的例证，以说明教育学的生命力之实践维度，同时印证上篇的结论之一——教育学的理论生命力因从事者的情感生命而愈加旺盛。

上篇　理论篇

绪　论

在有关复杂性科学研究①的各类文献中，时有提到柏格森（Bergson，H.）的生命时间哲学②对普里戈金③（Prigogine，I.）发现耗散结构论以很大的启发，④ 但对于怎样将柏格森与普里戈金乃至复杂性科学之间相关联起来这一问题，却很少有人提到。本书基于这样的背景，试以柏格森的生命哲学与复杂性理论间的内在关系为切入点，进入到二者间的微观世界中去，并以隐喻的方法视教育学理论⑤为有生命的存在，在此视域下探究它是如何生成的。

今天的教育学理论已不是少数哲学家思维艺术品的结晶，而是众多教育学专业人士必须严肃对待和认真思考的对象。

---

① 本书中的一系列概念：复杂、复杂性、复杂性视域下、复杂性科学研究、复杂性理论等，可视为互通性概念群，总体上指涉"复杂性科学研究"这一意涵。行文时一是在各标题中为求简洁而以"复杂"或"复杂性"等显示；二是为避免同一术语以不变的形式频繁使用而显刻板，因而在不影响主旨的情况下略为变换性地使用这些相通的概念。

② 本书重点涉及柏格森哲学中的生命时间（绵延）、非理性、直觉等几个相关主题，概称"柏格森生命哲学"，为文需要，时以"柏格森生命时间哲学"、"柏格森时间哲学"或"柏氏生命时间"等显示。不做特别申明时，本书的"时间"指柏格森哲学意义上的"生命时间"。在柏格森这里，"生命"、"时间"、"绵延"是可在一定程度上等同和互通的系列性概念，生命既是时间的度过又是在时间中创造性的延续（详见本书第一章第二节的阐述）。

③ 通常也译作"普利高津"或"普里果金"等，本书统一用"普里戈金"。

④ 吴彤：《复杂性的兴起》，《科学技术与辩证法》2001年第6期；董伟、颜泽贤：《复杂性研究中的两个哲学问题思考》，《哲学动态》2007年第9期；吴国盛：《科学的历程》，北京大学出版社2002年版，第558页；蒋佩明等：《世界100位科学家》，江西科学技术出版社2003年版，第687页。

⑤ 教育学理论，指关于教育或教育学的理论认识、思想、观念等，用以下英文能较清晰地表明本书的界定：Knowledge about education，Knowledge about pedagogy；Thoughts about education，Thoughts about pedagogy；Idea about education，Idea about pedagogy（详见本书术语界定部分的阐述）。

第一节　研究背景

一　问题提出

（一）非功利价值取向上的追问：教育基本理论研究"基本"吗？

"教育基本理论研究是一种基础研究。"① 然而近年来，中国大陆在教育学的基本理论研究上，越来越呈现出的不是对基本理论的研究，而更多和更大的热情是奔向了实践，呈现出与实践相拥抱的状态。在此，本书无意于否定"理论与实践密切联系"、"理论必须回到生活实践本身"等这些主流核心价值观，而是认为虽然教育学更多地被认为是一门实践性较强的学科，取之于实践并应用于实践，但是人类在走到有纪元以来的第 21个世纪的今天，知识的累积已达到了相当的厚度，教育学在人类知识史上的积累厚度同样也自不待言。因而，教育基本理论的研究，必然有其一端是重在仅仅研究基本理论而与实践暂时无涉。

1979 年各门学科恢复建制以来，中国大陆的教育学虽然走过了"代政治家立言"以至"成了政治的附庸"、"政治的婢女"② 而存在的阶段，但却始终难以摆脱替各方（包括教育学研究者本人）现实利益立言的藩篱。目前，在中国大陆的教育学理论界，不太安于理论基础本身的研究，并存在着一种隐而不显的认识：没有实践感与现实感的理论研究，其研究价值与意义不大。在这种情况下，非指向教育实践的教育基本理论研究，并不以解决教育实践中的现实问题为其使命，因而常常在它的有用性上遭到质疑。理论研究有时仅仅在精神时空领域内活动，思想间的交流、沟通与对话，思想凝结成文字并作为理论知识在文本里一代代创造性地相传下去，是另一种意义上的实践。从事理论知识研究的人主要是在形而上的层面进行活动，他们之间的这种对话就是一种思想与精神的对话——以文字显现而出的对话。这种暂时不涉及当前教育实践的基础理论，如果一定要以"是否与实践活动相联系"来叩问，那么用文本作为载体而进行的彼

---

① 扈中平、刘朝晖：《对教育基本理论学科建设与发展的几点看法》，《华东师范大学学报》（教育科学版）1998 年第 2 期。

② 董标：《马克思主义教育思想论纲》（修订版），中国矿业大学出版社 1999 年版，前言第3—4 页；扈中平：《人是教育的出发点》，《教育研究》1989 年第 8 期；金忠明：《从政治的婢女到经济的侍从：现代中国教育价值的迷思》，《上海教育科研》2003 年第 3 期。

此间的对话就是一种实践。这里如要强行问一个"到底有什么用",那么它的用处就是思想的演进、人类理论知识的累积与深化。从总体上而言,这种理论也是"有用"的,只是特征不同,并不一定立即显现在对现实的有用性上,但这种"用"仍然是很重要的。正如已有著名学者所提出过的那样,人文社会科学的恰切称谓和真实意义即在于它是一种属精神领域的学科。① 教育基本理论,本应在一定程度上坚守其基础性意义,即对教育学的理论本身所进行的研究,而不应过度偏向于对教育实践活动进行经验性理论提炼或构建出某一理论,企望它能应用于实践活动中去,这虽是理论研究的一个重要方面所在,但是"教育基本理论的学科性质和所应发挥的功能,要求它必须具有高度的抽象性和理论性"②。这一点亦是同样重要的,不应在被耽于现实利益的权衡下给遗忘了。

20世纪早期,本达(Banda, J.)站在保守主义的立场以《知识分子的背叛》③ 一书抨击了当时与理性主义背道而驰的知识分子们。本达认为当时的知识分子背叛了他们的本职工作,不再为了理想服务,而是为现实利益服务,他们本是在俗"传教士",应该捍卫某些传统价值,但是,他们没有这样做。而目前,中国大陆的教育学术研究,让人多少有些感受到,不少教育基本理论研究者也同样是背叛了自身的本职工作,不再以基本理论知识研究为业,而是转向了并不具备真正有效性的实践性理论研究。这种从事基本理论研究的不安于其基本理论研究,而跃跃欲试跳向实践,并伙同实践界来贬抑甚或贬损基本理论研究活动及其研究成果的价值,是因为没能认清基本理论研究的真实意义所在,也是一种未搞清自己立场的表现。理论并不仅仅只是为了实践而存在的,理论也可以仅仅为了理论本身而存在。理论有指向实践的理论,但同时也有立足于理论的理论,二者并行不悖。教育学的理论知识有它自己与实践无涉而合理存在的一面。

鉴于这样的情况,从教育基本理论研究的基本性意义出发,本书上篇的研究范围界定在对教育学理论知识的层面上,暂与当前状况下中国大陆

---

① ［德］狄尔泰:《精神科学引论》(第一卷),王海鸥译,中国城市出版社2002年版。

② 扈中平、刘朝晖:《对教育基本理论学科建设与发展的几点看法》,《华东师范大学学报》(教育科学版) 1998年第2期。

③ ［法］本达:《知识分子的背叛》,孙传钊译,吉林人民出版社2004年版。在此书中,本达将矛头直指柏格森的反理性哲学,但笔者认为,据此而指斥柏格森背叛了知识分子本职工作的观点,并不恰切。

的教育实践无涉。教育基本理论研究的目的在于提高教育学理论的精深程度和清晰程度，有别于对实践经验总结式的教育理论和欲付诸实践、指向实践的理论建构。本书上半部分主要是在教育基本理论的原初意义上进行研究，致力于在生命隐喻的意涵下，从复杂性与柏格森哲学相关联处的视角，理解教育学理论知识的生成与建构问题。

（二）背景选择合理性上的追问：为什么偏偏是柏格森？

1. "影响"所具有的新意涵

影响与意义在我们这个时代已经不再是直线式的了，从蝴蝶效应[①]的提出开始——现在人们已把它当成常识来看待。教育学在什么意义上与复杂性理论以及柏格森生命时间哲学相连？可以说，是时间问题将柏格森哲学与复杂性研究联系到了一起，它是一种间接的、非线性式的影响，是一种带有创造性的、生成性的，具有生命力的影响。[②] 这种影响不是固体状的，而是被喻为具有生命活力的流体状；这种影响将随着人的生命之流而一直延续下去，并将伴随着人在不同情境下需求的变化而富有生机。

20 世纪早期，如后面综述部分将会谈到的，柏格森在教育学上有着一定的影响，但本研究的主题范围界定在复杂性视域下，柏格森哲学与教育学的理论知识生成的相关之处，而非所有时空范围内柏格森哲学与教育学各个方面内容的相关之处。所以，20 世纪早期的教育学文献中与柏格森相关的部分，在本书中暂不涉及。虽然手头已收集了有关这方面一定量的资料，但这其实已足以又构成另一个专门的研究主题了。如果草率地将其作为构成本书的一部分章节或内容，作为本书的研究对象之一，显然是不可取的，也是不可能的。本书的目的不在于呈现柏格森哲学的整个面貌，不在于对其哲学做到整全而透彻的研究，仅仅限于对他的生命时间哲学能与复杂性研究相关，同时又能应用于教育学理论知识生成的部分。因而，本书在复杂性研究与柏格森生命时间的交汇处，即生命时间、非理性、直觉方法这三个维度上，以复杂性的思维方式来看待教育学理论知识生成的问题。复杂性研究，柏格森的生命时间哲学，教育学理论知识的生成，这是贯穿本书上篇的一条主线，也是本研究致力要揭示的：三者间共

---

① 强调影响所具有的扰动性，而不是直线性的——对应式的确定性影响。

② 这一点也是本研究强调教育学理论知识生命性的一个关键点，因为有生命的个体得以延续，其本身就存在着创造性。

有的内在联系，后文将会作更进一步的阐释。在此之前，还须作一铺垫性说明的是：对于柏格森哲学与教育学之间，复杂性研究视域内外存在着一些差别。

在复杂性研究视域之外，柏格森哲学对教育学的影响属于 1 号线（见图 1），这种两点一条连线式的相互关联性，以强确定性为依据来判定事物之间是否存在着相互影响。这让我们看到，柏格森哲学对教育学的影响并不十分强大。复杂性研究视域内，柏格森哲学对教育学的影响是非线性的（见图 1 右边的 2 号线）。但不论是前者抑或后者，在教育学的理论知识发展史上，柏格森哲学对教育学所产生的影响都不是那种具有震撼性作用的巨大影响，然而它的影响却是存在的，并且也是不能忽视的，尤其是近年来，复杂性研究表明，事物之间的影响与联系越来越多地显示出的是一种不确定性的、非线性的样态，因而对这种看似微弱性的影响的关注就显得较为必要了。

图 1　复杂性研究、柏格森哲学与教育学理论知识间的两种联系

具体而言，图中 1 号线属于传统视域里的直线性影响，即确定性的两点间的连线，这种联系观强调，只有直接性的、具有高度确定性的两个事物间才是相关的。这种相关是一种可化简为最小两点间连线的还原论思维指导下的确定性相关。在这一评判框架里，如果两个确定点之间的事物不是一对一的直接明了的高度相关与联系，立刻可作出判断：二者之间无相关。其弊病在于：自动封闭了各类事物之间所具有的丰富性借鉴可能，失去了一个好的开放性，不利于学科视野的开阔，同时也不利于学科知识的丰富性、多样性发展，从而导致难以跟上其他学科知识发展的步伐，令自身陷于落后状况而难以自拔。图中 2 号线则属于非线性影响，即复杂性研究中强调的事物之间联系所具有的不确定性特征，这一视域不强调明了的直接相关性，只要在某一方面有联系、有相关性，就有探究的价值，就能有利于学科知识增长与发展的可能性存在。本文的研究重在 2 号线。

2. 复杂性研究、柏格森哲学与教育学理论知识生成之间的内在联系

首先，诚如有研究者所提出的："教育活动是最具复杂性的一种活动，因为教育活动不仅是人的活动而且是培养人的活动，而人可以说是世界上最复杂的存在物。"[①] 人，这个存在物的复杂性决定了其活动的加倍复杂性。另外，"教育活动的一个重要特点，就是既具有科学性，又具有人文性，是科学性与人文性相互融合的一种培养人的活动"。因而，"教育学必须借鉴自然科学的研究方法和思维方式，但不能自然科学化，否则就意味着教育学的死亡"[②]。本文所基于的复杂性研究，正是一种自然科学与人文社会科学间的融合，目前它已成为教育学领域里一种新兴的研究范式，并由于它对过去传统的线性思维所产生的颠覆性震荡作用，使得复杂性研究在教育学领域里尤为引人注目。[③]

其次，从复杂性研究的理论进程来看，普里戈金在其论著中曾不止一次地提到他对化学、物理学领域内时间问题的探索来自于柏格森的启发，[④] 正是因为对这一问题的思考，才引发了他及其他同事与研究伙伴们开展了对物理学、化学领域内所存在的复杂性的研究，从而发表了不少相关论著，诸如：《探索复杂性》（1986）、《从存在到演化：自然科学中的时间及其复杂性》（1986）、《从混沌到有序：人与自然的新对话》（1987）、《确定性的终结：时间、混沌与新自然法则》（1998）。[⑤] 普里戈

---

① 扈中平：《教育研究必须坚持科学人文主义的方法论》，《教育研究》2003 年第 3 期。

② 同上。

③ 韦永琼：《复杂性研究范式论略及其教育学启示》，《内蒙古师范大学学报》（教育科学版）2007 年第 11 期；韦永琼：《复杂性研究：人文社会科学的作为》，《社会科学论坛》（学术研究卷）2007 年第 11 期。

④ ［比］普里戈金：《未来是定数吗？》，曾国屏译，上海科技教育出版社 2005 年版，第 3 页。

⑤ ［比］尼科里斯、普利高津：《探索复杂性》，罗久里等译，四川教育出版社 1986 年版；［比］普里戈金：《从存在到演化：自然科学中的时间及其复杂性》，曾庆宏等译，上海科学技术出版社 1986 年版；［比］普里戈金、［法］斯唐热：《从混沌到有序：人与自然的新对话》，曾庆宏等译，上海译文出版社 1987 年版；［比］普利高津、［法］斯唐热：《确定性的终结：时间、混沌与新自然法则》，湛敏译，上海科技教育出版社 1998 年版。

金及其所在的布鲁塞尔学派的研究工作对复杂性科学理论做出的贡献是人所共知的，正因为如此，我们没有理由不对其启发之源——柏格森哲学及其理论给予一定的关注。正如前面所提到的，其中有着一些内在的联系，是时间问题将复杂性研究与柏格森的生命时间哲学联系起来，而对于教育学理论知识的生成又能够用复杂性的思维范式进行探索。教育学在理论知识来源上的强宽泛性，[①] 在一定程度上表明了它是具有复杂性的。

最后，柏格森的生命哲学，除在生命时间主题上与复杂性研究相关外，他于 1927 年获诺贝尔文学奖的《创造进化论》，以擅长使用隐喻而闻名，这与复杂性研究中的隐喻方法在一定程度上也具有了相关性。本书基于此，以教育学在理论知识来源上所具有的复杂性特征，用隐喻的方法视教育学的理论知识为具有生命力的存在，它受着人类大多数学科知识的非线性影响。以此视角而观之，能够让我们从理论知识生成上，换一种角度看待教育学，这样或许能有助于改变教育学界内的盲目自卑心态，挑战教育学思想史上的孤立圣像，动摇教育思想家的单调划界标准。

二　文献综述

柏格森哲学对各门学科的理论影响，早在 20 世纪的头一二十年内就已形成，在 30 年代达到鼎盛，之后却突然冷却。21 世纪，回首过去，可以看到，柏格森的影响力却从未曾在整个 20 世纪消失，而呈现出扩散型和弥散状态。时至今日，这种影响仍然继续持存着，有增无减。

（一）国内的研究状况

1. 民国时期的研究（1911—1949）

近些年来，国内兴起一股"回到民国经典中去"的浪潮，民国时期的学术研究成果及各种文献被重新整理、编辑出版。这是令人感到可喜的，民国时期的学术研究水平在国内得到普遍较高的认可，不论是译著水平，还是自编、自撰的专论、专著，都具有相当可贵的学术价值。在这一大背景下，国内的教育学术界也做了不少对民国时期的文献资料进行重新挖掘整理的工作。其中，因柏格森在世界上形成较大影响的时期正好是20 世纪 40 年代以前，所以在国内这一对民国经典著作的挖掘整理过程

---

① 后文将会以派地亚隐喻详述教育学在理论知识来源上的这种与众多学科知识间所具有的宽泛相关性和它的高度开放性特征。

中，有关柏格森的相关主题也得到了一定复兴式的关注。如由山西大学教育科学学院侯怀银等主办的"优势网：教育学世界"，辟有专栏，专门登载探讨、研究民国时期的哲学、教育类主题的文章。其中，王霞等撰写的《生命教育研究文献综述》一文，将柏格森的直觉主义生命哲学与狄尔泰（Dilthey，W.）的精神生命哲学进行对照，陈述了柏格森直觉主义生命哲学之理论应用于生命教育实践的可能性。其他一些文章有《国内外柏格森哲学的研究状况》《哲学人生与时进：记中国近代哲学家李石岑》《柏格森与生命哲学》《轻生的时代和生存的力量》《精神生活的哲学》《鲁多夫·奥伊肯（Eucken，R.）与他的"精神生活哲学"》《20 世纪中国教育学家小传（14）：李石岑》《20 世纪中国教育学家小传（48）：胡国钰》，等等。① 由这些文章的题名即可看出，在民国时期，有一批著名的哲学家、教育学研究者等，都曾对柏格森的哲学有过一定程度的深入研究。这表明，当前国内教育学术界对于柏格森主题方面的研究，有来自对中国教育学史的历史研究及回顾中发现了柏格森的可能性存在。因为在20 世纪早期，尤其是五四运动之后，在中国曾掀起过一阵"柏格森研究热"，李石岑为此作出了不小的贡献，当时的《民铎》学术杂志即由他主办，此刊在 1922 年开辟专号登载论述以"柏格森"为主题的各类文章。同时，民国时期较为著名的学者中，有相当一部分人的思想受到柏格森哲学的影响，较为典型的除以上所提及的李石岑、胡国钰等外，还有熊十力、张东荪、张君劢、梁漱溟等。主题大多限定在人生哲学、生命哲学之上。

这一时期，教育学上对"柏格森"这一主题的涉及，有吴俊升的《教育哲学大纲》（1935）可作为代表。在提到教育与哲学的关系时，吴俊升明确提出"柏格荪（Bergson）虽无教育专著，但其哲学著作中亦尝发挥教育学说。在英文出版物中，并有一书名《柏格荪与教育》（Wheeler：Bergson and Education）"②。笔者曾翻阅、浏览过不少这一时期的教育学教材、教育史、教育思想史等文献，提到柏格森的生命哲学、直觉主义的也有一些，但都没有形成主题或专题式的论述，以上所列吴俊升对柏格

---

① 侯怀银：《教育学世界》，2007 年 1 月，优势网（http：//www.usors.cn/blog/huaiyin/result.asp）。

② 吴俊升：《教育哲学大纲》，商务印书馆 1935 年版，第 23 页。

森哲学在教育学上影响的一段评论，在这些文献中已算是相对较为详细的了。民国时期人生哲学流派的影响声势浩大，当然在教育学上产生的影响也不小，但他们的人生哲学是综合性的，因而对教育学所产生的影响也是基于综合性的人生哲学的影响，难以分析出特别明显的、具有柏格森生命哲学特色的教育思想。

2.1949年至今

1949年以来，教育学领域内对柏格森哲学内容有所涉及的文献，主题较为丰富，但数量上不算太多，往往以附带式论及出现。如每有论及教育人类学家博尔诺夫（Bollnow，O. F.）的非连续性教育思想，常也会看到柏格森的"绵延"、"持续性"等概念。① 钟祖荣的《论学校教育对教育家形成的影响》（1998）将柏格森对马里旦（Maritain，J.）的影响视作"师徒人才链"② 中的一种类型，但并未详细论述，只是略为提及；李雁冰的《西方人本主义教育理论发展的三种形态：兼谈人本主义教育与科学主义教育的融合》（1998）一文中，将柏格森的生命哲学归类在非理性人本主义思想下，同时与叔本华（Schopenhaur，A.）、尼采（Nietzsche，F.）的唯意志主义哲学和萨特（Sartre，J. P.）的存在主义哲学等放在一起略为提及；③ 庄西真的《皮亚杰理论与教育改革：重读皮亚杰著作中译本的启示》（2001）中提到皮亚杰（Piaget，J.）的"有机体在不断生长中变化着的观念，来源于柏格森的《创造进化论》中的永恒变化的见解"④，也只是一笔带过。专以"柏格森"为题进行研究的有伍香平等人的《论柏格森的直觉体验教育哲学观》（2002），其中论及了"直觉体验不仅是一种思维方式，一种学习方法，而且还是一种整体认识论"⑤。这一时期，教育学内关于柏格森主题的研究，最为明显的是基于生命哲学

---

① 李其龙：《博尔诺夫的教育人类学思想述评》，《华东师范大学学报》（教育科学版）1996年第2期。

② 钟祖荣：《论学校教育对教育家形成的影响》，《北京教育学院学报》1998年第4期。

③ 李雁冰：《西方人本主义教育理论发展的三种形态：兼谈人本主义教育与科学主义教育的融合》，《宁波大学学报》（教育科学版）1998年第2期。类似的文献还有将柏格森的"生命冲动"与狄尔泰、齐美尔等视作一种类型相提并论。参见夏正江《现代西方人文主义教育理论之类型学分析》，《华东师范大学学报》（教育科学版）1996年第4期。

④ 庄西真：《皮亚杰理论与教育改革：重读皮亚杰著作中译本的启示》，《常州技术师范学院学报》2001年第3期。

⑤ 伍香平、李华中：《论柏格森的直觉体验教育哲学观》，《湖南师范大学教育科学学报》2002年第3期。

的一些教育论著,如冯建军的《生命与教育》(2004)、刘济良的《生命教育论》(2004)、李家成的《论中外教育研究中的"生命"概念》(2004)、燕良轼的博士学位论文《教学的生命视野研究》(2004)①,等等。在这类有关生命与教育主题的论著中,多少有所涉及柏格森的生命哲学,但并未形成严格意义上的专门性论述,同样是基于综合性生命哲学的"生命教育"。另外,柏格森哲学中的核心概念"绵延",深藏于怀特海(Whitehead,A. N.)的过程哲学之中,国内对此在教育学上有所涉及并可作为代表的是郭元祥的《论教育的过程属性和过程价值:生成性思维视域中的教育过程观》(2005),其中提到"教育的过程属性具有转化与生成、情境化与关系结构、确定性与不确定性的统一等特征;创造性价值或创生性价值是教育的过程价值的核心。生成性思维视域中的教育过程观对教育活动提出了崇尚教育民主、崇尚发展价值、崇尚主体性、崇尚整合方法论的实践诉求"②。

教育学领域内,有关柏格森主题的研究,与以上主题均略显不同的是,文雪等人在《论教育的时间内涵:时间不可逆的教育意义》(2006)一文中,一是注意到柏格森的生命时间观对复杂性研究产生了一定的意义;二是在此基础上提出"时间不可逆之于教育将会引发一系列思想变革"③。这种对柏格森生命时间主题与教育学相关性的发现,看到了柏格森哲学中本身具有的自然哲学属性的一面。

台湾地区的研究,就本人能力范围,在柏格森这一主题上与教育相关的文章也只检索到仅有的两篇:黄光雄的《柏格森哲学的教育观》(1971)、董秀珍的《柏格森的哲学思想及其在教育上的启示》(2001)。内容涉及柏格森的生活、哲学思想,柏格森的教育观念等。

(二) 国外的研究状况

第一,有关柏格森与教育的主题,国外的研究状况,不论是研究的内容还是研究成果的数量都较为丰富。正如吴俊升所提到的,1922 年

---

① 冯建军:《生命与教育》,教育科学出版社 2004 年版;刘济良:《生命教育论》,中国社会科学出版社 2004 年版;李家成:《论中外教育研究中的"生命"概念》,《安徽教育学院学报》2004 年第 2 期;燕良轼:《教学的生命视野研究》,博士学位论文,湖南师范大学,2004 年。

② 郭元祥:《论教育的过程属性和过程价值:生成性思维视域中的教育过程观》,《教育研究》2005 年第 9 期。

③ 文雪、扈中平:《论教育的时间内涵:时间不可逆的教育意义》,《高等教育研究》2006 年第 5 期。

一本名为《柏格森与教育》的专著出版。此书共分两部分：一是"柏格森的哲学"，二是"柏格森哲学与新教育思想"。第一部分分章阐述了柏格森哲学的几个重要方面：直觉作为哲学上的新方法、绵延、意识、创造进化论、人在自然中的位置、柏格森主义、现代科学。第二部分主要论述了反理性主义、个人发展与公立学校问题、渐兴的生命哲学与学校课程问题、教学新方法：创造力、教学新方法：合作、教学新方法：直觉①等主题。1944 年有《享利·柏格森哲学的教育意蕴》一书出版，② 1955 年有《教育家柏格森》、1997 年有《柏格森：创造与教育》③等专著出版。

第二，在由胡森（Husén，T.）等人主编的《国际教育百科全书》中，有两处提到柏格森。一是在"教育研究范式"中把柏格森归为教育研究中与狄尔泰精神生命学派相关的一类研究范式；另一处是在"直觉与智育"这一主题中提到柏格森直觉主义应用于理科教育尤其是数学教学方法中的效果评鉴。④ 在"教育研究范式"主题下提到：20 世纪，在教育问题研究中，采用了两种研究范式，一种是自然科学的模式，另一种范式源自人文主义，强调整体的和定性的信息，以及解释的途径。在人文主义这一相对于自然科学所遵循的逻辑实证主义范式中，胡森主要区分了人文主义这一大类范式下的三种分属路线，一是以狄尔泰为代表的解释、反理性路线；二是以胡塞尔为首的现象学路线；三是源于法兰克福学派的批判哲学路线。在第一条路线中，胡森提到柏格森与狄尔泰是属于反理性主义一派的研究范式，译文如下："狄尔泰区别了理解和解释。他主张，人文学科有其自己的研究逻辑，并指出自然科学和人文科学间的区别是，前者试图解释，而后者试图理解。他认为，心理学也有两种，一种是通过实验方法试图普遍化和预测，另一种是试图在完整具体的环境下，理解独

① Wheeler, O. D., *Bergson and Education*, London: Longmans, Green & Co., 1922.

② Bonhomme, M. B., *Educational Implications of the Philosophy of Henri Bergson*, Washington: Catholic University of America Press, 1944.

③ 后两书均为法文版。Mosse-Bastide, *Bergson Éducateur*, Paris: Presses Universitaires de France, 1955; Lombard, J., *Bergson Creéation et Éducation*, Paris: Presses Universitaires de France, 1997.

④ ［瑞典］胡森、［德］波斯尔斯韦特：《国际教育百科全书》，李维等译，贵州教育出版社 1990 年版，第 636、332 页。Husén, T., Postlethwai, T. N., *The International Encyclopedia of Education*, Oxford: England, Pergamon, 1994, p. 5052.

一无二的个体……法国的反对者是柏格森，他认为，理性不能理解生活现实，只有通过直觉才能实现对生活现实的理解。"① 除此之外，在"审美教育"主题下也提到了柏格森的美学教育思想，他偏重于强调审美中的直觉②。

第三，国外有关柏格森与教育方面主题的研究，更多涉及的是教育哲学的主题，并多与怀特海等人的教育哲学思想相联系。如《柏格森与怀特海哲学里的时间层级》《在柏格森与怀特海之间存在新的教育理论与思想视角吗?》③。除此之外，有将柏格森的哲学方法与哲学理论应用于教育中的，如《柏格森的教育哲学》《无时间的直觉：生活与教育中的柏格森方法体验》④

第四，在日本，由新堀通也等人主编的《现代教育手册》，在"教育学的基础知识"一章中，提到"生命哲学"（Lebensphilosophie）亦是教育学的理论基础，而柏格森则是这一理论的奠基人之一⑤。由平塚益德主编的《世界教育辞典》中提到：关于教育，柏格森认为"智能的培养对行动是必要的，但教育的根本在于培养人的直观能力"⑥。这实际上是将柏格森作为一个教育思想家来进行介绍，其中主要强调的是柏格森的直觉认识论在教育学上的影响。土屋靖明是近年来较为集中地研究柏格森与教育相关诸多问题的日本学者。他从 1994 年起到 2003 年，所从事的主要研究项目即是关于柏格森哲学的教育学研究（ベルクソン哲学の教育学の研究に従事）。主题涉及以下几个方面的内容：《柏格森〈创造

---

① ［瑞典］胡森、［德］波斯尔斯韦特：《教育大百科全书》，西南师范大学出版社、海南出版社 2006 年版，第 389 页。

② Husén, T., Postlethwai, T. N., *The International Encyclopedia of Education*, Oxford：England, Pergamon, 1994, p. 95.

③ Gunter, A. Y., "Temporal Hierarchy in Bergson and Whitehead", *Interchange*, 2005（1 - 2）, pp. 139 - 157; Corrigank, K., "A New View of Idea, Thought, and Education in Bergson and Whitehead?", *Interchange*, 2005（1 - 2）, pp. 179 - 198.

④ Gunter, A. Y., "Bergson's Philosophy of Education", *Educational Theory*, 1995（3）, pp. 379 - 394; Kaustuv, R., *An Untimely Intuition*: *Adding a Bergsonian Dimension to Experience and Education*, 2005（4）, pp. 443 - 459.

⑤ ［日］新堀通也等：《现代教育いこドズシク》，有信堂高文社 1981 年版，第 8 页（原书为日文，作者自译）。

⑥ ［日］平塚益德主编：《世界教育辞典》，黄德诚等译，湖南教育出版社 1989 年版，第 40—41 页。

进化论〉中的伦理道德思想研究》《柏格森哲学中的生成理论之应用于教育理论及其实践》《柏格森直觉主义的认识论方法在教育、教学上的应用》《柏格森创化论与直觉主义应用于美学教育及其艺术教育中的研究》①，等等。

（三）文献综述小结

综上所述，国内外的研究状况，柏格森在教育学上留下了一连串足迹。以柏格森在教育学上的影响，可明显地看到这种影响所具有的强宽泛性特征。如果说人类所拥有的所有学科知识是一个如钱学森等人提出的"开放复杂巨系统"②，那么教育学作为人类整个知识大系统中的一员，则因具有较强的开放性特征而显示出其较强的适应性，类似于以霍兰（Holland, J.）等人为代表提出的"复杂适应系统"（CAS）③。较之人类知识的大系统，教育学理论可被视为这一大系统中的子系统。但不论是大系统还是系统内的组分（子系统），它们都具有作为系统而存在的完整性。一般而言，人类的大部分新知识、新理论的出现，如有需要，都能够从中挖掘出适用于教育领域的知识和理论。这种状况表明了教育学理论知识的本质特性，即处于人类整个知识体系中的教育学，在理论知识上具有开放性、复杂性、多学科相关性，具有类似生物有机体般的生命活力。在复杂性科学视域下，我们看到，当人类知识累积到如今这一空前的高度与厚度

---

① ［日］土屋靖明：《ベルクソン『創造的進化』の倫理的意味》，《東北大学教育学部研究集録》1996 年第 27 期；《ベルワソン哲学における生成の概念》，《教育思想》1999 年第 26 期；《ベルクソンにおける認識方法の問題——分析手段と直観方法》，《教育思想》2000 年第 27 期；《ベルクソンにおける創造性の問題——芸術的創造の教育学的考察》，《東北大学大学院教育学研究科研究年報》2002 年第 50 期；《ベルクソンにおけるネオ・プラトニズム—美の（形）相と直観》，《新プラトン主義研究》2003 年第 3 期；《ベルクソンにおける〈生成の努力〉と〈多元的な目的性〉の概念の教育学的意味——プラグマティズム論との関係性に着目して》，《教育哲学研究》2003 年第 88 期。

② 钱学森所说的开放复杂巨系统广泛存在于现实世界中。生态系统、地理系统、经济系统、政治系统、意识形态系统、人体系统、脑神经系统、思维系统等，乃至现代大都市、因特网、世界贸易等，都是开放复杂巨系统。一个事物被称为开放复杂巨系统，应具备下列特征：开放性、规模的巨型性、组分的异质性、结构的层次性、关系的非线性、行为的动态性、内外的不确定性。（参见苗东升《系统科学大学讲稿》，中国人民大学出版社 2007 年版，第 401—404 页。）笔者认为，按此定义及特征，人类的整个知识系统可被视作一个开放复杂巨系统，而教育学理论则属于这一大系统中的一个子系统。

③ 复杂适应系统具有以下特征：系统运作的整体协调性、永恒的新奇性、持存性、适应造就复杂性。（参见苗东升《系统科学大学讲稿》，中国人民大学出版社 2007 年版，第 394—395 页。）

时，事物与思想理论之间非线性的联系与相互影响逐渐凸显，此时再用从前线性的一对一、一对多或多对一的还原论、决定论的方式来看待知识之间的相关性，已显得不适宜了。

本书之所以选取复杂性的视角，首先，因为复杂性的研究强调整体性。对于理性方法、逻辑实证等方面的研究，之前已为人们强调得过多，而对于非理性、直觉等方面在复杂性研究的视域下还有可值得探究之处。其次，中国大陆在教育学领域，有关柏格森的研究，对于他在自然科学哲学方面的影响及其与教育学相关之处，也还有待深入。最后，柏格森是以人文哲学的思维方式来扭转自然科学哲学中所强调的过于理性、逻辑实证化的思维方式，他不是一个纯人文哲学家，而是一个真正一生致力于打破存在于科学与人文二者间人为界限的践行者。

第二节　研究的对象与方法

一　研究的对象

在国内，认为教育是生命之学的研究者，把教育活动的对象看作具有鲜活生命的个体（人），把教育学视为研究人的学科，与人的生命直接相联系，因而"教育学自身在现实中的发展更具有生命力"①。然而，笔者认为持此观点者在看到教育学实践意义上的生命力时，却忽视了教育学在理论知识上本身所具有的生命力。这是本研究与其他各种生命教育研究的不同之处。本研究的生命教育学是指向教育学本体意义上的，而非教育活动中主客体意义上的生命教育；不是关于教师与学生二者间生命主题的教育，而是重在探究具有生命隐喻意义的教育学；是对教育学在理论生成上，在复杂性科学研究背景下，用科学隐喻的方法赋予其生命意义；并从柏格森的生命哲学出发，在生命时间（绵延）、非理性因素、直觉方法等几个方面对此加以阐发。

具体而言，本书所谓生命教育学的研究对象，是教育学理论知识的生

---

① 瞿葆奎、唐莹：《教育科学分类：问题与框架——〈教育科学分支学科丛书〉代序》，见唐莹《元教育学》，人民教育出版社 2002 年版，第 6 页（注：《教育科学分支学科丛书》共分十五册，有《元教育学》《教育哲学》《教育逻辑学》等，在每一册中均可见到此序言）。

成抑或形成问题，前人所做的生命教育研究，其研究对象是教育活动。本书则是基于柏格森的生命哲学，在复杂性研究视域下，对教育学理论知识的生成问题进行探究。因为教育学理论知识生成的方式多种多样，只有把教育学在理论知识生成方式上看作一种具有生命的存在，我们才能理解它所具有的复杂性特征，才能理解教育学理论的综合性和跨学科性特征。本研究有别于国内近年来唱响于理论与实践两界的生命教育，如果说它们是实践取向的生命教育学，那么本研究则是理论旨趣取向的生命教育学。

二　研究的方法

（一）研究的态度取向

对柏格森的解读，除诸如梅洛－庞蒂（Merleau－Ponty，M.）的现象学哲学式解读、德勒兹（Deleuze，G.）的差异哲学式解读等哲学上的解读之外，还存在着科学家式（主要指与复杂性研究相关的科学家）的解读，这种科学家式的解读尤以耗散结构论的提出者普里戈金最为鲜明，后文中将详细述及。本研究站在复杂性科学的视角下，以柏格森的生命时间哲学透视教育学理论的生成。

（二）研究的逻辑起点及论证的逻辑路径

本书的合理逻辑推断在于：首先，教育学是一门综合性学科，这一点具有较高的普遍认可度。但正是由于它所具有的与其他学科知识间所表现出的强开放性与泛相关性特征，恰恰决定了它的复杂性，因而可将教育学的理论知识视为一个具有开放特性的"生命存在"。在此意义上，本书尝试探究教育学理论知识如何在人类知识大系统中适应性地生存，并吸收外界环境中可取的养料以供自己生长、发展，从而更好地适应不断变化无穷的外在环境。其次，由于复杂性研究中对时间问题不可逆性的探索，柏格森的生命时间在其中引起了启发性的思考。因而在复杂性视域下，研究柏格森的生命时间问题，有着一定的必要性。当我们越对复杂性历史的研究有所深入时，越会发现柏格森在复杂性研究进程中所具有的不可或缺性。鉴于前人对此问题的探究还留有一些空间，本研究具有一定程度的必要性。最后，基于复杂性科学研究中所强调的非线性影响特征，柏格森的生命哲学对教育学理论知识这个"生命存在"，同样也存在着非线性影响。教育学理论知识会在有所需时主动地吸收柏格森的理论知识来扩充和丰富自己，从而保持其旺盛的生命力，乃至生生不息。本研究论证的理论层次为：第一层，以复杂性科学认识论作为总体背景；第二层，在此基础上，将视线聚焦于柏格森生命哲学认识论；第三层，基于复杂性研究视域下的柏格森生命时间哲学，探究教育学理论知识的生成，即基于第一、第二层下的教育学认识论。这一进路以生命时间为主线，呈现出由大而小的层层递进式（见图2）。

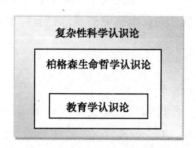

图2　系于生命时间上的三种层级递进式认识论

细化而言，本书的研究方法，是基于复杂性视域下隐喻作为一种方法论的使用。隐喻在此并非只具有过去传统意义上的修辞功能，它在目前已为来自自然科学与社会科学的众多研究者认可为一种新方法论。使用隐喻能够在人类科学进入的新综合时代架起一座有效沟通的桥梁。现代认知科学表明，隐喻也是人的一种必不可少的思维方式。它是在人类继归纳法和演绎法之后的另一种认识世界的方法。对于教育学这样综合性、跨学科性、复杂性学科，使用隐喻的方法对其进行各种可能的研究，无疑是具有建设性意义的。

理论篇的结构共分三个部分，五个章节。

第一部分，绪论。首先，从两方面介绍了本研究的缘起背景。一是以非功利价值上的追问，对教育基本理论研究的"基本性"提出质疑，以此表明本书重在基本理论的研究上，暂与教育实践无涉。二是以生命时间为焦点将柏格森哲学与教育学统一于复杂性研究视域下，以此澄明本研究所基于的背景框架的合理性。其次，分别对国内外在有关柏格森哲学与教育学主题的研究进行了文献上的考察，以此得出教育学理论知识具有强开放性与泛学科相关性的事实依据，从而为论证教育学在理论上所具有的生命力奠定基础。第三，表明了本研究的态度取向，研究方法，术语界定，文献资料在时空范围内的选取与限定，本研究的目的与意义等。

第二部分，共分三章。第一章，以生命时间为主线，分别阐述了人们对柏格森哲学的偏见、误读及它的不灭生机；接着探究了复杂性研究进程中柏格森的"二维四现"，以此阐明柏格森生命哲学的自然哲学属性是它与复杂性研究间所存在的内在联系；继而揭示柏格森以在演化哲学专著中擅用隐喻的方法而获诺贝尔文学奖的事实，以此表明本研究在基于复杂性视域的柏格森生命时间哲学情境下，以隐喻的方法来透视教育学理论知识的生成，具有内在联系。据此，本研究以"派地亚"的隐喻，详述了教育学理论知识所具有的复杂性特征，以"生命存在"的隐喻探究了教育学的理论知识是如何"生成的"，教育学的理论生命力何以是可能的，并初步概述了生成的教育学理论主要体现在复杂性与生命性互为因果的创制上。第二章，从复杂性视域下对直觉方法论的探究，以自主生成、直觉生成和持续生成三个方面，论述了生成的教育学理论。第三章，从复杂性视域下非理性情感因素的探究，分别从生成初始的非理性特征、生成过程的非线性特征、生成结果的未完成性也即不确定性特征，论述了创造的教育学理论。

第三部分，结语。综观人类知识的创制者，具有犹太血统者不在少数（柏格森即其中之一）。以复杂性研究的思维方式，从情感社会学的角度来透视非理性情感因素中的愤怒表达，更进一步探究了非理性情感因素的贡献。得出结论认为，知识的生成与创制离不开人的非理性情感因素的贡献，同样，教育学的理论知识在人类的整个知识大系统中生成，因之，教育学的理论知识亦因人的情感因素的参与而显其勃勃生机。

（三）复杂性研究中的隐喻方法论

法国哲学家利科（Ricoeur, P.）所著《活的隐喻》① 一书，笔者认为其中除了论及隐喻从其诞生到成为一个固定化的用法而成为死隐喻，以至人们不再当其是一种隐喻的主题外，它同时也传达出了这样一个信息：隐喻是活的不是死的，对于隐喻的研究，除语言学、语言哲学、修辞学等领域外，活的隐喻可应用于任何一个适合它应用的地方。20世纪末以来，在自然科学哲学中对隐喻的研究初具规模。本书主要基于复

① ［法］利科：《活的隐喻》，汪堂家译，上海译文出版社2004年版。

杂性科学研究视域下，尝试以隐喻作为一种方法论应用在教育学理论知识生成的问题上，因而其他视域内的隐喻问题，如无必要，本书将不涉及。

长期以来，隐喻一直都被看作"比喻"的特殊变种来研究，而且始终跳不出修辞学的窠臼。直到 20 世纪 30 年代，新的隐喻研究学说——互动理论的出现改变了这一沉寂的状况。隐喻的互动理论是指，两个表象 A 和 B 互相作用于对方，双方的部分特性融会贯通，形成一个全新的非 A 非 B 的表象 C。但除同时具备 A、B 的特征外，表象 C 还具有自己新生成出来的特征。1980 年以来，由莱柯夫（Lakoff，G.）等人发展的隐喻理论认为，没有概念隐喻便无法建立我们的概念体系，就无法认识世界，当然也就无法生存，所以他们把概念隐喻称作"我们赖以生存的隐喻"①。他们的隐喻研究已远远超出了仅在修辞学框架下的隐喻研究。20 世纪 80 年代以来，新隐喻理论研究者如理查兹（Richards，I. A.）等人并不认为隐喻是修辞格，而是普遍观点的组合。哈拉德（Harald，W.）曾针对隐喻妨碍了理性认识的观点提出：这一观点最应该被抛弃，因为当理性认识在人们的心目中也成为一种认识偏见时，他同时也成为人们的认识阈限，而不再扮演一种合理的认识工具。② 隐喻作为一种认识工具，与直觉方法有着某些共通之处，隐喻有时是靠一种直觉性的联想或想象产生的，而这些思维方式与靠严密的逻辑实证思维一步步推导、构想出来的理性思维方式之间形成对照，它们不属于理性化思维，因此，被称为非理性思维。隐喻既能部分地揭示两个事物之间业已存在的相似性，又同时制造了两个事物之间的相似性。

在复杂性研究的方法论中，复杂性科学的研究者们是特别强调隐喻在复杂性研究中的重要作用的。③ 在此过程中，具有代表性的是美国圣塔菲研究所（SFI）把隐喻当作一种研究整体方法引入复杂性科学中，成为复杂性研究的重要方法。有研究者曾把复杂性的定义作了一定的分类，对复杂性所下的定义中，一种较为典型的方式是隐喻型定义，如蝴蝶效应、分形、人工生命、混沌边缘、自组织临界性、路径依赖、复杂适应系统、报

---

① Lakoff, G., Johnson, M., *Metaphors We Live by*, Chicago University Press, 1980, p. 3.

② 冯晓虎：《隐喻：思维的基础，篇章的框架》，对外经济贸易大学出版社 2004 年版，第 13 页。

③ 黄欣荣：《复杂性研究与隐喻方法》，《自然辩证法研究》2005 年第 10 期。

酬递增、适切景观、涌现、生成关联、自相似、模拟退火、奇异吸引子等。① 实际上，复杂性研究中隐喻的方法被广泛使用着，隐喻方法是定义复杂性的重要途径。隐喻型复杂性概念主要是通过比喻、类比等方式弥补了用精确语言难以表述复杂性事物这一方面的不足，用隐喻的概念表达难以言说的复杂性现象。例如由霍兰等人所提出的复杂适应系统（CAS），认为事物具有适应性，就是指它能够与环境以及其他主体进行交互作用。由适应性产生的复杂性，从一个侧面概括了生物、生态、经济、社会等一大批重要系统的共同特点。CAS 理论采用了 "adaptive agent"（具有适应能力的个体）这个词，是为了强调它的主动性，强调它具有自己的目标、内部结构和生存动力等。围绕主体（agent）这个最核心的概念，霍兰使用隐喻方法，进一步将适应性主体分解为四个特性：聚集性、非线性、流通性、多样性。②

在复杂性研究中，对于隐喻概念的界定是："隐喻指将一种概念领域与另一种概念领域进行暗含的比较。"③ 隐喻与明喻同属于比喻，但与明喻略有不同的是，"隐喻更强调将一个概念领域或现象领域认同于另一个概念领域和现象领域，从而用一个领域来理解另一个领域，用熟悉的领域来理解不熟悉的领域"④。

由以上对隐喻所作的简略回顾，首先可以看到，隐喻是一种象征手法。象征手法在哪里都可以用，人们是喜欢打比方、作比喻的，用一种东西来言说、解释另一种东西，能够有助于我们更形象、更生动地理解我们所想要理解的东西。科学中的隐喻和文学修辞学中的隐喻在本质上或许并无二致。当隐喻被看作一种象征、一种预兆或前兆时，特别明显的是媒体会应用隐喻来渲染某种神秘感，比如国家领导人的谈话，某个国家政策信息的出台，意味着什么，预示着什么，处于不确定的猜测状态时，人们只能使用猜测或预测，这个时候隐喻就出现了。这是隐喻作为一种思维方式的体现。人们总在某种行为或某一行为的表现中来理解其语言与行为背后的真实意义，总认为存在一个表象世界和内在世界。所以，通过隐喻的方

① 吴彤：《复杂性概念研究及其意义》，《中国人民大学学报》2004 年第 5 期。
② 此部分概述主要参考了黄欣荣《复杂性研究与隐喻方法》一文，在此表示感谢。参见黄欣荣《复杂性研究与隐喻方法》，《自然辩证法研究》2005 年第 10 期。
③ 颜泽贤等：《系统科学导论：复杂性探索》，人民出版社 2006 年版，第 181 页。
④ 同上。

法，在某种程度上能通达表象世界与内在世界之间的沟通，隐喻成为了这二者间的通路、桥梁、中间通道。

其次，隐喻具有非理性认识属性的一面。分析哲学的代表人物罗蒂（Rorty，R.）曾以"哲学作为科学、作为隐喻和作为政治"为题将隐喻与非理性放到一起进行过讨论。① 通过对罗蒂的论述的理解，可以了解到：隐喻是一种非逻辑思维下的认知方式，它是属于非理性范畴的一种认识事物的方式。这正好同时也符合了本书选取的背景人物的方法论范畴，柏格森的直觉方法论属于非理性主义哲学。隐喻的非理性认识属性，表现为具有联想或想象性的特征，但隐喻不是空想，而是基于一个事物来理解另一个事物。隐喻的最初本意是：用旧的、为人们所熟知的事物来理解一个新事物，但目前人们也并不仅仅在此意义上来使用隐喻，而是具有情境性的使用，只要某个情境允许、适合用到隐喻，人们就会使用它。它不再仅仅在修辞学意义上被人们使用，隐喻在自然科学与人文社会科学中已成为一种研究的方法论。

隐喻作为一种方法论应用于教育学领域很早，甚或古已有之，但大致都是在修辞意义上的使用。本研究中，隐喻的使用并不仅仅停留在语言修辞学意义上，不同于前人的是，本研究主要从自然科学哲学视域里的复杂性研究来使用隐喻的方法。

最后，教育领域内虽很早就有了自觉与不自觉的对于隐喻方法的使用，但明确将它作为一种方法论运用于教育学理论知识的建构，还不太充分。索罗金（Sorokin，P. A.）曾提出过"变化性的重复论"，其意义是指"历史和社会的进程不断地出现旧主题的新变化"②。而目前，本研究对隐喻的使用符合以上索罗金的命题意义。知识是在传承中得以持续和创造的，它的本质或有所变化或变化也有不甚大的，但由于所使用的情境不同，所处时空和社会外在条件及状况的不同，从而具有了新意。在教育学研究中，已有研究者看到："以隐喻之法来导航教育理论生成的全程，是使教育理论更富生机、活力的重要途径。实际上，隐喻法在教育理论中的运行，是一个理性与悟性、实然批判与应然追求、逻辑分析与非逻辑跳跃

---

① ［美］罗蒂：《后哲学文化》，黄勇编译，上海译文出版社1992年版，第259页。
② 董标：《教育的文化研究：探索教育基本理论的第三条道路》，《华东师范大学学报》（教育科学版）2002年第3期。

的碰撞、交织过程。因而，隐喻思维在教育研究中的应用，也是一个和其他方法统合、互补的过程。"①.

三　术语界定

（一）教育学理论

有研究者认为，"教育学理论，特别指向研究教育学的学术知识，它是将有关教育的种种知识作为研究的对象；而教育理论，则是对人类教育行为活动的研究"②。本书中，"教育学理论"这一术语，界定在知识层面上来使用，指教育学的理论知识，③ 区别于具有实践意义的教育理论。首先，教育学理论，是关于教育或教育学的理论认识，包括思想与观念。具体而言，特指人类学术史上钩沉下来的与教育相关的各种言论、思想，对教育活动的观点、看法与设想，等等。其次，教育学理论，偏重对教育学在学理上的探究，注重对教育学在理论知识的来源及其与人类其他学科理论知识的各种关系上的认识与把握。而实践意义上的教育理论，则特别注重理论与实践间的联系，指向于实践，关注实践，源于实践也将服务于实践。

贾馥茗等人曾对教育理论与教育学理论做过区分：教育理论，基于教育是"实施"的观点，立足于现实与实际，探索人类的教育行为与活动问题；教育学理论，则是基于教育学是一门"学问"，着重理论的探索。以实施为重的教育理论，须把所用的方法与技术就研究问题的性质而加以限制与确定，以求切合实际；以知识为重的教育学理论，则不受时间与空间的限制，而在于明了教育事实，比较社会变迁，探索文化内容，建立人类理想。④ 此种区分，笔者在一定程度上较为认可。

库马（Kumar, S. ）等也曾在《教育理论家与教育理论》⑤ 一文中论

---

① 折延东、龙宝新：《隐喻在教育理论研究体系重构中的作用》，《教育评论》2004 年第 2 期。

② 董标：《"教育学形态研究"课堂讨论稿》，华南师范大学教育科学学院，2005 年 10 月 10 日。

③ 本研究将贯穿全书地统一使用这一意义，后文中若无必要，将不再作特别说明。

④ 台湾师范大学教育研究所编辑小组编著：《教育原理》，伟文图书出版有限公司 1979 年版，第 226 页。

⑤ Kumar, S. , "Educational Theorists and Theories", pp. 1 – 30；"Encyclopaedia of Educational Philosophy", Vol. 5, *Reflections on Educational Theories*, New Delhi：Anmol Publicatons PVT. LTD, 2005.

述过此问题。他提到教育（学）理论①并不仅仅在教育实践中产生，纯粹意义上的教育理论家（不涉及实践）也有其力量与价值。这些与实践暂无涉及的理论家，有一类指的是"非教学的教育理论家"，这一"非教学的……"，笔者认为，除了指不是由担任过教师的有学识者②所创制出来的教育理论外，另一层意思，还应包括那些自近代以来，在大学里不教授教育学专业而创制出教育理论的理论家。本研究在这两层意义上不作严格区分，由这两类人所创制出的有关教育的各种理论知识都属于本研究范围内的教育学理论，因为它们都与教育实践暂无涉及而只限于对教育的方方面面在理论知识上的探索。

最后，还需特别表明的是，本书在此专门探索教育学的理论价值，并不是要忽视或否定教育学的实践价值，只是暂不涉及而已。

（二）教育学的理论生命力

首先，教育学的理论生命力，是一种隐喻性思维下的理解。叶秀山先生曾经提到："'哲学'好像是一个'生命体'，有自己的'活动'，有自己的运动轨迹。"③ 对照于此，本书中的教育学理论知识同样也被隐喻为一个"生命体"，它一样也有着自己的活动与运行轨迹。在隐喻思维下，教育学理论知识是具有生命力特质的，并且是重在教育学理论层面上的生命力，而非指向实践上的生命力。教育学的生命力隐喻并不仅仅在它指向于实践时才成立，在教育学的理论知识层面，它同样是具有旺盛生命力

---

① 库马等人虽然提到了在教育学的理论生成与创制过程中，存在着两种类型的理论建构者，但却未在"教育理论"与"教育学理论"二者上做详细区分，然而如果细看下面一段引文的话，这种区分是明显存在的。原文笔者试译："当我们讨论教育学的理论时，我们实际上拥有两种类型的理论家。第一类是那些关心学校，并且他们所创制出来的教育理论更多的是来源于学校实际经验。第二类则是那种将视界放眼于学校范围之外来看待教育问题的人。无可置疑，后者不论是在空间的广度上还是在时间的跨度上，都比前者更具影响力。"（While discussing educational theories, we have taken two types of theorists-first, those who are concerned with schools and draws much of their theories from actual school experience, and secondly, those who deal with education in a broader view than that of the schools. No doubt, the second group has a wider and longer influence than the first one.）Kumar, S., "Encyclopaedia of Educational Philosophy", Vol. 5, *Reflections on Educational Theories*, New Delhi: Anmol Publicatons PVT. LTD, 2005: Preface.

② 库马列举了教育学理论发展史上几个较为典型的人物：伊拉斯莫（Erasmus）、莱布尼兹（Rabelais）、蒙田（Montaigne）、培根（Bacon）、笛卡儿（Descartes）、洛克（Locke）、卢梭（Rousseau）等。

③ 叶秀山：《"哲学""活在"法国：写在〈遥远的目光〉将出版之际》，《哲学研究》2001年第3期。

的。如果教育学的理论知识不具有这种活的生命力，那是无法想象的。一个不具备生命力的存在如何具有可持续性？如何继续持存下去？之前中国大陆的教育研究，不论是在隐喻作为一种方法的运用或专事生命教育研究的人，都只过于偏重了教育学的实践层面，始终认为教育学是实践之学，一心只将目光投向实践层面，即使研究理论，那理论也必然是要为实践服务的，否则研究出来的理论就是无用的，是没有意义和价值的。这实际上跌入的是一个功利理性实用论的困境轮回中：理论来源于实践，并指导实践和为实践服务，理论不能脱离实践而存在，理论与实践如何相联系、相契合等，这些所有的问题，一直是盘旋在中国教育学领域内的一个令人头痛且始终没有能够得到很好解决的问题。本书跳出这种思维窠臼，暂将理论与实践之争、科学与人文之争放到一边，另辟蹊径，赋予教育学理论知识以生命意义。教育学理论知识的生命隐喻，能够在两个维度六个方面得到体现（后文有详细论述）。

其次，将教育学理论视作"生命存在"，这种思维方式有助于开阔学科视野。如果说教育学是一门开放性较强的社会科学的话，那么它怎样与其他人文学科、自然科学与社会科学的分支学科间进行交流与沟通呢？隐喻思维在此扮演了一个恰切的工具，用它可以更好地理解教育学与人类其他学科知识间的相关性和关联性意义之所在。

实际上，隐喻在教育学的各种理论建构中，被学者们所普遍使用着，只是一些人用了却不特别提出来加以说明，例如《教育学的智慧性格》《在权力与权利之间》等。① 到目前为止，笔者查到的中文文献资料中，《教育学的文化性格》一书详细而深入地论述了隐喻在教育学领域内的使用历史及其发展。笔者理解，在《教育学的文化性格》一书中，对"教育学理论中的隐喻"与"教育隐喻"是在某种程度上可被视为同一个概念。其中提到教育学历史上的三大隐喻：柏拉图的"洞穴中的囚徒"、夸美纽斯的"种子"、杜威的"生长"等，分别将人的教育活动过程隐喻为"使心灵离开阴影世界、可见世界转向理念世界、可知世界的过程"；将受教育者隐喻为内含有"神圣的可教性"的"种子"；认为教育不是别

---

① 视教育为具有某一方面的性格特征即是一种隐喻方法的使用。参见靖国平《教育的智慧性格：兼论当代知识教育的改革》，博士学位论文，华中师范大学，2002年；蔡春《在权力与权利之间：秩序自由主义教育研究》，博士学位论文，华南师范大学，2004年。

的，教育即生长，教育即经验的持续不断地改造。①

　　较之于前人的研究成果，本研究与以往隐喻作为一种方法运用于教育学领域中的不同之处在于：明确它使用的范围是对教育学理论知识的隐喻，而不是就教育活动领域中的广泛意义上的隐喻使用。隐喻"在教育学理论知识中的应用"与"在教育活动领域中的应用"二者间有区别，后者更多的是在修辞学意义上来广泛使用它，将教育领域中的学校、师生、课堂、教学与教材等用某个事物来作隐喻；而前者则不仅仅重在它修辞学上的本义使用，更多的是重在它引申意义上的使用，是放在自然科学哲学、复杂性研究的视域（情境）里来使用的。

四　文献资料的选取

　　首先，历经了一百多年，对柏格森哲学进行研究的文献，已远远把柏格森的原著淹没了。甚至到了现在，研究与柏格森的哲学相关的研究又已成为一个课题。本研究并非"柏格森研究百科全书"，笔者的重点主要是以柏格森哲学与教育学理论知识的相关之处、他的哲学理论可应用于教育学之处做一探究，其他诸如文艺理论、文学理论、心理学、哲学方面的研究，本书多少会有所涉及，但不是重点，也不可能成为本研究的重点。如果把与柏格森及其学说所有相关的方方面面都涉及进来，可想而知，在一本书里是绝不可能，也是完全没有必要的。因而，对于文献资料的搜集，主要是以与教育学相关性较强的文献为主，这些文献或者直接相关，或者引申后相关，总之，与教育学之间存在着"生命"的联结，但不是一种杂乱无章的随意、任意的捏合。这种"生命联结"主要集中在以下几个着力点上：生命时间、非理性与直觉等。

　　由于柏格森自其第一部作品《论意识的直接材料》1887年公开发表以来，柏格森哲学在人类知识史上的诞生，至今已历时一百多年，纵跨三个世纪——从19世纪末历经整个20世纪，再到21世纪之初。从纵向时间上来看，柏格森所产生的影响是庞杂的，尤其在文献的累积上，已经到了本人即使耗尽一生之力也未必能穷尽其详的地步。虽然，笔者认为教育学是一门综合性学科，它与人类大多数知识都相关联，但是，由于生命时间有限、个人力量有限，本书拟将研究的焦点集中浓缩于他的哲学中的几

---

　　①　石中英：《教育学的文化性格》，山西教育出版社2005年版，第172—181页。

个方面，从而尝试做精深的纵向探究，以求在"柏格森哲学与教育学"这一主题上，在前人还未来得及涉及的地方寻出些意义。

其次，柏格森最著名的获得过诺贝尔文学奖的《创造进化论》，到目前为止在中国没有一个公认的好的译本，甚至在前不久姜志辉译本《创造进化论》还被评为百年来商务印书馆出版的最糟糕译本①。在中国大陆，一百多年来，真正读懂柏格森的人并不太多，这里也不例外地包括笔者在内。其中因素，归纳起来大致为，一是柏格森本人的哲学风格决定了它在世界范围内的迅速沉浮命运。② 当然，这种命运也与当时他所处的时代背景难以分离，19世纪末至20世纪中期，那本就是一个战乱多变的年代。二是中国的学术研究，素有跟风追势头、浪头的特色，这一点决定了国内学术研究的深度及总体水平。如果一个可供研究的对象，表现出在国际范围内都已迅速沉下去的状况，那么在国内还能被人所坚持继续研究下去的，必然是少之又少，除非有特殊意义。这种状况极易导致每一次研究或有可能滑向不彻底、不透彻的局面，用半截子主义来形容之，想必并不为过。这或许是导致国内对柏格森主题研究不够透彻的主要原因。当然或许还有其他许多更能说明问题的因素存在，由于此非本研究的重点所在，因而不宜赘述。只是在此情况下，笔者也只能企望读懂他哲学中的某几个相连的方面而不是全部。生命时间、非理性、直觉认识等这几个小点之所以能够相连，除柏格森本人创下它们时所固有的联系外，在笔者的研究中是将之放在与复杂性科学研究相联系的视域下来看待的。这可理解为自然科学研究中的一种诗性元素，属于强逻辑实证之外的。从复杂性科学强调以整体的视角来看待问题出发，意识到科学研究中这种理性与非理性共同发生作用的可能性存在，是有意义的。

王礼平的博士学位论文《存在的呐喊：绵延与柏格森主义》（2005）和在此基础上公开出版的专著《差异与绵延：柏格森哲学及其当代命运》（2007），是近百年来中国大陆研究柏格森的专著中少有的以大量法文原

　　① 参见马军《出版社快餐式生产造就翻译狂人》，人民网（http：//www.5book.com/Class/zxzx/bianji/2007-10/9/10091202788.html）；未名《也谈姜志辉的翻译：以〈创造进化论〉为例》，爱智论坛（http：//www.philosophyol.com/pol04/news/review/review/200612/2812.html）。

　　② 对此问题的论述详见王礼平《存在的呐喊：绵延与柏格森主义》，博士学位论文，复旦大学，2005年，第1页；王理平《差异与绵延：柏格森哲学及其当代命运》，人民出版社2007年版，第1页。

文文献为基础来进行的研究，这对于中国大陆相关柏格森主题的研究具有重要意义。其中有许多新信息是前人不曾提及的，这让笔者从中获益匪浅。鉴于本研究只重在柏格森哲学与复杂性二者之间本身相关或引申后可以相关、能够相关的地方，并能够与教育学理论知识生成这一主题相关之处，所以，这必然不能达到专门以研究他的哲学本身为主的水平，并且意味着在文献资料的选取与研究上，除柏格森本人的专著外，更重在复杂性视域下柏格森的哲学生成教育学理论知识方面的文献。

需再次申明的是，本研究不是一个有关柏格森的整全性研究，只是有关其研究的冰山一角。因此，它是不全面的，是不可能对柏格森所有方方面面都有所涉及的，它仅仅着重在柏格森哲学与教育学有关的几个典型方面，这种"典型"是基于本研究的框架下、带有一定情境性的"典型"，带有一定的规定性。

第三节　研究的目的与意义

一　研究的目的

本研究致力于以隐喻的方法来说明教育学的理论知识是一种"生命存在"，它能够自我创生，具有开放性，因为具有生命性从而能够生生不息，能够不断更新自己。认识到教育学理论具有复杂的生命特性，我们才能够理解为什么它总是与人类的其他大部分学科知识都相关。通过这样的认识：

（一）探究教育学理论知识生成的一种方式

教育学理论形成的方式多种多样，本书尝试基于复杂性视域下以柏格森的时间哲学，来透视教育学理论知识生成的一种方式，探索出教育学理论形成或生成的一条或一种类型的路径。

（二）以新的思维方式看待教育学，提升学科自信力

皮亚杰对教育学学术成就的感慨在教育学界中所产生的影响不小，他曾提到，在1935年到1965年里，"没有出现过伟大的教育学家可以列入杰出人物之列或他们的名字可以在教育史中构成一个里程碑的"[1]。这实

---

[1]　［瑞士］皮亚杰：《教育科学与儿童心理学》，傅统先译，文化教育出版社1981年版，第9页。

在让人有些困惑又不禁为教育学在学术成就上的低迷状态而感叹。关于这一问题，笔者认为，首先，皮亚杰的这种感慨是基于一种对教育学学科合理地位寻求下的感慨。学科之间对学术地位的争取，显而易见，在这样的价值呼求里是存在的。从事某门学科研究的人，力求为自己所研究的学科在学术领域里争得一席之地，实际也是在为自身的社会地位努力争取一席安身立命之地。继而，皮亚杰结论道："那么为什么教育学却很少是教育学家的著作呢？这是一个严重的、永远存在的问题。"① 然而，在笔者看来，或许它会是一个"永远存在的问题"，但却未必是一个"严重的问题"。教育学的生存状况，似给人一种处于依附性生产关系之中的印象，教育学理论知识的不发达问题，犹如生物成长的发育不良，而不仅仅是未发展的状况。对教育学在学术丛林中所处学科地位的自卑心态，是出自本门学科的内在困境还是外在困境？笔者认为，一方面，这与如何看待教育学的理论知识性质有关，本研究以隐喻的方法，从复杂性研究的视角，以复杂适应系统（CAS）作为参考，赋予教育学理论知识以生命意义，将其视为具有生命活力的存在，从而对教育学"依附于其他学科知识而存在"② 的特性，换一种思维方式来看待，有助于提升学科自信。另一方面，皮亚杰对"教育学理论知识的生产者一直以来都不具有教育学专业性"的这一事实感到十分悲观，这从另一个侧面也显示了皮亚杰对教育学的深情：因对它存有较高的期望，而现实中却看不到它在学术丛林中获得相应较高的地位，所以，有此一悲观性困惑。但随着教育学在时空范围上的演进，今天的教育学研究者，较之 20 世纪五六十年代皮亚杰对教育学理论生产者的悲观看法，应有所不同。悲观的氛围长久持续并不利于一

---

① ［瑞士］皮亚杰：《教育科学与儿童心理学》，傅统先译，文化教育出版社 1981 年版，第 10 页。（这一问题如同匿影缠绕般成为引起教育学理论研究者们思考教育学问题的一个起点，详见董标《走向自由的教育学》，博士学位论文，浙江大学，2005 年，第 1 页。）

② 一些教育（学）研究者认为，教育学的理论知识正是因为对别的学科知识的依附性，所以才导致了它的不发达性。教育学不能为人类的其他学科贡献自己独特、独有的知识，却总是在别的学科那里获得知识养料为自己所用，这对教育（学）理论研究工作者来说不是一件光彩的事情。但笔者认为持这种观点者是没有认清教育学的理论性质所致。2006 年 4 月，全国教育基本理论专业委员会高级研讨会由福建师范大学承办举行，主题是：教育学的品格及功效。目的在于探讨教育学究竟是一门什么样的学科，同时引发出与此相关的一系列问题，"这些问题研究的起因，是因为教育学的人都有一种自卑和困惑"。详见《教育学的品格及功效》，《全国教育基本理论专业委员会高级研讨会》，福建师范大学，2007 年 2 月 10 日（http://www.bigyuwen.com/jiaoyuzonghui/2007/0210/379674.html）。

门学科的发展，悲观容易带来失去信心和斗志的场面，从而导致从事本门学科的研究者怀疑自身所从事的理论研究工作的价值何在。

中国大陆的教育学术研究界，普遍认可教育是培养人的社会实践活动，但却对教育学理论知识的认识略显混乱不清，总是想把教育学的理论知识应用于教育实践，如果这种知识应用起来是困难的，就认为这是一种脱离了教育实践的无用的教育理论。教育学研究工作者总是会为了教育的理论与实践相脱节而苦恼，但笔者认为，或许这种强求教育理论与实践相一致、相契合的欲求，在某种程度上本来就是缘木求鱼式的一种向往。教育学的理论知识有其可以单独存在的方面，当然也有可以大量应用于教育实践的方面，了解到这一事实的存在，教育学术界内外的人士都不应一律强求教育理论与实践的一致。理论并不仅仅是唯一为了实践而存在的，理论与实践可以有相当大的成分相交之处，但亦有自身还各自可独立存在的一小块领地。

本研究的取向定位于理论基础的研究，企盼能以绵薄之力探究教育学在理论知识来源上的真实本质，探究一门学科地位至今未能得到确定性认可的学科，如何能够在人类所拥有的整个知识大系统中求得生存。

二　研究的意义

意义体现于一定程度的创新之上。本研究可能的创新之处：与前人略有不同的地方，隐喻方法的使用是在复杂性研究的视域下，将"教育学理论知识"作隐喻性看待，区别于以往的教育隐喻。赋予教育学理论知识以生命意义，用生命隐喻的方式来看待教育学理论知识的生成，是理解通达教育学理论知识与其他学科知识交流圆融的有效方式。本研究的一个核心观点是：存在即影响，影响不再仅仅是直线式的两个确定点之间的连线，21 世纪的教育学理论知识及其所受到的决定性与非决定性影响，是非线性的。得出此结论的意义在于：换一种角度看待教育学在理论知识来源上的泛学科相关性，[①] 或能有助益于改变学界内的盲目自卑心态，提升学科自信力。

---

① 教育学在理论知识来源上与其他众多学科知识间所具有的广泛相关特性，本研究拟将之称为"泛学科相关性"。

第 一 章

会通于生命时间处的复杂性、
柏格森哲学与教育学理论

第一节　对柏格森哲学的偏见、误读及它的不灭生机

柏格森在哪里与复杂性科学相遇？就是他一生只研究的一件事：生命时间，即绵延的问题。教育学理论知识构建的机理，必然是复杂的，又是属生命的，因此三者会聚，重合于具有复杂性意义的生命时间里。

一　一种对直觉的固有偏见

在人的认识活动中会出现用偏见来验证偏见的情况，人们往往会去寻找那些支配自己信念的信息，"寻找各种证据证实自己而不是证伪自己，这就是验证性偏见"[①]。一种对直觉的日常生活化误解，使得直觉只能在人们的偏见中存在。日常生活中人们对直觉的固有偏见，导致对柏格森所极力倡导并一以贯之使用的直觉方法形成难以磨灭的偏执印象。"直觉在日常生活中是一个相当贬义的概念，通常都被看作是妇女们用来代替智力和理性的一个词儿。"[②]

柏格森的哲学常常因为他对直觉方法的强调而为世人认为它是属女性化气质的哲学，即使不明确说出，但对直觉学说却始终抱有偏见。除以上引文中所提到的以外，这样的论述也可见一斑："直觉主义的杰出代表是

---

① ［美］迈尔斯：《社会心理学》（第 8 版），侯玉波等译，人民邮电出版社 2007 年版，第 83 页。

② ［法］祁雅理：《二十世纪法国思潮：从柏格森到莱维－施特劳斯》，吴永泉等译，商务印书馆 1987 年版，第 16 页。

法国哲学家亨利·柏格森。直觉主义，崇尚生理本能，夸大生命现象，将心理体验及本能冲动视为一种不可遏止的创造力量，一种真实的存在。"①"柏格森把直觉看成是先天的、本能的、洞察意识自身的能力，并将其绝对化和神秘化。他赋予直觉以无限的创造力，将它看作天经地义的本能需求，实际上仍然是叔本华—尼采的意志主义的另一种表现形式。所以说，柏格森的直觉主义也是一种意志主义。柏格森贬低和攻击科学与理性，主张非理性的直觉，这是与机械唯物主义的对抗。"② 对这一柏格森的直觉概念的评述，笔者认为带有一定的主观性偏见，并且这种话语模式属于"宏大"型，欠缺一定的细致分析。柏格森的哲学几乎是从它诞生的那天起就一直在被人们的固有偏见所肢解、误读着，如梅洛－庞蒂在《哲学赞词》中提到："人们之所以对他表现出过多的注意，或许不是在此寻找他对泰纳（Taine，H. A.）和斯宾塞（Spencer，H.）的批评，而是寻找精神与身体和世界的活跃而困难的关系的各种视角；不是在此寻找连续的证实，而是寻找赋予直觉以生机，将各种直觉彼此联系起来，并使它们的最初关系经常倒置的内在运动。柏格森确实摆脱了他的对手，也摆脱了他的'朋友'——佩吉（Péguy，C.）已经说过，这些朋友并没有更好地理解他。"③ 可见，人们因本身对直觉已抱有直觉性的偏见，因而，对柏格森的直觉哲学则必然是建立在偏见上的误读了。

二　二层失真的误读

（一）第一层：直觉必属非理性范畴——"非理性主义典型代表"的误读

以上提到人们对直觉持有偏见，认为"它天生就是属女人的"。然而，为什么会形成这一不实之见呢？这也可解释为人们对理性与非理性具有隐喻性认识存在的一面，往往人们以为理性总是代表着男性的冷静沉着气质，而非理性则代表女性的敏感、不理智形象，她们总是易冲动的，缺乏遇事冷静沉着的思考与严密推理，而每每总凭借第一反应行事——那就是直觉。直觉是非理性因素中的一个重要方面，因而对于将女性角色隐喻

---

① 何颖：《非理性及其价值研究》，中国社会科学出版社 2003 年版，第 89 页。
② 同上书，第 91 页。
③ ［法］梅洛－庞蒂：《哲学赞词》，杨大春译，商务印书馆 2000 年版，第 8 页。

为非理性的代表时，直觉也成为了她们思维与行事的本质特征。基于对直觉概念的偏狭性理解，认为直觉属于非理性范畴，从而顺理成章地认为柏格森哲学的几个核心概念中以直觉最为核心，则柏格森必然是非理性主义哲学的典型代表。这样，给柏格森哲学冠上"非理性主义哲学的典型代表"之名就显得无可厚非了，因为人们认为直觉本就属于非理性范畴的。

然而，柏格森哲学思考的起点始自时间，也即有意识（有知性智慧）的生命才能够感受得到其存在的东西，时间只能是属人的，属有理性之人、有智慧之人的。在此意义上，如果因为直觉属于人的非理性认识范畴，从而对非理性和直觉同时持一种否定性看法，那就极易产生对柏格森哲学的误读。因而，不是说他的哲学不具有非理性主义特征的一面，而是这种称谓是一种建立在对非理性或直觉存在着负面性隐喻理解基础之上的。

柏格森的哲学诞生在 19 世纪末的法国，那时"思想界占绝对支配地位的是孔德（Comte，A.）的实证主义、斯宾塞的进化论以及约翰·斯图亚特·穆勒（Mill，J. S.）的功利主义。此外 17 世纪笛卡儿（Descartes，R.）学派对理性的崇拜，以及 18 世纪法国唯物主义所推崇的机械论、决定论，在 19 世纪末的法国依然十分流行"①。在这种背景下，柏格森的哲学自其诞生之日起就是"一个直言不讳的非理性主义者和反功利主义者"，"在柏格森看来，人类之所以重视理智和科学，这纯粹是为了理智和科学的实用的目的"②。在尊奉理性为人的唯一正确合理的认识形式的时代，以非理性对抗理性并不是一件容易的事，即使柏格森的哲学研究态度，他自认一向是最为严谨认真的——柏格森曾在给友人的一封信中自评道："我至少该算一名认真的研究者。"③ 后人对此也给予高度肯定，王理平在《差异与绵延：柏格森哲学及其当代意义》中对此问题也作了较为详细的论述。④ 然而以理性的态度治理非理性事业，这似乎难为人们所一直坚持拥护。因而，当有现实需要时，建立在偏见上的误读便会产生并不断加以扩散。

---

① 曹锦清：《现代西方人生哲学》，学林出版社 1988 年版，第 313—314 页。

② 同上书，第 313—314、312 页。

③ ［法］柏格森：《生命与记忆：柏格森书信选》，陈圣生译，经济日报出版社 2001 年版，第 279 页。

④ 王理平：《差异与绵延：柏格森哲学及其当代命运》，人民出版社 2007 年版，第 29—37 页。

　　(二) 第二层：生命哲学必属人文性范畴——"数学天才"、"科学家"缺场的误读

　　对于柏格森及其哲学，人们总是将它限定在人生哲学、生命哲学、人文哲学等这一类的哲学范围中来看待，并认为他的哲学是典型的非理性哲学、直觉哲学，与科学无涉，甚或应该是反科学的。对于柏格森作为一个自然科学哲学家①这一方面则关注较少，不如前一种固有印象来得普遍。实际上，柏格森首先是个数学天才：1876 年，全国中学生分科竞赛中获数学第一名；1877 年，全国中学生竞赛中获基础数学、宇宙志和数学考试第一名。此年应征解一数学难题而成功获奖；1878 年，前一年解出的数学难题被全文刊载于具有学术权威性的《数学年报》上，这曾"使数学界的学者大吃一惊，想不到一个中学生竟有如此的数学头脑"②。其次柏格森是个科学家：在《创造进化论》中，柏格森"以最清晰的语言，透过生物学的观点，由植物动物，上至于人类，从本能而演进为智力，指出生命冲力的功能，为其变迁进化的动力，成就其新生命哲学理论。该著作同时呈现柏格森的科学知识、人文素养与哲学创意"③。真正通达圆融了科学与人文的协调统一。柏格森的哲学同时又被认为是一种乐观主义，他作为"二十世纪最伟大的哲学家透过生命冲力，结合科学与意识，让人类了解到精神的快乐并非空想，而是可以实践的"④。最后才可以说柏格森是一个伟大的形而上学家和哲学家⑤。《创造进化论》其实是一部有关宇宙演化方面的哲学论著，而非仅仅具有纯人文性的生命哲学著作。人

　　① 此称谓未必完全恰切，但至少柏格森的生命哲学不是纯人文哲学，而应更多地属于这一类哲学：自然哲学、演化哲学等。"自然哲学也应该是一种考虑到变化理论的演化哲学。这种变化就包含有持续。柏格森的哲学是从把我们的整个自然考虑在内的演化观点出发的对世界的一种阐释方法。"([美] 米德：《十九世纪的思想运动》，陈虎平等译，中国城市出版社 2003 年版，第 363 页。) 这一点是他与德国生命哲学流派 (诸如以狄尔泰、叔本华、尼采、奥伊肯等为代表) 最为本质的区别。

　　② 陈卫平、施志伟：《生命的冲动：柏格森和他的哲学》，上海三联书店 1988 年版，第 16、7 页 (柏格森于 1878 年 18 岁时在《数学年报》上发表具有专业性意义的学术"成果"，表现出他是在数理逻辑上的天才，这一事实表明，一些后来者指责他的直觉方法认识论是非理性的女性化哲学，显然是一种肤浅的指责)。

　　③ 黄雪霞：《法国哲学家：柏格森专题》，《哲学与文化》2005 年第 5 期，导言第 2 页。

　　④ 同上。

　　⑤ 这一评论在原引处是连贯的，"柏格森首先是个数学天才，其次是个科学家，最后才是形而上学家和哲学家"。参见王礼平《存在的呐喊：绵延与柏格森主义》，博士学位论文，复旦大学，2005 年，第 1 页。

们却仅凭它获得过诺贝尔文学奖就根深蒂固地认为它是一部具有非理性特色的、强调直觉的具有典型人文特性的生命哲学著作。事实上，柏格森的生命哲学并非纯粹意义上的非科学性（与自然科学哲学相对而与其无所涉及）的人文哲学，他的生命哲学作为一种时间哲学，是从思考自然科学的逻辑起点出发的。从这一视角来看，柏格森的哲学，更多的是属于自然哲学（有关宇宙或自然演化的哲学）范围内，复杂性科学研究的一个重要方面则是对宇宙与自然演化这一主题的深入探究，因而柏格森的生命时间哲学在此与复杂性研究是有着深层次内在联系的。

曾有研究者提到，"柏格森的直觉主义的生命哲学与叔本华的唯意志主义哲学和尼采的强力哲学一脉相承，他们的共同之处是高扬人的自由意志和创造性，高扬人的能动性和主体性，力图消除人与外在世界的分裂"①。就目前较新的中文文献表明，柏格森曾经说过他完全避免了德国文化的影响。② 如果真是这样的话，试问叔本华、尼采等人如何与柏格森之间是"一脉相承"的呢？他们有相似之处或还可说得过去，但如果按柏格森的说法，他的生命哲学是与德国传统的生命哲学两异的，他并没有受到德国生命哲学传统的影响，那我们进行探究时，就不好妄下论断，说他们之间是属于同一类的生命哲学或"一脉相承"的评断了。

另外，有人认为巴什拉（Bachelard，G.）是在否定柏格森的"绵延说"基础上提出"爆裂说"的，即人们的认识不是一种线性"绵延"而是一种非线性的"爆裂"。③ 但是，柏格森的绵延哲学恰恰不是一种线性认识论，这个事实该批判者或许并没看到，却主观地认为巴什拉在后，而柏格森在前，巴氏必然是反柏氏的，否则似乎就构建不出新鲜的理论来了。柏格森倡扬"绵延"、"持续"并不意味着他就一定认为人的认识是一种连续状态而没有看到人类认识的非连续性。按照柏格森的看法，事实上，他认为生命的真实存在一方面要求"从物质中积聚潜能"，另一方面要求"在运动中以一种非连续的、爆发的方式消耗这种能"。④ 以下一段

---

① 吴国盛：《时间的观念》，中国社会科学出版社 1996 年版，第 235 页。

② 王理平：《差异与绵延：柏格森哲学及其当代命运》，人民出版社 2007 年版，第 42 页。

③ 张成岗：《阿尔都塞的科学认识论：从"绵延"到"断裂"》，《河北学刊》2003 年第 2 期。

④ Henri Bergson. Creative Evolution. H. Holt and Company, 1913, p. 115；转引自［美］希尔《现代知识论》，刘大椿等译，中国人民大学出版社 1989 年版，第 314 页。

文字是对柏格森"绵延"概念的详细阐释。

> 什么叫"绵延"？"绵延"不仅仅说像一条延伸的"线"那样"延续"、"不断"，"绵延"还进一步揭示："时间"之所以"不断"乃是因为它是"混沌"。所谓"混沌"是说它"混在一起"、"相互纠缠"，你中有我，我中有你，无法"分开"，如果硬要将其"分割"，则事物的"性质"就要起变化。所以"绵延"说的是"质"，"绵延"不是"量"的"继续"和"重复"。"绵延"不是"一"，而是"多"，"多"得"无量"。平常我们说的"多得无数"，相互渗透、相互纠缠，这就是"混沌"。①

对"绵延"概念作这样的理解，在国内应具有一定代表性，笔者较为认同。另外，笔者认为在法国的学术研究传统中向来少有那种诋毁前人以求自身发展式的研究风格。这一评价基于法兰西学院院士每一后继者在发表任职演说时都被要求以一颗诚挚的心为前任者的学术业绩作出精辟而合理的总结，并表明自身的研究态度和后继研究路向的传统。法兰西学院院士的就职演讲，后来大都被公认为学术精品，如梅洛－庞蒂的《哲学赞词》、福柯（Foucaul, M.）的《话语的秩序》② 等。"在法兰西科学院，新入选者在欢迎仪式上的致辞演说，并不谈自己，而是满怀尊敬和诚挚详述并分析他的前任的作品和思想，而他自己的学术功绩则由在任的院士在答辞中介绍。我们可以看到，致辞者、答辞者对于所述对象不但态度恳切，充满感激，更令人叹服的是，新入选者对于前任其人其文熟悉之至，对其思其言了解至深。当然，其中的评价中肯、坦率，并没有掩饰什么，更体现出言者对被言者的真诚和情谊。"③ 由此看出，法兰西的学术研究传统精神，是发扬式发展，而非否定式发展。对于巴什拉对柏格森的哲学究竟是摒弃还是发扬，也可在《柏格森与巴什拉》的书评中找到些

---

① 叶秀山：《"哲学""活在"法国：写在〈遥远的目光〉将出版之际》，《哲学研究》2001 年第 3 期。

② ［法］福柯：《话语的秩序》，载许冠强等编译《语言与翻译的政治》，中央编译出版社 2001 年版。

③ ［法］罗斯丹等：《法兰西院士就职演说：罗斯丹，尤奈斯库，佩雷菲特》，闫雪梅等译，上海社会科学院出版社 2006 年版，总序第 2—3 页。

许答案。"柏格森的整体论，可以在巴什拉的身上得以很好地体现。卡西嬷（Cariou，M.）透过巴什拉来解读柏格森，不是她认为'柏格森已经预示了巴什拉的思想'，而是后者在科学和艺术（诗）上更拓深了前者的精神。此书在重构法国当代哲学的思想脉络上具有重要性。"① 从以上的对比中，不难看出对巴什拉在柏格森哲学扬弃问题上的评判态度是有差别的，这从一个侧面透视出了在国内学术研究中存在的一些弊病、陋习：总以为后来者比先前者在理论上优越许多，总是认为后来者都是对先前者的否定，这可称之为否定性发展，而非发扬性发展（发扬性后继者）。否定性批判是必要的，但是发扬性评论同样也很必要。

在这类误读中，还有着将柏格森视为神秘主义的代表，并认为柏格森的哲学最终归宿是走向了神秘主义的。如范冬萍在提到过程哲学作为进化—控制论系统哲学的早期奠基时，认为柏格森、怀特海等人是处于这一研究的"早期的过程哲学"，"充斥着含糊、神秘，倾向于把进化看作是由某些超物理力量引导的目的论，而不是盲目变异和选择的过程"。② 这种评判方式是企图严格区别出柏格森等人的哲学与复杂性研究之间的相异、相左乃至格格不入之处。这也部分地体现了前面所指出的否定性发展的方式。

在以上两类误读之外，还存在着另一种无区分式的误读，将所有的生命哲学都视为同一。例如，"生命哲学，用生命的冲动来解释宇宙的发生发展及社会历史现象的一种唯心主义哲学流派。19 世纪末 20 世纪初流行于德、法等国。对其形成直接影响的有叔本华、尼采的唯意志论，达尔文（Darwin，C. R.）的生物进化论，斯宾塞的生命进化学说、居约（Guyau，J. M.）的生命道德学说等，德国哲学家狄尔泰是生命哲学的创始人，法国哲学家柏格森是这一思想的集大成者。其他重要代表人物还有齐美尔（Simmel，G.）、奥伊肯（Eucken，R.）、施本格勒（Spengler，O.）等"③。这一概述虽然八九不离十，但有"眉毛胡子一把抓"之嫌。又如"生命哲学：19 世纪下半叶到 20 世纪初德国的一个哲学流派，由狄尔泰、柏格森等所创立。反对自然科学及技术所造成的机械主义，认为不能用理

①　黄雪霞：《法国哲学：柏格森专题》，《哲学与文化》2005 年第 5 期，导言第 2 页。

②　范冬萍：《系统哲学的新探索："控制论原理研究计划"》，《自然辩证法研究》2003 年第 9 期。

③　孙鼎国：《西方文化百科》，吉林人民出版社 1991 年版，第 74 页。

性和概念来表达生命。主张以内在的体验来理解和解释生命，或把生物学所理解的生命延伸到整个实在世界和人生观，是存在主义的主要来源之一"①。笔者认为虽然都是生命哲学，但却不可混为一谈，柏格森的生命哲学是与理性相对或互补的认识论（认识世界的方式），是非理性直觉认识论；而狄尔泰的生命哲学则重在精神层面，他致力于建构的是精神科学。

三　三个世纪不息的绵延

（一）旺盛的绵延：19 世纪末到 20 世纪早期

正如前面文献综述中所提到的，在 19 世纪末到 20 世纪二三十年代，中西方学术界曾掀起一阵"柏格森热"。在西方，这一时期柏格森的影响远及美国，实用主义哲学大师詹姆斯（James，W.）尤其赞赏柏格森。杜威在 1912 年写道："在柏格森教授指出绵延是一件真实而基本的事实，并要我们把每一个哲学问题都联系时间来看待之后，任何哲学问题都不再会表现为以前的那种面貌了。"② 可见，在这一时期，人们是把柏格森哲学看成扭转了哲学思想方向的一个具有举足轻重位置的人物。

这一时期柏格森在中国的影响，本书综述部分已略为述及，此处不再赘述。但此时段，柏格森与爱因斯坦（Einstein，A.）于 1922 年在世界哲学年会上的对峙还需提及，这一段历史证明了柏格森生命时间哲学所具有的绵延性。

柏格森与爱因斯坦于 1922 年在世界哲学大会上的"对垒"是饶有趣味的一个话题。将柏格森误认为纯粹是一个非理性主义哲学家的人，嘲笑他的"无知"——居然敢与专业性极强而又声震四海的物理学、科学巨匠爱因斯坦对抗，他们以为他彻底失败了，甚至于法国哲学界有意要淡化或掩盖这一不光彩的历史。事实上，时间到了今天，真相昭然。当时爱因斯坦所质疑的"难道上帝还会掷骰子吗?!"③ 这一疑惑，从普里戈金开

---

① 王延锋：《因果性、直观性、个体性与量子力学：试析保罗·福曼关于魏玛文化与量子力学发展之关系》，《自然辩证法研究》2002 年第 11 期。

② ［法］摩罗特－西尔：《柏格森在今天对我们的意义》，《国外社会科学文摘》1965 年第 2 期。

③ 意指物理学里时间不可逆是虚构的，在物理学的基本定律中没有任何不可逆性，这是爱因斯坦至死仍然始终坚持的一个固有观点。参见［比］普里戈金《从存在到演化：自然科学中的时间及其复杂性》，曾庆宏等译，上海科学技术出版社 1986 年版，第 174 页。

始，人们发现物理学里的时间不可逆现象也是存在的。这说明，被认为"物理世界里的时间都是对称而可逆的，与生命时间的不可逆之间是不存在任何相关性的"，这一固定观点已被成功瓦解，而柏格森就是引起这一瓦解性活动的先驱者。

（二）暗涌的绵延：20 世纪中晚期

1959 年 5 月法国哲学会在巴黎大学集会庆祝柏格森诞辰一百周年时表示：他是 20 世纪最伟大的哲学家之一。有学者提出："这种承认太一般化了，对此我们可以这样理解：柏格森属于我们的过去；在我们眼中，他已经是哲学史上的一个经典人物；我们必须熟悉他的思想，就像我们必须熟悉康德或者卢梭的思想一样"①。

此一阶段，柏格森的哲学，虽然并不热烈，但它却一直在静悄悄地持续着。摩罗特－西尔（Morot-Sir，E. ）提到：也有不少人将柏格森贬谪到历史中去，和当前生活永远地隔离开来，有些人甚至说他是属于 19 世纪的。但柏格森哲学是否真是如此的命运？摩罗特－西尔继而总结："这是一个牵涉到目前和将来的问题，而不是决定柏格森在哲学名人馆里应当排什么座次的问题。"② 梅洛－庞蒂认为柏格森哲学是在"不断完善着的"③。这意味着人们对它的研究是属于一种不断发现的状态，不断延续和向前推进的，而非停止或抛弃，遗留在历史的陈列室里。

在这一时期，中国大陆对柏格森哲学的评价往往并无多少正面的言辞，如对柏格森的生命时间观的评述："就其对牛顿（Newton，I. ）力学的绝对时间观念的批判来说，有一定的意义。它揭示了割裂物质运动和时间，把时间当作一个绝对静止的空盒的绝对时间观的错误，强调了时间与运动的不可分割性。但是其基本立场是完全错误的。"④ 这个"完全错误的""基本立场"就是他所站的唯心主义的立场。这样的评判是在对唯心主义抱持负面情感因素下而作出的，有失公允。这也是对柏格森的研究在中国大陆不太热烈的原因之一。

---

① ［法］摩罗特－西尔：《柏格森在今天对我们的意义》，《国外社会科学文摘》1965 年第 2 期。

② 同上。

③ ［法］梅洛－庞蒂：《哲学赞词》，杨大春译，商务印书馆 2000 年版，第 171 页。

④ 赵修义等：《现代西方哲学纲要》，华东师范大学出版社 1986 年版，第 152 页。

（三）创造的绵延：20 世纪末到 21 世纪初

早在 20 世纪 60 年代时，巴雷特（Barrett, W.）就曾预言：现在，除在法国外，柏格森的声望已经大降；但是，他的思想之将被复兴是可以想见的。要是到了那个时候，对他的再认识就会使我们看到他的哲学所包含的内容比它过去即使为人推崇备至的时候似曾包含的还要丰富得多。①巴雷特对柏格森哲学的预言与判断确实没错，柏格森哲学所研究的绵延性在他自己的哲学里得到了最好的绵延，并且是创造性的绵延。

摩罗特-西尔认为柏格森的影响"'在今天一切的思想领域里'都被感觉到。不但如此，人们还承认他个人的真正伟大，因此使他成为一种表率。在我看来，柏格森还是和我们在一起"②。如果说间接性关系在目前可被理解为一种非线性影响的话，那么这句话就恰好证明了笔者的观点：在复杂性的视域下，柏格森对教育学的影响是非线性的，是间接地存在的。直觉的方法、隐喻的方法，人们一直在用，而这恰恰是柏格森哲学中最为核心的地方。摩罗特-西尔在总结柏格森对于今天的人来说，仍然具有三个方面重要影响意义的中心议题时，提到其中首要的是柏格森在生物学思想的水平上，是"通过综合了科学上的发现之后再企图走出这些发现的"③。这一对柏格森哲学过去未曾充分得以肯定之处，将是今后柏格森哲学继续延续的一个重要方面。和巴雷特的结论类似，摩罗特-西尔最后表明："我相信柏格森的将来要比他的过去更为丰富。柏格森思想有无穷活力。它包围着我们。"④

柏格森时间哲学在 21 世纪新科学中存在着的是一种创造性延伸的状态。在《哲学与文化》有关柏格森的专题研究中，多处呈现了"具有科学性的柏格森"这一主题的暗示，预示着目前随着复杂性研究主题与柏格森研究主题二者间各自的深入，人们越来越清晰地感到，21 世纪柏格森的相关研究已经进入了一个新的科学研究的视域，如 2004 年《柏格森：

---

① ［美］巴雷特：《非理性的人：存在主义哲学研究》，段德智译，上海译文出版社 2007 年版，第 15—16 页。

② ［法］摩罗特-西尔：《柏格森在今天对我们的意义》，《国外社会科学文摘》1965 年第 2 期。

③ 同上。

④ 同上。

绵延与自然》① 的出版。其实在更早的时候，20世纪70年代，就有人曾撰写重新评价及认识柏格森与现代物理学之间联系的专著。②

再如《哲学与虚拟风险：柏格森与生命时间》③，其中分析了柏格森的当代影响。另外，在对柏格森时间哲学的书评中也曾提到：

> 柏格森能够引起读者思考关于时间的差异，并且如果这样的话，就会必然的需要对黑格尔（Hegel，G.W.）做出一个二元选择，即必须对解构主义—结构主义或后结构主义以及当代的盎格鲁裔美国哲学之间做出选择。书中有很多文字用来解释柏格森的两本著作：《物质与记忆》《时间与自由意志》。书的第二章将柏格森的思想放到一个较大的19世纪欧洲的历史背景中，以及那时哲学与科学上有关时间概念的研究状况。最后一章给出了较为让人感到兴奋的这样一些研究结果：近年来的各种人工智能、混沌理论与生物工程等方面的主题与柏格森哲学之间的联系。此书较少提到柏格森哲学与其他哲学间的影响关系，而更多能为我们提供许多哲学的当代两难困境。④

第二节　复杂性研究进程中柏格森的"二维四现"及其自然哲学属性

本书中，柏格森在复杂性科学研究中的"二维四现"，指的是在复杂性研究的发展历程中，柏格森在两个维度上有四次出现。一是生命时间的维度，二是隐喻作为复杂性科学研究方法论的维度。

关于复杂性理论的界定，本书赞同这种立场和观点：在科学中，复杂性理论（complexity theory）是源出于混沌理论和自然律的一种发展。它表明如果大自然中的随机事件任其发展，它们不会定于最简单的可能模式

---

① Coordonné par Jean-Louis Vieellard-Baron, *Bergson la durée et la nature*, Paris：P. U. F. 1re édition, 2004. 参见莫治谋《柏格森的自由思想》，《哲学与文化》2005年第5期，第15页。

② Milic, C., *Bergson and Modern Physics：A Reinterpretation and Re-evaluation*, D. Reidel Publishing Co. Dordrecht, Holland, 1971.

③ Pearson, K. A., *Philosophy and the Adventure of the Virtual：Bergson and the Time of Life*, London and New York：Routledge, 2002.

④ Donohoe J., Review：Guerlac, S., "Thinking in Time：An Introduction to Henri Bergson", *Choice*, 2006 (4), p. 659.

（像是曾经认为的那样），而是进入复杂的模式。这一理论，对于进化过程和宇宙学具有暗示性意义——并且，像在它以前的欧几里得几何、量子力学和相对论那样，它表明我们关于"物理学定律"或"宇宙定律"的概念仍需重新定义。① 在国内，吴彤曾在《复杂性的兴起》中提到："柏格森提出时间的复杂性演化与创造性问题。"② 回溯复杂性研究的理论发展所走过的历程，将会了解到柏格森在其中留下了一个看得见的足印，我们越深入研究复杂性科学理论的发展，就越能看到这一事实的存在。

一　第一维：生命时间引发的复杂性思考

（一）柏格森生命时间哲学的意涵

凡对柏格森哲学多少有所涉及时必能获悉，"柏格森哲学的主要课题在于探究生命的本质，而与生命息息相关的时间，则是其哲学之出发点"，"时间的本质乃是人的意识，且真正时间与生命一样都是不能分割的"。③ 柏格森本人的哲学生命就是他所说的创造性的"进化"、发展之意，是一种绵延。而他所指的生命时间也即绵延，是具有方向性的，是永远指向前的不可逆的时间，并且它总是在做持续性运动，在这一过程中总是存在着创造性。米德认为柏格森的绵延概念，是一种对个体内在经验的探究，绵延之所以具有持续性而不可分，就在于"如果我们向内观察我们自身，我们就会发现有一个过程在持续着，在此过程中，在一个时刻所发生的和在另一个时刻所发生的有一种相互渗透。你不能够切断你的观点、情感、感觉，把它们在一个点上固定下来，说一个属于这一点，另一个属于另一点。你的情感渗透到整个经验之中"④。

在复杂性研究中，时间的问题一直占据着一个比较重要的位置，但物理学（自然科学）中的时间总与生命时间是不一致的。经典物理学中以牛顿力学为代表的时间是没有方向、不存在矢量问题，因而力学时间是可逆的。但是随着复杂性科学研究的进展，时间具有方向性问题越来越凸显

---

① ［英］麦克利什：《人类思想的主要观点：形成世界的观念》，查常平等译，新华出版社2004年版，第282页。

② 吴彤：《复杂性的兴起》，《科学技术与辩证法》2001年第6期。

③ 尤召良：《塞尚与柏格森》，广西师范大学出版社2004年版，第149页。

④ ［美］米德：《十九世纪的思想运动》，陈虎平等译，中国城市出版社2003年版，第354页。

出来。柏格森的生命时间是引起这一思考的一个动因。

（二）复杂性研究概述

1. "复杂性"是什么

（1）"复杂性"的概念

关于"复杂性"概念的界定，正如有西方学者提到的："在《道德经》中，一开始就明确告诫人们，过于刻板的定义有使精神实质被阉割的危险：'道'，就是在一定的结构内永无休止地变化。对于科学或科学学，我们也无须下一个严格的定义，因为科学或科学学正是此类性质的活动。"① 同样，对于复杂性的概念也是如此。要界定"复杂性"，似乎理所当然地首先要搞清什么是与之相对应的"简单性"，否则简单性的概念不清，复杂性的概念也模糊，以至于到底什么是简单性，什么是复杂性到最后仍然无一定论，没有一个可以统一衡量的标准。然而，事实关于"复杂性"与"简单性"，到目前为止都没有一个清晰而截然的区分与界定。诚如有研究者所提到的："'复杂性'这一概念是充满了争议的概念。与它相对的'简单性'也是如此。"② "时至今日，关于简单性和复杂性这两个概念的明确区分仍然是十分困难的。"③ 因而学者们只能对此作出以下权宜式的结论："应当容忍和接受不同意义下的复杂性，允许不同学科有不同的定义。多样性、差异性是复杂性固有的内涵，只接受一种意义下的复杂性，就否定了复杂性本身。"④

由此看来，"复杂性"概念的界定，虽然难以摆脱与"简单性"概念相对照来理解，然而却有人认为"自然界没有简单的事物，只有被简化的事物"⑤。据此观点，世界上根本就不存在"简单性"，只存在人们对事物的简约化认识和处理。"简单性是人们对认识对象进行最大程度的抽象和简化处理后的结果，是一种理想化的产物，在现实世界中是根本不存在

---

① ［英］贝尔纳：《科学的社会功能》，陈体芳译，商务印书馆1982年版，序言第1页。

② 文兵：《面向复杂性：福柯的后现代知识观》，《首都师范大学学报》（社会科学版）2004年第2期。

③ 邬焜：《微观复杂性探究》，《河北学刊》2005年第2期。

④ 苗东升：《论复杂性》，《自然辩证法通讯》2000年第6期。

⑤ ［法］莫兰：《复杂思想：自觉的科学》，陈一壮译，北京大学出版社2001年版，第137页。

的。现实世界中客观存在的系统实际皆为复杂系统。"①

因而如果我们把"复杂性"看作自然界的一种客观现象（这其中也包括"人"的因素在内）的本质属性的话，我们便有理由认为"复杂性"是从来就有的。

（2）"复杂性"的产生

研究"复杂性"的产生或"复杂性"是如何产生的这一问题，就笔者所能涉猎到的文献资料来看，较少，而更多的是研究"复杂性理论"或"复杂性研究"是何时、如何产生的。如有研究者所提到的那样："复杂性问题首先是作为科学研究的对象历史性地发生，并在一批自然科学家的努力下得到科学揭示的。复杂性问题显然又不只是科学问题，现实生活的复杂性、真实世界的复杂性都远远超过科学意义上的复杂性，科学复杂性也许只是最低限度的复杂性。"② 但是，尽管很少有人研究"复杂性"的产生，可并不是没有人在研究或曾经研究。比如在以物理学领域为代表的自然科学中，就曾经有一个时期，科学家们一直致力于研究动力系统里的复杂性是如何产生或发生的。因而谈到"复杂性"更多地涉及这样一些名词，例如嵌套、自相似、自组织性、突现、整体、秩序和渐次增加的层次、进化，等等。例如来自自然科学领域里的研究者赵松年就曾提到："复杂性……本身就是探索研究的对象，科学不能对复杂性下一个定义，普利高津（普里戈金）在专门探索复杂性的书中也没有给复杂性下定义。"③

综观前人的研究，各学科领域都从自身的角度出发试图界定自己领域的"复杂性"，或一谈复杂性就转变成探讨复杂性所具有的特征上，而未对"复杂性"作正面的界定，尤其从非自然科学研究的角度。不过，也有研究者从词源学上来阐释"复杂性"，但最后都总结出在中文的各类辞典里没有找到"复杂性"这个词，唯有"复杂"两个字，或者作为单字出现，或者作为一个词语出现；英语中倒有历来表示什么"性"的词缀，

① 高建明、孙兆刚：《论复杂性、非线性及其相互关系》，《系统辩证学学报》2002 年第 4 期。

② 刘劲杨：《穿越复杂性丛林：复杂性研究的四种理论基点及其哲学反思》，《中国人民大学学报》2004 年第 5 期，第 17—18 页。

③ 赵松年：《非线性科学：它的内容、方法和意义》，载中国科学研究院《复杂性研究》编委会《复杂性研究》，科学出版社 1993 年版，第 139 页。

因而在英语辞典里能够找到有关"复杂性"这一词的解释。① 但从词源学上考察这一概念，仍不能涵盖所有的复杂性定义，未能对"复杂性"这一概念达到"普适性"和"有效性"的理解程度。

此种情况下，笔者较赞同这样一种观点：复杂性的出现是随着人类认识水平的提高而出现的。意即，从认识论上来理解的话，"复杂性"存在与否是相对的，它与人类认识水平的发展程度相一致。人的认识水平还处于较为低下的时候，他们甚至意识不了有复杂性的存在，他们只能在自己的认识能力范围之内来认识事物。因此，在那个时候不论是人的认识对象——客观世界，还是人自身的认识水平都是"简单的"，或者说是"简单性的"。而当人的认识水平有所上升时，上升到一定高度的时候，人们又意识到原来世界并不像原先所想象的那么简单，世界也不是原来的那些认识方法可以认识和把握的。随着人类认识能力及其认识水平的提高，人们反而越会意识到或感到这个世界更加复杂，更加难以认识。在这其中存在着一种"双重复杂性"现象，即不仅客观世界存在着复杂性，而且人自身也是存在着复杂性的，人的认识能力、认识水平、思维等同样也是复杂的。"要研究复杂性，必须把作为研究者的人包括在系统中。复杂性本原在于客观事物本身和我们对客观事物的抽象。因此，特别是复杂性研究必须同时研究物的行为和人的认识。"② 这就使得厘清"复杂性"产生的历史及其发展始终是较为困难的。因而，对此只能作宏观上的描述："凡是不能用还原论方法处理或不宜用还原论方法处理的问题，都是复杂性问题，复杂巨系统就是这类问题。"③ 也有从哲学上对此作出不确定性描述的："也许复杂性起源于确定性和简单性，但世界的复杂性更在于它的复杂性演化过程中。因此，复杂性的世界具有潜在的复杂性。"④ 因而，理解复杂性，只能从理解它所具有的一些基本属性着手，如对非线性、混沌、分形等概念和理论的研究。⑤

　　① 郭元林、金吾伦：《复杂性是什么?》，《科学技术与辩证法》2003 年第 6 期；黄欣荣：《复杂性究竟是什么：复杂性的语义分析》，《自然辩证法研究》2004 年第 5 期；文雪：《在确定与不确定之间：复杂性的教育研究》，黑龙江教育出版社 2006 年版，第 4 页。

　　② 赵凯荣：《复杂性：人类认识之谜》，博士学位论文，武汉大学，1999 年，第 22 页。

　　③ 于景元、刘毅：《关于复杂性研究》，《中外管理导报》2002 年第 9 期。

　　④ 吴彤：《"复杂性"研究的若干哲学问题》，《自然辩证法研究》2000 年第 1 期。

　　⑤ 同上。

（3）"复杂性"的滥用问题

"近十年来，复杂性科学与其他科学相互渗透。无论在生物学、生理学、心理学、数学、物理学、化学、电子学、信息科学、还是在天文学、气象学、经济学，甚至在音乐等艺术领域，都得到了广泛的应用。"① 它所涉及的范围如此广阔，但是复杂性研究"在自己的基础理论尚未成熟的情况下，就急匆匆地被借用到上至哲学、下至各门科学和技术，匆忙地担当起一般方法论角色，于是便又形成了复杂性的各门应用分支"。因而，"复杂性研究是以复杂性观念、复杂性思维为特征的一个学科群"②。一种新的理论出现的同时，就有它的核心概念被无限滥用的可能，同时这一理论也同样会有被无限制地借用或套用的可能。

然而，在笔者看来，各门学科中对复杂性的广泛应用，未必是所谓的滥用，因为正如前面所陈述过的，不论是对于人自身而言，还是他所面对的整个外在世界而言，复杂性都是存在的。复杂性研究是人类认识水平在一定程度上有所进步的表现，人类意识到复杂性的存在恰恰证明了自身认识世界的水平更进一步深入化了。"作为受限的物理的和智力力量的存在物，我们生活于一个复杂性确确实实是无限的领域，这种复杂性衍生的枝枝杈杈（ramifications）境况既普遍存在也不可避免。"③

2. "复杂性研究"的发展历程概述

有关复杂性的研究，从纵向时间发展上大致可分为三个阶段，但如果把复杂性研究的史前阶段也算在内的话，则可分为四个阶段。此处仅列举几个较具代表性的划分。以苗东升为代表的一种类型的划分：纵向上分为，复杂性研究前史（即史前期）、复杂性研究的开创时期、复杂性研究的学派林立时期。④ 有关史前期的研究认为，"贝塔朗菲始于1928年的工作，是复杂性研究的一个启蒙阶段"⑤。同时，在20世纪初，"泰勒（Taylor, F.）关于工厂管理的新思想，兰彻斯特（Lanchester, W.）的

---

① 宋学峰：《复杂性科学研究现状与展望》，《复杂系统与复杂性科学》2005年第2期。

② 黄欣荣：《复杂性究竟是什么：复杂性的语义分析》，《自然辩证法研究》2004年第5期。

③ ［美］雷舍尔：《复杂性：一种哲学观》，吴彤译，上海科技教育出版社2007年版，第1页。

④ 苗东升：《复杂性研究的现状与展望》，《系统辩证学学报》2001年第4期。

⑤ 苗东升：《复杂性研究的现状与展望》，《系统辩证学学报》2001年第4期，又见黄欣荣《复杂性究竟是什么：复杂性的语义分析》，《自然辩证法研究》2004年第5期。

作战问题研究，怀特海的过程哲学，格式塔心理学等，都是源头"①。除了这种包含史前期的划分外，较为普遍的观点，认为复杂性研究主要经历了三个阶段：自 20 世纪 20 年代到 60 年代为第一阶段。贝塔郎菲（Berta-lanffy, L. V.）提出的一般系统论、维纳（Wiener, N.）提出的控制论、申农（Shannon, C. E.）提出的信息论、诺依曼（Neumann, V.）提出的元胞自动机等是这个时期复杂性研究的代表性成果，标志着复杂性研究的起源和萌芽。20 世纪 60 年代到 80 年代为第二阶段。普里戈金的耗散结构、哈肯（Haken, H.）的协同论，艾根（Eigen, M.）的超循环论、自组织理论，汤姆（Thom, R.）的突变论、混沌学理论以及后来的分形论是这个阶段的代表性成果，标志着复杂性研究在自组织理论、非线性科学方面已经取得了比较明确的成果。20 世纪 80 年代为第三阶段。它是复杂性科学真正诞生的时代；它是在自组织理论和非线性科学理论的基础上发展起来的。1984 年，诺贝尔物理学奖获得者盖尔曼（Gell-Mann, M.）、安德逊（Anderson, P.）和诺贝尔经济学奖获得者阿若（Arrow, K.）等人，聚集了一批从事物理、经济、理论生物、计算机等科学的研究人员，组成了圣塔菲（Santa Fe Institute, SFT）研究所，专门从事复杂性科学研究。②

另外，来自自然科学领域的学者们认为，自 20 世纪 90 年代初以来，中国的钱学森教授领导的系统科学学派也在复杂性科学研究中进行了许多创造性的探索，提炼出了复杂巨系统的概念，并创造性地提出了"从定性到定量的综合集成法"以及"从定性到定量的综合集成研讨厅体系"。③因此，美国的圣塔菲复杂性科学研究所、中国的钱学森教授领导的系统科学学派以及后来的一系列复杂性科学研究所的创立和兴起大大促进了复杂性科学研究的发展，复杂性科学研究是在传统经典科学的基础上吸取了自组织理论、非线性科学理论、系统论和人文精神而发展起来的新学科和新思维，这是复杂性科学真正诞生的时代。

自复杂性研究的开创时期以来，有关复杂性研究在横向上又可分为以

---

① 苗东升：《复杂性研究的现状与展望》，《系统辩证学学报》2001 年第 4 期。

② 按苗东升的划分，是将此三阶段归为他的"开创时期"内来阐述的，但若从复杂性研究所经历的纵向时间过程而言，这种按照某一阶段时间内产生了怎样的理论代表，能给人较为清晰的印象。笔者因此而赞成这种在纵向时间跨度上的三阶段划分。

③ 苗东升：《复杂性研究的现状与展望》，《系统辩证学学报》2001 年第 4 期。

下三个较为典型的学派:① 欧洲学派，又可细分为贡献最大的以普里戈金为首的布鲁塞尔学派、哈肯学派、艾根的超循环论、英国以应用科学层面为主的杰克逊（Jackson，S. R.）的研究工作等。美国学派，比较具有典型性的主要是圣塔菲研究所，以沃菲尔德（Warfield，J. N.）为代表的结构基础学派。中国学派，以钱学森自 20 世纪 80 年代以来的研究工作为代表。

金吾伦和郭元林也将复杂性研究的发展历史划分为三个阶段：研究存在阶段、研究演化阶段、综合研究阶段。② 研究存在阶段，主要成就表现为一般系统论、控制论、人工智能。研究演化阶段主要的理论成果有：耗散结构理论、协同学、超循环理论、突变论、混沌理论、分形理论和元胞自动机理论。综合研究阶段打破了以前的科学界限，进行综合研究，而且有了专门从事复杂性科学研究的机构——美国圣塔菲研究所。圣塔菲研究所的成立就是为了适应科学发展中的综合趋势。促进知识统一和消除两种文化之间的对立，即斯诺（Snow，C. P.）所说的科学文化和人文文化。此一阶段的研究对象是复杂系统，主要研究工具是计算机，隐喻和类比成为研究方法。研究对象为研究演化、生命的进化、人的思想的产生、物种的灭绝、文化的发展等。前两阶段的复杂性科学主要以自然科学为基础，以数学和自然科学为背景。而在第三阶段即综合研究阶段，社会科学在复杂性科学研究中则起了重要作用，如经济学、文化学和人类学，等等。③

另外还有人归纳：20 世纪前半期主要发展的是关于无组织的复杂性科学，即建立在统计方法之上的那些科学；20 世纪 60 年代以来的科学主要是研究有组织的复杂性科学，电子计算机和系统理论是强有力的工具。④

从前，人的认识不够发达，对于复杂性领域的探索还是"富矿区"，所以那时无人问津"复杂性"，但是现在人类科学认识的水平已经上升到了一个高度，因而从前的"富矿区"变成了"贫矿区"，人们有能力来认识和研究复杂性以及与复杂性有关的一些问题。这也是复杂性研究产生的

---

① 苗东升：《复杂性研究的现状与展望》，《系统辩证学学报》2001 年第 4 期。

② 金吾伦、郭元林：《国外复杂性科学的研究进展》，《国外社会科学》2003 年第 6 期。

③ 同上。

④ 高建明、孙兆刚：《论复杂性、非线性及其相互关系》，《系统辩证学学报》2002 年第 4 期。

一种解释。

　　3. "复杂性"所具有的特征

　　系统复杂性学派认为，复杂性的基本特征为：（1）有相当数量和多样的元素以及元素之间有相当紧密的相互联系，即元素与其相互联系的多样性；（2）这些联系是非线性的；（3）这些联系是非对称性的（即时间不可逆性，生命时间的引入）；（4）这些联系处于有序与混沌之间。①

　　在人文社会科学领域里，人们更多体会到的是："复杂性不是某种单一的理论体系，而是一个集群、集合（collection），它常常分散于各学科领域的研究中，包括人工智能、博弈论、计算机科学、生态学、进化与哲学等。它不是'宏大叙事'（grand narrative）式的理论——借着这种宏大框架能够解释人们的各种行为；它更多的是指一种看到事物之间联系性与可能性的研究视角或范式。通过这一视角或范式可以看到大量的全球性的联系，复杂性理论让我们了解到世界上某一个小小地方的很小的变化都能够给世界带来巨大的影响。"②

　　另外，在人文社会科学领域里，莫兰（Morin, E.）对"复杂性"的特征解释也具有一定的代表性，"complexus 意味着交织在一起的东西。确实，当不同的要素（比如经济的、政治的、社会的、心理的、情感的、神话的）不可分离地构成一个整体时，当在认识对象与它的背景之间、各部分彼此之间存在相互依存、相互作用、相互反馈作用的组织时，就存在复杂性。复杂性，由于这个原因，是统一性与多样性之间的联系"③。

　　由此我们可以看到，与自然科学领域里"复杂性"指的是"与混沌、分形和非线性相关联"略有不同的是，人文社会科学领域里更为倾向于认为"复杂性"指的是各种事物之间的联系性与可能性、统一性与多样性、混乱性或杂多性等意思，因而较倾向于认为复杂性科学是以研究自然、社会的复杂性和复杂系统为核心的新科学，一种新兴的研究范式或视角。复杂性研究在人文社会科学领域里，担当起的是一般方法论的角色，所以，在社会科学领域，复杂性研究是以一种复杂性观念、复杂性思维为

---

　　①　颜泽贤等：《系统科学导论：复杂性探索》，人民出版社 2006 年版，第 203 页。

　　②　Davies, L., Education and Conflict: *Complexity and Chaos*, 1st ed, London: Routledge Falmer, 2004, pp. 19 – 20.

　　③　［法］莫兰：《复杂性理论与教育问题》，陈一壮译，北京大学出版社 2004 年版，第 27 页。

特征而存在的学科群，它类似于某一个"类"或"群体"，但却绝非单一的独立个体。

复杂性科学研究中最为明显的特征中包括以下几点：学科间的交叉性、跨学科性、整体性的观念、知识的综合性。

（三）柏格森"生命时间"在复杂性研究中的启发性表征

事实上，复杂性科学研究在某种程度上是对还原论、原子论等科学研究方法论不足之处的克服，因而，复杂性科学研究始终是建立在整个自然科学发展的历程中的。以下将列举的三位在自然科学研究中作出了一定贡献的人物（德·布罗意、① 维纳和普里戈金），他们分属于自然科学研究历程中的不同时期，总的看来，在时间上是呈现出纵向发展的。在这一进程中，柏格森的生命时间哲学被不同程度地提到，这能够多少让我们看到，柏格森在复杂性研究发展的历程中是具有一定贡献的。

柏格森"生命时间"在复杂性研究中引发的思考，本书仅以三次"现身"为例作一简略阐述。"现身"一词的意义，按照《哲学大辞典》上的解释，"原指对自身当下情状的发现、感受，海德格尔（Heidegger, M.）用以指基本本体论意义上的人的生存方式，即人的'在'的方式之一"。按此解释，"这说明现身一开始就是一种介入到周围世界中去的能力。它同领悟、交谈等人的基本生存方式一起构成了人的本体论的'在世中'的结构，并表明人在其本体论的结构中即反映出与周围世界同处一体的特点"②。本书以"现身"一词来表明柏格森生命时间哲学在复杂性研究历程中所引起的思考，能够体现由他的这一生命时间哲学所产生的惟妙惟肖的生动性影响意义。"现身"在此并非海德格尔式关于身体的"在"与"此在"上的意义，而是柏格森哲学"在"的出现，引起后人的思考。

1. 第一次现身：波粒二象论奠基者德·布罗意的《物理学与微观物理学》

德·布罗意（De Broglie, L. V.）是早期量子力学的开创者之一。他在《物理学与微观物理学》中提到："这个大要的目的只是为了想说明现

① 朱津栋译为"德·布洛衣"，鉴于"德·布罗意"的译名更为普遍，因而本书统一使用后者。

② 冯契：《哲学大辞典》（分类修订本），上海辞书出版社 2007 年版，第 1934 页。

代物理学与柏格森哲学间的某些相似之点。"①　德·布罗意感到应予柏格森这样有地位的哲学家以公正的评价。英译者从中挑选了一段具有代表性的评论陈述道："进化论使得时间在自然界中的地位比以往任何时候都更为重要。柏格森把时间概念从与我们的经验实践，并且与我们的科学和哲学的观念纠缠在一起的混乱中拯救出来。从赤裸裸的、无差异的、均匀的单一性中，你不可能引申出复杂性。"②

其中，德·布罗意提出一个问题：柏格森对运动观念的批判与现代量子论的概念之间是否存在着某些相似之处呢？回答此问题，柏格森在《形而上学导言》中是这样说的："空间只是空间的各个局部，你在空间的任何地点考察运动的物体，你得到的只是一个位置。"此段话柏格森写于 1889 年，也就是海森伯（Heisenberg, W.）测不准关系出现的四十年以前。正是在此点上，法文原著和英译者都认为柏格森的这段话与物理学家的观点具有无可争议的相似之外。德·布罗意认为，从微观来看，物质世界的演化依然是实现着的。在柏格森生前最后出版的一本文集《思想与运动》里，他提到我们能够并且应该提到物理学的决定论。德·布罗意评论："这是一个不平凡的设想，按照这种设想人们必须具有'宏观的'感觉，因为只有在宏观世界，决定论才明显地有效，并且使人们作用于事物成为可能。"③

最后，德·布罗意还提到了柏格森的观念和现代物理学观念间的另外一些相似之处。柏格森关于弱因果律的见解：存在于因和果之间的决定论的关系不再是必然的了，因为这个果可以不是因给出的。它只是处于一种概率状态之中，就如同一种混乱的表示，可能并不引起相应的作用。

2. 第二次现身：维纳《控制论》中的牛顿时间与柏格森时间

维纳与控制论在复杂性探索中的地位是显而易见的。有研究者明确提出："从复杂性探索的视角来看，维纳控制论具有开创性的历史贡献。"④信息概念引入预测过程，表明了一种革命性的转变。维纳在 1948 年出版

①　[法] 德·布洛衣：《物理学与微观物理学》，朱津栋译，商务印书馆 1992 年版，第 156 页。

②　同上书，第 157—163 页。

③　同上书，第 163 页。

④　颜泽贤：《复杂性探索与控制论发展》，《自然辩证法研究》2005 年第 6 期。

的《控制论》一书的第一章，就富有启发性地提出了"牛顿时间"与"柏格森时间"的区别以及天文学与气象学的区别。前者是确定的、决定论的、可精确预测的、可逆的，而后者是不确定的、非决定论的、不可精确预测的、不可逆的。关键问题在于，过去后者只被看作前者的补充，不具有决定意义。而在维纳这里，后者第一次以一种无法回避的、成为主要关注焦点的面目出现。维纳写道："我们是受时间支配的，我们跟未来的关系和我们跟过去的关系并不相同。我们的一切问题都被这种不对称性制约着，我们对这些问题的全部答案也同样受着这种约束。"① 由于时间性的引入，偶然性最早在通信和控制的问题中，成为科学研究的主要对象。整个 40 年代，控制论的思想先是在脑神经生理学领域，再就是计算机科学领域，直至最后，蔓延到了心理学、生理解剖学、人类学和经济学领域。

有研究者提到："通过维纳，生命哲学理论为系统科学提供了'柏格森时间'这个重要概念。过程对于时间反演变换不对称。通过对时间轴上因果关系的研究，柏格森提出了超越机械论和目的论的问题。"② 系统科学中谈到的柏格森时间，不是就它作为宇宙本原所谓"绵延"和"真正的时间"含义而说的，而是就这种时间表示了一种一维向量的不可逆转的过程而言的。"所以控制论创始人维纳在他的《控制论》的第一章中谈到了柏格森时间和牛顿时间，主要是就系统运动的可逆与不可逆问题而谈的。"③ 维纳总结了自牛顿以来的科学思想的发展趋势，认为没有一门科学完全符合牛顿的可逆性的时间，他赞同不可逆的进化的柏格森的时间，这正是表明维纳的控制论在思想方法上要摆脱牛顿的机械论，为控制论寻求一种新的理论基础，所以把目标转向了统计力学。

3. 第三次现身：耗散结构论提出者普里戈金的《从混沌到有序》

1969 年，由普里戈金领导的布鲁塞尔学派提出了耗散结构理论（Dissipative Structure Theory）。该理论认为，一个远离平衡态的开放系统，当其变化达到一定的阈值时，通过涨落有可能发生突变，由原来的混沌无序

---

① ［美］维纳：《控制论》，郝季仁译，科学出版社 1963 年版，第 39 页。
② 董伟、颜泽贤：《复杂性研究中的两个哲学问题思考》，《哲学动态》2007 年第 9 期。
③ 张俊心等：《软科学手册》，天津科技翻译出版公司 1989 年版，第 204 页。

状态，转变为一种在空间上、时间上或功能上的有序状态和有组织结构。这种结构由于需要与外界交换物质和能量才能够维持，所以被称作"耗散结构"。导致由混沌到有序的，是极度的非平衡，是随机涨落。耗散结构理论把发展的方向性、系统的复杂性、演化的不确定性所有这些整体性特征，整合进了一个完整的动力学模型之中。普里戈金的这一耗散结构模型最先在化学系统的研究中取得成果，并使他本人获得了 1977 年诺贝尔化学奖。

普里戈金提到"时间可逆的物理学观点与以时间为中心的哲学之间的矛盾，已经导致了一场公开的冲突。如果科学不能将人的经验的一些基本方面结合在一起，那么科学的目的是什么呢？"① 普里戈金等人认为柏格森没有失败的地方在于："他有幸去对科学（即经典科学，它在整体上已经稳固地建立起来并达到其神圣之理想）作出评价，从而鉴别出那些对我们来说依然是问题的问题。"② 这个问题就是关于时间的问题。不止一次地，普里戈金以存在于物理世界的时间观与人的世界的时间观之间相悖的地方，作为他思考的起点。这也是他致力于沟通科学与人文之间存在的两种文化鸿沟的表现，当我们仔细阅读普里戈金的几部与耗散结构论相关、与复杂性探索相关的著作时，会发现在这些探索科学宇宙问题的专业性著作中，充满着对人文世界的观照，并且从中我们发现那些时常在人文哲学文本里出现的哲学流派及其理论频频得以出现，并被给予如同科学问题一样同等热烈程度的讨论。

复杂性科学研究的目的就在于真正地沟通科学与人文之间存在的两相隔离状态，将人类的知识引向全新综合与向前发展的景象。柏格森能够引起普里戈金思考的地方就在于：究竟怎样解决存在于科学物理世界与人的真实世界之间的相反的时间观？解决了这一问题也就是在某一方面打通了科学与人文之间所存在的矛盾。普里戈金也如同柏格森一样说"'持续'就是现在"，"为此，他通过引入法国哲学家柏格森的时间概念对此作了比较之后将其界定为：时间不是数学计算中一个简单的量或元素，而是一个具有操纵性的东西，并扮演着某种功能。在它之中必然地参与了人们对

---

① ［比］普利高津、［法］斯唐热：《确定性的终结：时间、混沌与新自然法则》，湛敏译，上海科技教育出版社 1998 年版，第 11 页。

② ［比］普里戈金、［法］斯唐热：《从混沌到有序：人与自然的新对话》，曾庆宏等译，上海译文出版社 1987 年版，第 134 页。

它的主观上的理解"。① 普里戈金从柏格森对自然科学理性逻辑实证思维走到了尽头的批判中，开始思考如何解决这一问题。以下这段话表明，普里戈金开始他研究工作的起因始于何处："最后，即使柏格森借以概括经典科学成就的那种方法在某种程度上依然是可以接受的，我们也不再认为这种方法说明了科学事业的局限性是永恒的。"②

二 第二维：演化哲学专著获诺贝尔文学奖的世纪困惑

在柏格森的各种著作中，具有演化哲学③属性的代表作是他获诺贝尔文学奖的《创造进化论》。将柏格森的哲学放在演化哲学中进行讨论而具有一定代表性的文献是米德的《十九世纪思想运动》，其中提到，"科学式的世界概念的演化方面在亨利·柏格森的演化哲学中获得了它的哲学表达"，"在某种意义上，柏格森的立场正如我已说过的，是演化理论的产物。……柏格森的学说暗示出，在自然中有一个不断进行的演化过程，在这个过程中新的事物恒常不断地出现。……柏格森所认识到的演化观点乃是，存在有这样一种相互渗透，在其中将来可以影响现在，在其中有持续不断的调适，但这种调适却是由于那正在发生的而产生的。"④ "演化本身是一个在持续不断进行的过程，柏格森描述这个过程的术语是 élan vital（生命力），任何持续不断在进行的事物都不能够只按照它被放置在一个瞬间的情况来加以表述。演化所做的就是向我们指出新的形式所产生的条件。"⑤ 然而，柏格森作为哲学家获得了诺贝尔文学奖，人们对此十分困惑：为什么一个哲学家能够拿到诺贝尔文学奖？原因有很多，但本书认为他对于隐喻作为一种研究方法在演化哲学中的首创性使用，是其中一个可能的原因。将其喻为诗性演化哲学应是恰当的，如果仅仅是在纯文学作品

---

① Mainzer, K., *Symmetry and Complexity*: *The Spirit and Beauty of Nonlinear Science*（英文影印版），科学出版社 2007 年版，第 346 页。引文为笔者自译。

② ［比］普里戈金、［法］斯唐热：《从混沌到有序：人与自然的新对话》，曾庆宏等译，上海译文出版社 1987 年版，第 135 页。

③ 演化哲学指关于宇宙产生的学说，称为宇宙进化论。这一提法得以体现在 *Bergson and Modern Physics* 一书中。此书最后一部分论述了《柏格森的熵观及宇宙进化论》。参见 Milic, C., *Bergson and Modern Physics*: *A Reinterpretation and re-evaluation*, D. Reidel Publishing Co. Dordrecht, Holland, 1971, Abstract.

④ ［美］米德：《十九世纪的思想运动》，陈虎平等译，中国城市出版社 2003 年版，第 348、351、361 页。

⑤ 同上书，第 362—363 页。

中使用隐喻，则诺贝尔文学奖或许就不会颁给柏格森了，因为那不是首创。

第四次现身：科学隐喻方法论的先行使用者

1927 年的诺贝尔文学奖颁发给柏格森是具有深远意义的。以罗素（Russell，B.）等为代表的反对者们认为柏格森以辞藻华丽而取胜，这里没有严密的逻辑实证论。[1] 笔者不赞同这种批判。首先，他们所持理据是逻辑实证论的框架，而显然柏格森是不属于这一框架内的；其次，他们没发现正是优美的文辞取胜（隐喻）作为一种新方法论、一种趋势已从柏格森这里开始起程。这些批评者出于所居方法论的限制而没能发现的柏格森哲学的价值，诺贝尔文学奖评判者们发现了。柏格森获奖的理由，颁奖辞是这样的："由于他那丰富而充满生命力的思想，以及表达的卓越技巧。"[2] "表达的卓越技巧"即隐喻在柏格森哲学里的广泛运用，[3] 这在当时，人们只将隐喻作为一种修辞手法来看待的年代，柏格森被责备过于依赖隐喻修辞是显而易见的。然而，现在看来，那仅仅是因为人们只将隐喻理解为修辞表达而已。随着时代的进步，隐喻在目前基于它的修辞功能，又向前迈上了一个新的台阶，人们发现，原来对隐喻的使用，其实是认知世界的一种较为有效的方式，不论在自然科学发现或发明中，还是在人文学科的顿悟与灵感中。

据此，笔者认为柏格森哲学中隐喻的频繁使用恰恰是他的一种研究方法，而不仅仅是一种文学上的修辞手法，使得他的作品在言语表达上更为优美而已。伟大的意义就在于，有待后人经过时间的淘沥才能从中不断发现它的各种价值。正如有研究者所洞悉到的："为了适合作为其哲学核心的直觉观点，柏格森的著作主要不是进行论证，而是形象主义的，旨在用隐喻和明喻来立论并展开论点。他试图为读者提供一种世界以及人们在这

---

① ［英］罗素：《西方哲学史》（下），马元德译，商务印书馆 2006 年版，第 355—356、360 页。

② 陈卫平、施志伟：《生命的冲动：柏格森和他的哲学》，上海三联书店 1988 年版，第 139 页。

③ 柏格森所使用的隐喻式表达，数不胜数，较为著名的有："自我不是'大王国里的小王国'"，人们的经验是"滚动的雪球"，"记忆和脑的关系正如衣服和挂衣服的钉子一样"，"'生命冲动'的相逆运动与'汽缸'"，"'生命冲动'的'超意识'与'火箭'"，"'生命冲动'的路线与'喷泉'、'炸药'"，等等。（陈卫平、施志伟：《生命的冲动：柏格森和他的哲学》，上海三联书店 1988 年版，第 55、61—64、93—98 页。）

个世界所处地位的前景，一种哲学和科学的前景。他拒绝用千篇一律的模式化的言辞来表达他的思想。他发明了新的词汇以代替旧的陈言套语。"①

隐喻方法的使用成就了一个个伟大的知识创制者，特别是在那些具有超前性、创造性思想的论述中。当人类迎来信息时代之初，加拿大学者麦克卢汉（Mcluhan, E.）的《理解媒介》如同横空出世般来到这个世界，在西方世界引起一场"大地震"，② 继而其影响迅速传遍全球。同柏格森的论述风格颇为相似的是，麦克卢汉最精深的思想，是用隐喻表达的。如"媒介是人的延伸"、"媒介即讯息"、"电子媒介是中枢神经系统的延伸"、"媒介使人自恋和麻木"、"我们正在重新回到部落化的世界"③，等等。有人评价"麦克卢汉是信息社会、电子世界的先知，20 世纪的思想巨人"④。不管这一评价是否有过于夸大之嫌，总而言之，隐喻作为一种具有创造性的方法论是显而易见的。

三　柏格森生命时间哲学的自然哲学属性

首先，虽然人们对柏格森的哲学存在着不少误解，但也有许多有洞见的学者们发现了它深远的意义所在。巴雷特曾经提到："从长远的观点看，柏格森最有意义的洞见或许是坚持自然科学定量分析方法测不出精神生活的内在深度"⑤，他是在对自然科学中的理性方法进行了最为深刻的思考过后，才提出非理性的直觉认识方法能够弥补理性认识的不足之处。《创造进化论》中虽然运用了大量的隐喻，但它所基于的整个知识理论却是属于自然科学的。柏格森的时间哲学常为自然科学，尤其为生物学与理论物理学中的科学家们所提到。在生物学领域，有 1965 年获诺贝尔医学和生理学奖的雅克·莫诺（Monod, J.）对他的赏识，⑥ 在理论物理学方面，正如前面所简略阐述过的，德·布罗意曾在他的专著《物理学与微

---

① 何佩群：《20 世纪谁在指导我们的思想》，敦煌文艺出版社 2000 年版，第 25 页。

② ［加］麦克卢汉、秦格龙：《麦克卢汉精粹》，何道宽译，南京大学出版社 2000 年版，中译本序第 1 页。

③ 同上书，第 11、2 页。

④ 同上书，第 2 页。

⑤ ［美］巴雷特：《非理性的人：存在主义哲学研究》，段德智译，上海译文出版社 2007 年版，第 15—16 页。

⑥ ［法］莫诺：《偶然性与必然性：略论现代生物学的自然哲学》，上海外国自然科学哲学著作编译组译，上海人民出版社 1977 年版，第 18—19 页。

观物理学》中专门论述了他认为的柏格森哲学对物理学的影响①。复杂性研究一直以来与物理学的研究有着许多天然的关联性，这是对复杂性研究有一定了解的人都自然明了的。以控制论而闻名的维纳在他的《控制论》第一章中就专门以柏格森时间来讨论过牛顿时间的不足之处所在②。而在1977 年以耗散结构论获得诺贝尔化学奖的普里戈金也同样高度认可柏格森的时间哲学，并在论述他的这一理论的许多专著中都频繁提到柏格森有关时间问题的思考所带给他的巨大启示③。吴国盛也曾在《时间的观念》中评论道："柏格森的创造之处在于，他从实证科学入手、从宇宙论入手构思他对人生的关怀，正是因为这样，柏格森对现代自然科学有着重要的影响"，"对牛顿—拉普拉斯（Laplace，P. S.）机械决定论的攻击是柏格森哲学的一大特色，他以动人的语言启发了新一代的自然科学家。这种启发性意义尤在普里戈金身上得以体现"④。

这些典型例子足以说明柏格森哲学有着属于自然哲学⑤的一面，柏格森哲学并非如同它被误读的那样，是非理性而缺乏严谨的理性推理与认识的。对于柏格森在自然哲学中的重要意义，冯友兰先生很早就曾作过评论："柏格森在理论上，不像其他生命哲学的代表人物那样强烈地排拒理性和科学，而是主张把以直觉方法建构起来的哲学，作为科学认识的前提和基础。柏格森的这些观念，给人以超越科学与哲学的对立、理性与直觉的对立的印象。加之柏格森本人在自然科学方面也有深厚的学养和较高的成就，这使得柏格森哲学对于 20 世纪初期的科学界和哲学界，都产生了重大影响。"⑥

较早将柏格森哲学放在自然哲学中来进行讨论的有英国的柯林武德

---

① ［法］德·布洛意：《物理学与微观物理学》，朱津栋译，商务印书馆 1992 年版，第157—163 页。

② ［美］维纳：《控制论》，郝季仁译，科学出版社 1963 年版，第 38、44 页。

③ ［比］普里戈金、［法］斯唐热：《从混沌到有序：人与自然的新对话》，曾庆宏等译，上海译文出版社 1987 年版，第 132—135 页。

④ 吴国盛：《时间的观念》，中国社会科学出版社 1996 年版，第 235 页。

⑤ 自然哲学早在古代就已产生，但究竟什么是自然哲学，人们至今没有一致的看法。陈其荣通过对自然哲学史的回顾与反思，认为自然哲学与形而上学和自然科学之间有着密切联系，并提出"应当把自然哲学理解为自然科学与形而上学之间互相渗透的交叉学科，是追思自然的哲学理论"。（参见陈其荣《自然哲学》，复旦大学出版社 2004 年版，第 1 页。）

⑥ 田文军：《冯友兰传》，人民出版社 2003 年版，第 95 页。

（Collingwood，R. G.）。他在 1945 年出版了《自然的观念》一书，① 书中尤其强调哲学与科学的关系，指出哲学反思科学的必要性。在第三部分对现代自然哲学观的讨论中，柯林武德较为详细地论述了柏格森的生命哲学在进化生物哲学中的重要地位。米德（Mead，G. H.）也曾在他的具有一定影响性的著作《十九世纪的思想运动》中提到"柏格森哲学所阐释的科学的演化方面，是他哲学的一部分"②。

迈因策尔（Mainzer，K.）在《复杂性中的思维：物质、精神和人类的复杂动力学》中提到，"在讨论复杂系统和生命进化之前，我们先回顾一下早期的生命哲学"③。笔者理解，迈因策尔在这里所提到的"生命哲学"实际上是一种对自然界的生命问题作出探讨的自然哲学，也即自然（宇宙）演化哲学。柏格森的生命时间哲学正属于此类，区别于那种以讨论人的生命意义的人生哲学（这种哲学偏向人文哲学）。在 20 世纪之初，生命仍然不可能用物理学和化学基础来解释。经典力学——这个 17 世纪和 18 世纪自然科学的基础——假定了确定论的、时间可逆的自然定律，对生命的不可逆过程提供不了任何解释。然而科学家们却从未停止过持续性探索。他们一直在思考着如何应用人类到那时已经拥有的各类知识来理解生命的不可逆问题。热力学与生命的进化相关，复杂系统与有机物的进化相关，这是《复杂性中的思维》中传达出来的给我们的一个明确的信息。科学家们对于世界所进行的复杂性探索，其中一条路径来自对生命有机世界复杂性的发现，从而将生物学中的生命发生机制迁入引进到物理学、化学研究中，并不同程度地发现，在这些物理和化学的世界里同样地也存在着复杂的生命表征现象。因而可以说，生物进化论及其生命发生机制从复杂性研究诞生以来就是探索这一领域的一条有效路线，而柏格森的生命哲学即属于这条路径中的一个站点。

其次，柯林武德评论柏格森的观点时提到："心灵（意识），它不是各种思想的相续，它只是直接的感觉和感知的相续。自然科学的价值并不在于它的真实性而在于它的实用性；靠着科学思想我们并没有认识自然

---

① ［英］柯林武德：《自然的观念》，柯映红等译，北京大学出版社 2006 年版。

② ［美］米德：《十九世纪的思想运动》，陈虎平等译，中国城市出版社 2003 年版，第 350 页。

③ ［德］迈因策尔：《复杂性中的思维：物质、精神和人类的复杂动力学》，曾国屏译，中央编译出版社 1999 年版，第 98 页。

界，我们是在肢解它，为的是掌握它。"① 确实如此，复杂性科学兴起以前的还原论和简单性原则都是按照这种简化与分割的方式来研究自然界的。对于柏格森来说，直觉或"意识的生活对于他始终是一种直接经验的生活，而没有任何思想、任何反思、任何合理性"②。有学者评论：从某种程度上说，柏格森对科学发现中直觉作用的强调，确实察觉到了 19 世纪末 20 世纪初物理学革命在认识方法上产生的特点——非逻辑的直觉作用的增强，也抓住了 19 世纪的科学方法——孤立的分析方法的弱点，他所提出的问题在认识史上有一定的意义。③ 柏格森哲学所阐释的科学的演化方面，是他哲学的一部分。而且按柯林武德的划分，柏格森应当属于进化生物学起源的自然观论者，他们的核心命题或核心概念是生命。由柯森武德的这一结论——"进化的概念经历了两个主要阶段：一个是生物学阶段，再就是宇宙论阶段"④，其实足以让我们看到复杂性科学由生物学阶段到宇宙论阶段的发展路径，复杂性研究正是综合了生命时间于物理时间之中来探究可逆性问题的。

最后，复杂性理论的相关发现有一部分是来自生物学领域内的研究发现成果的启示，同样，在教育学领域之中，对复杂性理论的引进和积极关注乃是因为在教育学的研究领域内，其内在的研究对象——人——本身是具有相当之活性的生物。而生物学领域的诸多研究成果和对生物特性的发现正好在人类的身上也同样具有，在由人组成的人类社会结构之中，有些是可将生物圈中的活动机制应用于人类社会的结构运行机制中的。加之，对人类社会的观察远不如对生物世界的观察来得清晰。但人们具有的思维迁移能力，却弥补了这一不足，因而，由生物学中得来的理论成果应用于物理学研究中，再到对人自身所进行的研究中，其实是一个曲线推进的过程。并且，在整个人类社会的进程中，我们都可大致地感受到：对人自身的研究和许多的结论恰恰不是来自对人自身作直接研究的结果，而有相当一部分是来自对其他物种的研究中得到的启示性结论。

综上所述，柏格森哲学并非纯粹意义上的非理性主义哲学，他的哲学中这一体现自然哲学属性的特征，足以说明他是以倡扬非理性认识来弥补

---

① [英] 柯林武德：《历史的观念》，何兆武等译，商务印书馆 1997 年版，第 268 页。
② 同上。
③ 赵修义等：《现代西方哲学纲要》，华东师范大学出版社 1986 年版，第 164 页。
④ [英] 柯林武德：《自然的观念》，柯映红等译，北京大学出版社 2006 年版，第 163 页。

理性认识的不足。这从一个侧面证明出的是人文哲学与自然哲学的两分状态，二者互相少有沟通，分别都只从自己的所需去了解和研究一个哲学家，因而难免有失偏颇。当然，这也证实了柏格森哲学如一些学者所评论的那样是二元论的，即他所走的是中间路线。从柏格森那儿，我们开始意识到"必须超出机械论和终极论（finalism）之间的经典二元论冲突"①。但不论如何，柏格森的研究恰是一个良好的榜样，他力图沟通存在于人文与自然之间的鸿沟，沟通斯诺所说的"两种文化"间所存在的人为鸿沟。同时，柏格森的哲学也是在新综合时代、复杂性研究中，强调跨学科、整体性研究的一个先行者式的典范。这就是诺贝尔文学奖之所以颁发给一个不是纯人文性的哲学家的深远意义所在。1927年的诺贝尔文学奖颁奖辞中，有一部分是这样陈述的："在创造进化论这个具有决定性的学说中，柏格森并未忽视严密的科学用语，却创出了一篇震撼人心的宏伟诗篇、一个含蕴不竭之力与驰骋天际之灵感的宇宙论。"②

第三节　复杂性与生命性互为因果创制的教育学理论

一　教育学的理论知识如何是"生成的"

（一）对"生成"概念的理解

"'生成'的概念，在20世纪中叶以来，逐渐得到了科学及科学哲学的论证与支持，从系统理论到自组织理论再到非线性科学，这实际上是一个'生成科学'的谱系。"③ 基于这样的理解，本研究中的"生成"（becoming）与"存在"（being）相对，"生成论正在发展之中，它必然与生命系统和复杂适应系统相关"④。本书在这一意义上来使用"生成"概念，并主要界定在自然哲学生成与演化的话语系统里。按照《哲学大辞典》上的解释：生成（becoming）亦作"变易"，相当于"变化"、"转化"，指处于由非存在到存在，或由某种质到另一种质的过程中的事物或现象。

---

① ［法］摩罗特－西尔：《柏格森在今天对我们的意义》，《国外社会科学文摘》1965年第2期。

② ［瑞典］陶穆：《给1927年诺贝尔文学奖获得者的颁奖辞》，载陈映真主编《诺贝尔文学奖全集》，远景出版事业公司1982年版。

③ 扈中平、蔡春：《教育人学论纲》，《华东师范大学学报》（教育科学版）2003年第3期。

④ 金吾伦：《复杂适应系统中的生成观念》，《江汉论坛》2007年第8期。

任何事物或现象都处于非存在和存在的统一中。希腊早期自然哲学家基本上都是自发的辩证法家，认为一般据说的存在的东西，实际上都处在变动的过程中，作为运动、变化的结果而存在。[①]"生成"是一个过程，是一种演化的状态。

（二）教育学的理论知识如何是"生成的"

教育学理论使用"生成的"（becoming）这一概念，表明本研究所持的立场：教育学在理论知识来源上，不是一种固有的被规定下来的静态存在（being），它是一种经过人为创造的生成过程，一种演化状态。本研究以国内几个具有代表性的教育论著选辑或教育思想史卷册为例，可在一定程度上说明教育学理论知识的生成性而非固有性存在的特征。教育学理论知识的形成是一种"活的"状态，在不同时代、不同情境下，因不同的创制者、使用者的不同而不同。

本书对教育思想的探讨暂时不涉及中国本土的各类教育思想或教育思想家，除因篇幅有限外，另一重要因素在于，对中国本土的教育思想及教育思想家的研究是同样与此相当的另一个研究课题，如全部总揽进来在本书中进行讨论，必然难以深入，因而本研究只能将这一部分暂时搁置。

以《世界教育名著通览》[②]为例，在这套涉及范围较广的世界教育名著通览中，从古希腊苏格拉底（Socrates）的学生色诺芬（Xenophon）所留下的残篇《回忆苏格拉底》开始，一直到当代彼特斯（Peters, R. S.）、巴班斯基（Babansky, U. K.）等人的教育论著，由古至今，总揽了人类知识发展史上较为关键性的人物。与宗教相关的教育论著有：奥古斯丁（Augustine, St.）的《忏悔录》、伊拉斯谟（Erasmus, D.）的《一个基督教王子的教育》等。与乌托邦理想相关的教育论著有：柏拉图（Plato）的《理想国》、培根（Bakon, F.）的《新大西岛》、康帕内拉（Campan-elle, T.）的《太阳城》等。按此通览中所列作品至少还可分为以下一些类别的教育论著：与人文思想或具有随笔性质相关的，如阿兰（Alain）的《教育漫谈》。与政治性人物及国家教育政策类相关的，如富兰克林（Franklin, B.）的《宾西法尼亚青年教育的建议》。按学科分类，还有来自哲学类的教育论著，如杜威（Dewey, J.）的《民主主义与教育》等。

---

① 冯契：《哲学大辞典》（分类修订本），上海辞书出版社 2007 年版，第 1545 页。
② 任钟印主编：《世界教育名著通览》，湖北教育出版社 1994 年版。

来自社会学方面的著名学者的教育论著，如涂尔干（Durkhein, E.）的
《教育及其性质与作用》。来自经济学方面的教育论著，如斯密（Smith,
A.）的《国民财富的性质和原因的研究》。来自美学的，如席勒（Schill-
er, J. C.）的《审美教育书简》。来自学者个人的自传，如米尔（Mill,
J. S.）的《自传》等。来自教育改革的教育论著，如科南特（Conant,
J. B.）的《今日美国中学教师》。来自教学实践的教育论著，如苏霍姆林
斯基（Suhomllinsky, V. A.）的《给教师的一百条建议》。来自心理学方
面的，如皮亚杰的《教育科学与儿童心理学》。来自伦理学方面的，如彼
特斯的《伦理学与教育》，等等。以上的列举与分类较为粗略，但已能
看出教育学在理论知识的背景来源上所具有的丰富性。为什么会有这么
多的相关、这么多的来源？这是本研究将致力探究的问题。笔者认为对
教育学理论知识的来源，对这些建构或生成的教育学理论有所划分，在
教育学发展到目前的状态下，是必需的。在理论来源或生成方式的类型
上作出划分，有助于从事教育或教育学相关工作的人认识教育学的理论
性质，有助于更进一步认清它的学科地位，从而有助于消除教育学界内
的自卑心态。

　　笔者在此所要提出来阐述的是，在这些所有的典册中，前人的研究少
有对所收揽进来的教育思想作一细类的区分。这一《世界教育名著通览》
所涵盖的教育论著来源甚广，但在目前看来，已属较保守性的括揽，一些
现代或后现代意义上的教育论著还未涉及在内。如多尔（Doll, W. E.）
的《后现代课程观》，其中专章讨论了普里戈金与混沌秩序对学校课程的
影响。① 冯朝霖的《教育哲学专论：主体、情性与创化》，对教育学理论
所基于的理论来源与流派作出了不少划分，虽然他的视域仅限于德国教育
学，但仍然涉及了沟通论教育学、互动论教育学、发展论教育学、演化论
教育学、行动论教育学，等等。此外，除传统教育学论著总览必然包括在
内的康德（Kant, I.）、马克思（Marx, K.）等固定性人物外，还囊括了
基于弗洛伊德（Freud, S.）、胡塞尔（Husserl, E.）等传统学术而建立
的教育学理论派别：如实践哲学教育学、超验哲学教育学、历史唯物主义
教育学、心理分析教育学、现象学教育学等。但若要论构成当前德国教育
学理论之多元性与多元主义，则有系统理论教育学、结构主义教育学、生

---

① ［美］多尔：《后现代课程观》，王红宇译，教育科学出版社 2000 年版，第 120—154 页。

态学教育学、女性主义教育学、后现代教育学。①

　　对教育思想、思潮与理论流派较常见的还有这样一种划分方式：古希腊教育思想、古罗马教育思想、中世纪教育思想、人文主义教育思想、新教教育思想、唯实论教育思想、自然教育思想、国家主义教育思想、教育心理学化思想、科学教育思想、当代教育思想。② 类似的划分，除依年代作出归类外，还在每一时期内作更细致的划分。如：古希腊罗马时期的教育思想。中世纪和文艺复兴时期的教育思想，细分为经院主义教育思想、人文主义教育思想、早期空想社会主义教育思想、宗教改革与教育思想、早期科学教育思想。17 世纪的教育思想，分为泛智教育思想、绅士教育思想。18、19 世纪的教育思想也作了各种类别的划分。20 世纪的教育思想，分为新教育、实验教育、自由教育、劳作教育、文化教育学、改造主义、要素主义、永恒主义、个性全面和谐发展的教育思想、掌握学习、人本化教育思想，等等。③ 另外还有以某一人物为代表进行的划分：第一批专业性的教师——辩士，"知你自己"的苏格拉底；革命型的教育思想家——柏拉图；演进型的教育思想家——亚里士多德（Aristotle）；主张泛智的教育学者——夸美纽斯（Comenius, J. A.）；爱心感人的裴斯泰洛齐（Pestalozzl, J. H.）；教育"学"之父赫尔巴特（Herbart, J. F.）；民主教育的大师杜威，等等。④ 目前处于更为多元化的时代，有关教育思想或思潮的文献，其涵盖的范围更为广泛，如：存在主义教育思潮、教育现象学思潮、结构主义教育思潮、精神科学教育学思潮、经验教育学思潮、批判主义教育思潮、解放教育思潮、建构主义教育思潮、整体主义教育思潮、复杂性教育思潮、后现代主义教育思潮、终身教育思潮、全民教育思潮、全纳教育思潮，等等。⑤

　　由以上这些具有一定代表性的"教育思想通览"、"纵览"、"教育思想史"文本，在分类上大同小异，却体现出一个明显的共同特点：以不同的哲学思潮、哲学派别而归类，但却很少详细解释为什么这一类的哲学

---

　　①　冯朝霖：《教育哲学专论：主体、情性与创化》，（台北）高等教育出版社2003年版，第19—20页。

　　②　张斌贤等：《西方教育思想史》，四川教育出版社1994年版。

　　③　单中惠：《西方教育思想史》，教育科学出版社2007年版。

　　④　林玉体：《西方教育思想史》，九州出版社2006年版。

　　⑤　黄志成：《西方教育思想的轨迹：国际教育思潮纵览》，华东师范大学出版社2007年版。

思想、思潮就必然产生了这一类的教育思想、思潮。这从一个侧面说明了教育学的理论知识暗含着必然的生成性，不但是经典教育论著的著者们在谈论教育时具有生成性，而且后人在将这些经典教育论著辑录成册时，也是生成性的。由吴式颖等人编辑出版的十卷本《外国教育思想通史》，①涉及了更多的学科知识及人物的教育思想。教育学理论知识来源上的强宽泛性，更能从中看到和体会到。

不论是教育论著通览类还是选读类的编撰者，抑或是教育思想流派与类别的列出者，都未能给出详细说明为何作出这样的归类，为什么要这样划分。这些划分与归类让人们感到的是似乎不必作太多的解释，分类的理由似是不证自明、不言而喻的，好像大家一致认同实无必要去问：为什么要这样归类，这样归类有何意义。然而，本研究认为对此进行有意识的追问是非常必要的，不厘清教育学在理论来源上的划分种类、分门别类的缘由及生成机制等问题，教育学仍然只能处于一片混杂状态中。

（三）教育学的理论知识怎样生成

正如前面所提到的，教育学的理论知识来源实在过于丰富、宽泛，因而探究它生成的方式也必然是多样的。本研究在复杂性研究视域下，基于柏格森的生命时间哲学，以隐喻的方法赋予教育学理论知识为有生命的存在，以此探究它的生成方式。具体来说有两个维度、六个方面的表现。两个维度，一是指作为"派地亚星系"而存在的教育学理论知识的生成；二是指作为"生命存在"的教育学理论知识的生成。六个方面则分别是这两个维度的具体体现。教育学理论知识因与其他学科知识所具有的广泛相关性，而显示出具有复杂性，因而笔者将之喻为具有生命性。基于此，教育学理论知识，在生命性维度上，表现出的是自主生成的特征、直觉生成的特征与持续生成的特征；在复杂性这一维度上，表现出的是生成初始的非理性特征、生成过程的非线性特征与生成结果的未完成性也即不确定性特征。

二　教育学的理论生命力何以是可能的

首先，是什么造就了教育学的理论生命力？在隐喻的思维方式下，教育学的理论生命力当然仍主要是以创制它与使用它的人的生命为基础而具

---

① 吴式颖等：《外国教育思想通史》（十卷本），湖南教育出版社 2000 年版。

有生命力的。本书将教育学的理论知识比喻为有生命的存在，如果纯粹脱离开创制与使用它的人而言，那必然是难以成立的。因而，在将教育学的理论知识看作有生命的存在时，笔者是在从未脱离开创制它与使用它的人的基础上来对之进行理解与阐释的。尤其需要引起注意的是：如果忘掉这一点，则必然滑向玄想的境地。

其次，曾有学者在讨论科学哲学的存在对于科学家①所起到的作用时，用了这样的类比："科学哲学对于科学家，就像鸟类学对于鸟一样，毫无用处"。② 对照于此，教育学理论对于教育实践，也常常被指责为"就像鸟类学对于鸟一样，毫无用处。"隐喻的力量是强大的，它既可以助我们朝向好的方面来看问题，同时也能将人们对某事某物的认识产生异化，从而形成负面印象或不良态度。《疾病的隐喻》一书的译者在卷首语中提到："加诸疾病之上的那些象征意义的重压，在桑塔格（Sontag, S.）看来，远比疾病本身所带来的身体上的痛苦更为致命，因为这种疾病的象征隐喻作用以道德评判的方式使患者蒙受羞辱。"③ 而对教育学学科地位的评判，则使从事教育学研究的人们自尊心大大受挫。学界同人对待自己所从事的学科所持的根深蒂固的悲观看法，其实也是在受到一种可视与不可视、可感与不可感的长期内外界隐喻影响下而逐渐累积起来的。另外，尤其让人感到困惑的是，哈布瓦赫（Halbwachs, M.）在涂尔干所著的《教育思想的演进》一书的导言中曾提到：在法国，虽然科学意义上的社会学最先诞生在那儿，但最初，社会学还是从教育学这道小门的门缝里挤进大学的讲坛上。④ 然而，今日的社会学可谓一日千里，跃居于社会科学之前列，教育学却仍处于认可与不被认可的尴尬状态中。人们常常认为教育学是一个值得深入研究的知识领域，但能否给予它一个完全独立的科学

---

① 在此，"科学哲学"被认为属于纯粹的理论阐释者、对科学实践研究持批判态度的角色；"科学家"则是在实践中做研究以为人类社会的改善作出贡献力量的角色。

② ［美］拉宾格尔等：《一种文化?：关于科学的对话》，张增一等译，上海科技教育出版社 2006 年版，第 4 页。

③ ［美］桑塔格：《疾病的隐喻》，程巍译，上海译文出版社 2003 年版，译者卷首语第 1 页。

④ 原文："早在 1902 年，有关方面就已经决定，为'大中学校教师资格考试'的全体应试者开设一门教育理论方面的专业培训课程。巴黎大学将这门课程委托给涂尔干来讲授。读者千万不要忘记，社会学并未被允许大事声张地进入索邦，而是转经教育理论这扇小门悄悄进去的。这是事实，并无夸张之处。"参见 ［法］涂尔干《教育思想的演进》，李康译，上海人民出版社 2006 年版，导言第 1 页。

与学科地位，则始终未能达成一致意见。

最后，斯诺的《两种文化》① 曾在 20 世纪中掀起了一阵批判科学与人文两相分离的狂潮，他认为人类整个的知识世界是被科学与人文这两种文化给主宰并分割了。然而，继斯诺的时代之后，进入了 21 世纪的中国目前的知识界，尤其对于教育学术研究而言，却并不突出存在着斯诺意义上的两种文化的分离。目前的状况是只存在一种文化将此领域牢牢地统治着：那就是实用功利主义的文化，它同时也成为了人们日常生活中的普遍意识形态，成为衡量一切有意义与否的唯一合法化评判工具。教育学界的自卑心理是与过分功利主义的价值观及其价值追求分不开的，实用理性功利主义价值观同样也是有着隐喻功能的，它无法让教育学术研究者看到自身的真正价值所在。

此种情况下，本书站在生命立场来探讨教育学认识论，不是教学认识论，而是聚焦于整个教育——与教育的各个方面在理论上相关的认识，即教育学认识论。它主要探究教育学的理论知识如何形成的问题，人们如何看待教育和怎样看待教育，并形成关于教育的理论知识，以及人们怎样认识教育并建构相应的教育学理论；同时，教育学认识论还探究人们的教育认识的来源、人们认识教育的能力及其界限、人们认识教育的途径和方法等。由于条件所限，本书只就复杂性与柏格森哲学在生命时间的交汇处，以隐喻的方法视教育学理论知识为"生命存在"。当前，在教育学界被一种现实功利理性文化控制并从而导致较为严重的学科悲观情绪下，这种认识方式或许能改变人们重新审视教育学的学科性质与学科地位。长久以来，教育被隐喻地视为政治的附庸或经济的附庸②或其他别的什么，而教育学同样地也总是被隐喻地视为这样或那样的服务者。然而，在教育学理论知识所具有的生命力上，却并未得到充分的重视。笔者认为教育学是崇尚精神生命的教育学，它在理论知识上也必然是生生不息的。因为具有生命力，因为开放，因为多元，我们可以将之视作具有生机、生命力旺盛的存在。非理性、直觉在教育学理论知识的形成过程中起着重要作用，乃是因为每个个体都有自己对于教育——人的这一社会行为活动有着不同的体悟。

---

① ［英］斯诺：《两种文化》，陈克艰等译，上海科学技术出版社 2003 年版。
② 扈中平：《人是教育的出发点》，《教育研究》1989 年第 8 期。

三　复杂性与生命性互为因果创制的教育学理论

前面已述及，"生成"，在本书中取"becoming"的用法，含有"演化"之意，而非"generate"（产生）。"生成"与人的非理性思维方式紧密相连，因而，本书在复杂性科学研究的背景下来研究属人的特性：非理性直觉认识世界的方法，也正是基于此。教育学理论知识的生成，既是具有生命的，同时又是复杂的。教育学的理论知识，因其具有复杂性而被视为是具有生命性的；同时，又因为具有生命的特征而又反证出它的复杂性，复杂性与生命性互为因果使教育学理论得以创造性地生成。

教育活动的出发点始于对人的存在的思考，因而"人是教育的出发点"①。与此相对应，教育是大多数思考人如何得以在社会上持续存在的思想的出发点（至少是其中的一个出发点），也即教育是人们思考一个社会人如何得以持续存在的出发点。因此，这是那些所有对未来美好社会进行过无数设想的乌托邦理想中都必少不了对教育有所设想的原因所在。换言之，乌托邦、美好社会的设想里必涉及对教育问题的思考与设想，这恰恰是因为"人是教育的出发点"。从柏拉图的《理想国》开始，对社会有所思考就必然对教育有所思考，对社会中的教育与人的思考构成了教育学的理论知识的一个起点。即，对教育的设想是对人如何能够在社会上持续良性生存的设想，因而所有美好的乌托邦理想社会都能够找到对教育的设想。而正是因为这一点，对"有关于教育的思考与设想，为什么总是由非教育学专业的人士提出"这一问题提供了一个方面的解释。只有让更多的人受到教育，人类社会才能够得以持续良性存在。正如"深绿色"可持续发展理论②所告诉人们的，只有地球环境的可持续性发展，人才能够依此而持续发展。然而如果没有教育的参与，这一"深绿色"可持续发展设想根本是不可能实现的。因为要让人们拥有较强的环境保护意识，除了通过媒介力量的宣传外，学校教育必然具有不可小觑的作用和力量。每一个掌控着国家权力的核心中坚人物都是天生的教育家，因为他们会为

---

① 扈中平：《人是教育的出发点》，《教育研究》1989 年第 8 期。

② 认为人类不能以技术进步来根本解决资源和生态问题，要取得可持续性发展必须根本改变当代社会的整个方向，根本改变人的价值观念，只有这样才能对各种全球问题有一个总体的解决。（参见叶闯《"深绿色"思想的理论构成及其未来含义》，《自然辩证法研究》1995 年第 1 期。）

了让自己所掌控的国家得以持续运作而构想施以怎样的教育；而一切对社会有所关怀的理论与思想，都逃不过对它所处时代的教育和未来理想教育状况的思考和构想。教育学的理论知识有一部分由此构成。教育、教育学的理论是分层次的，其中一个层次即指这种非教学经验的、非基于实践的理论知识。它生成于人们思考教育如何让人及人的社会得以良性可持续存在的思想与理论中。

（一）作为"生命存在"的教育学理论

首先，这个世界，广延的方面被认为是物质的，运动的方面是有生命的，秩序的方面是有理智的。生命的真正含义是：适应性创造我们生活在同一个复杂的非线性世界上，处在有序和混沌的边缘。① 柏格森生命哲学的主要观点是：生生不息的生命运动构成了世界上最根本的实在，生命是世界的本质。生命不仅仅是度过，而且有一个目的和其存在的理由。教育学的理论知识因为它的创制者与使用者——人的因素——而具有了生命性与复杂性，因而，笔者将其隐喻为"生命存在"，这样有助于我们更好地理解它为什么总是与人类的大多数其他学科知识都相关。

长久以来，教育学术界自卑情结弥漫不散。其中的一个原因，笔者认为就是未能找到一个较好的视角来理解教育学在学科丛林里的地位。以往的研究总是在教育学的理论与实践问题上来检讨原因所在，但不论如何检讨，究竟是理论未能很好地联系实践，还是实践未能很好地实现理论的指导，等等，这种始终在理论与实践的关系上盘旋、缠绕的思维方式下，问题始终是难以得到解决的，反而只能制造浓厚的学科悲观情绪。目前，教育学术界认可教育学在整个人类知识学科丛林中处于二等学科地位的人不在少数，甚至已到了甘于承认这种"二流身份"的倾向。前已述及，这样的悲观心态长期持续、弥漫，对于一门学科而言并非好事，不利于学科的健康向前发展。此时，我们若能暂时抛开理论与实践关系的阈限，换种角度来看待教育学的理论知识，换种思维方式来想问题，或许能有助于我们改善对教育学属于"二等学科"的悲观论调的认识。因而，将教育学的理论知识视为一个"生命存在"，我们将能看到它富于生机盎然与活力的一面，它吸取其他学科的知识为自己所用，而是否也能为人类的知识增

---

① ［德］迈因策尔：《复杂性中的思维：物质、精神和人类的复杂动力学》，曾国屏译，中央编译出版社 1999 年版，中文版序言第 1 页。

量作些自己应有的贡献，就将在此视角下产生出新的意义。

其次，教育学研究中，有相当一部分研究是关于教育人学、生命教育主题的，这类研究普遍达成共识认为，教育活动的主体与客体都是活生生的人，教育学的研究对象是人的教育活动，是一门关于人的教育活动的学科的研究，教育学自始至终是与人的主题相关的学科，始终是与人的生命相关的学科，应该必然地要以激扬人的生命、张扬人性为旨归的。然而，在这些种种的教育人学，生命教育中却忘记了教育学本身的生命特性。持前一观点者只看到教育活动的主体与客体是人，教育活动是一种生命的活动，但却忽视了教育学这门学科从本体存在上也是属人、属生命的，教育学的理论知识是具有生命力的，具有生长点、具有生机特性的。我们只有把教育学的理论知识自身看作是具有生命的存在，才能够理解为什么教育学能与人类的众多学科知识都相关，才能够接受原不是教育学的学科性质本身就注定了它的下位学科地位，而是一种具有生命的存在如要获得生机，继续生长和发展下去，它必然要具有开放性，要从外部其他生命体中吸收和吸纳营养，以充实、更新和发展自身。这样它才是生机勃勃、生生不息的，可持续生长的。

具有生命性的教育学理论知识，表现为一个自主生成的个体，它具有开放性与自适应性，并因创制者的直觉方法而生成，因创制者精神形式的延续而呈现出持续生成的状态。本书将在第二章详作论述。

（二）作为"派地亚星系"的教育学理论

教育学理论知识的独特之处就在于它与人类其他学科知识间所存在的宽泛相关性、它的强开放性特征上。

首先，何谓教育学的"派地亚星系"？这是联合国教科文组织所办刊物《教育展望》"教育家及其教育理论"研究专栏辑录成系列出版物的《世界著名教育思想家》[①]主编摩西（Morsy, Z.）在这套卷册的前言中所提出的。"派地亚"实际上是由"encyclopaedia"（百科全书）的后半部分"paedia"所音译而来。按照《不列颠百科全书》上的解释，"派地亚（paedia），指古希腊和希腊化（希腊—罗马）文化的教育和训练体系，包括的学科有体操、语法、修辞、音乐、数学、地理、自然史和哲学。在基

---

① ［摩洛哥］摩西：《世界著名教育思想家》（1—4卷），梅祖培等译，中国对外翻译出版公司 1994—1996 年版。

督教时代早期，希腊的派地亚在拉丁语中被称作人文学（humanitas），成为基督教高等学府（如埃及亚历山大基督教学校）的典范。这类学校以神学为它们的课程中的最高学科。"① 另据互联网维基百科全书上的解释：paedia 这个词同 en kykōi（"完整的体系"或"领域"）结合起来便指一般教育的巨大手册，"百科全书"（encyclopaedia）一词便由此而来。②

摩西提到耶格（Jaeger, W.）曾以"派地亚"一词为名留下了三卷本不朽巨著，③ 述及古希腊人文主义教育等内容。摩西在有关此词的注释中提到："'派地亚'一词在希腊文中意为儿童教育。在教育史上：表现了希腊思想中的教育理想，包括个人体力和脑力的一切潜力的发展及和谐的形成。而在《希腊语—英语词典》中的定义是：1. 儿童的抚育。2. 培养和教学、教育。3. 其结果，精神文化，学问，教育。"④ 总的来看，派地亚（paideia）一词指的即是教育，但含有古希腊人文主义教育传统之意，并且它含有"儿童教育"这一层意思，因而与"pedagogy"（教育学）一词在词源上相关。

由以上对"派地亚"（教育）一词的粗略解释，可以说明教育学是一门如同百科全书式的学科，它因其所涉范围甚广，在《世界著名教育思想家》这个"派地亚星系"、"古滕伯格体系"（The Gutenberg Galaxy）⑤中，有不少列举出来详细介绍他们的教育思想的教育思想家，是我们并不十分熟知的，甚至有一些也不是一般教育史或教育思想史文献中常见的人物，但编者都将他们列在了这一派地亚星系、古滕伯格体系里。这所表现

----

① ［美］美国不列颠百科全书公司：《不列颠百科全书》（国际中文版）第 12 卷，中国大百科全书出版社不列颠百科全书编辑部编译，中国大百科全书出版社 1999 年版，第 514 页。

② 《维基百科全书》（http：//en. wikipedia. org/wiki/User_ talk：Paedia）。

③ Jaeger, W., *Paideia*：*The Ideals of Greek Culture*（Vol. 1 - 3.），translated by Highet, G., Oxford：B. Blackwell, pp. 1954 - 1961.

④ ［摩洛哥］摩西：《世界著名教育思想家》（第 1—4 卷），梅祖培等译，中国对外翻译出版公司 1994—1996 年版，编者前言第 5、15 页。

⑤ 古滕伯格（Gutenberg, J.）又译"谷登堡"或"古登堡"，西方印刷术的发明者。麦克卢汉以此为名出版的专著《古滕伯格体系：印刷人的诞生》（*The Gutenberg Galaxy*：*The Making of Typographic Man*, 1962）论述由于古滕伯格铅活字印刷技术的发明，人类社会的各种活动和变化因为它的产生而得以产生和改变。摩西以此隐喻来说明：1. 教育也如同类似这样的星系或体系一样，因为有了教育的产生，人类社会的其他一切活动得以延续；教育思想是一个星系、体系，它几乎无所不包，所涉范围甚广。2. 由摩西等人编撰的这一套《世界著名教育思想家》丛书，也将是一个小小的体系，虽然包容不了所有的教育思想家，但却也能展示出不少世界各地的教育思想家于这个"星系"、"体系"中。

出来的最为明显的一个意旨是：教育学与人类众多学科知识相关，它如同一个百科全书式的"派地亚星系"、"古滕伯格体系"一样具有复杂性，同时也具有无限的时间和空间上的广延性。麦克卢汉有这样一个著名的隐喻"电子媒介是中枢神经系统的延伸"①，而教育学也同样是人类其他学科知识的延伸。同时，具有复杂性的教育学理论因有人的参与才显其复杂。作为"派地亚星系"而存在的教育学理论，因创制者（人的因素）而具有的复杂性，将至少体现出以下三个特征：生成初始的非理性、生成过程的非线性与生成结果的非确定性。本书将在第三章详作论述。

作为"派地亚星系"而存在的教育学，能够说明的是教育学在知识来源上的开放性、宽泛性特征，从而因为这种与其他学科知识所具有的多相关特性使得教育学理论具有了复杂性。这种宽泛性、多相关性特征只要翻开任何一本有关教育思想、教育思潮、教育论著的卷册便能轻易感受到。如前面所提到的由任中印先生主编的《世界教育名著通览》，从古希腊时期一直到当代，囊括于其中的"世界教育名著"亦有与经济学相关的斯密的《国富论》等。其他的涉及教育理论、教育思想、教育学理论的论著集册，如《西方资产阶级教育论著选》，② 各种教育思潮、教育思想史大都从哲学所属派别来将这些教育思想或思潮进行分类。由摩西所编的《世界著名教育思想家》虽未作任何特殊的分类，但他们的选择仍然是有所限定和有一定取向的。由于汇集于这套《世界著名教育思想家》里的教育思想家，原为联合国教科文组织（UNESCO）所办刊物《教育展望》每一期中登载，因而，具有更多兼顾公平性与观照第三世界国家的教育思想家的特色。所选取的人物往往不可避免地偏向政治、偏向教育实践改革中作出突出贡献或表现的教育思想家。

本研究在此基础上，看到教育学在理论来源上的强开放性特征，它与其他学科知识的多相关性特征，在复杂性的视域下，以事物之间所具有的非线性相关与非线性（扰动性、偶然性）影响作为评判的准则，将那些"边缘性人物"纳入教育学理论知识建构、生成的图景中来。这些"边缘性教育思想"或"教育学的理论"在此前之所以被认为处于教育思想史

①　[加] 麦克卢汉、秦格龙：《麦克卢汉精粹》，何道宽译，南京大学出版社2000年版，中译者自序第8页。

②　张焕庭：《西方资产阶级教育论著选》，人民教育出版社1979年版。

上的边缘性地位，其原因就在于此前在中国大陆教育学领域，人们时有探讨教育学的理论知识来源问题，但却对教育学理论知识的性质存在着认识上含混不清的状况，教育学研究者们不是把它等同于教育理论，就是把它等同于对教育学的学科性质问题来讨论或看待。这种对教育学理论在基本认识上的模糊与混沌状态，使得研究教育学的专业人士只能以现实状况为取向，当前社会现实中急需什么，教育研究者们便去积极地响应着研究什么。正是基于对这一混乱状况的思考，笔者认为有必要作出归类、分类和定位，这一归类与分类的活动首先从厘清教育学的理论性质开始。对教育学理论性质的探讨不是对教育学学科性质的探讨，二者有差别。对教育学学科性质的研究，界定在它属人文学科抑或社会科学的范畴，界定在它的科学性和人文性的范围内。而对教育学理论性质的认识，则有多种视角，本研究将视角定位于复杂性视域下，连同与此有关的柏格森生命时间哲学来对它进行透视。教育学理论的性质，可从形成它的知识来源上作一探寻。教育学理论在知识来源上极其丰富、宽泛，因而在创制这种知识，也即生成教育学理论知识人物的选定上也就有了同样的宽泛性。

第 二 章

生成的教育学理论

第一节 复杂性视域下的直觉方法论

一 对直觉的一般性界定

首先，直觉分为伦理直觉和数学直觉。① "直觉是超理性思考与衡量的，它是人的第一智慧，是最原初状态的智慧"②，直觉自生自灭，自我生长与增长，自组织，但它是一种时间的累积。这种时间指的是生命时间、活的累积、动的累积，必须是在作为生命存在的个体有意识、有最基本的正常智力状况下，才有可能会出现。直觉智慧是一种主动意识到了生命时间的有限性的智慧，因而它无须烦琐的逻辑推理与步步为营的严密思考。然而，只有直觉才能够理解终极真理。正如沃恩（Vaughan，F. E.）所言："直觉的智慧不受逻辑的约束。它永远不会为你做出理性的、有区分性的选择。它不能代替仔细的研究和数据整理。它是一个探测可能性的仪器而不是用来评价的仪器。"我们是要让大脑受理性指导而不是受它的束缚。"你的直觉能向你显示选择的种种可能；告诉你可能办到什么。它不能告诉你什么是对的，什么是错的，但是能准确地告诉你在特定时刻需要什么。"③

其次，哲学上对直觉的解释为：

---

① ［英］麦克利什：《人类思想的主要观点：形成世界的观念》，查常平等译，新华出版社2004年版，第479、761页。

② ［法］维莱：《世界名人思想词典》，施康强等译，重庆出版社1992年版，第45页。

③ ［美］沃恩：《唤醒直觉：超越理性的认知方式》，罗爽译，新华出版社2000年版，第173页。

直觉，人的一种创造性的心理活动和认识能力。一般指没有经过严格的逻辑推理和演绎过程而直接获得知识的认识能力。对"直觉"有理性和非理性的不同解释。17—18 世纪的唯理论哲学家，大都认为直觉是人的理智的一种活动，通过它能发现作为推理起点的无可怀疑而清晰明白的概念；理性直觉是理性认识活动的最高表现，是逻辑思维的前提和结果。笛卡儿指出，直觉是"从理性的灵光中降生的"，是一种与演绎推理不同的认识的感性来源。柏格森从非理性主义观点出发，认为："直觉就是一种理智的交融，这种交融使人们自己置身于对象之内。"直觉有两种情况：一种是人们在自觉或不自觉地思考某一问题时，在头脑中突如其来产生的使问题得到澄清的思想；另一种是人们在机遇观察中闪现出某些具有独创性的见解。直觉的产生虽然具有偶然性和随机性，但决不是随心所欲、凭空产生的。通过实践，取得一定的经验和知识，同时对一个问题的反复思考，是产生直觉的必要条件。直觉是以逻辑思维的凝缩形式进行思考的继续。在科学认识（发现、发明）过程和艺术创造活动过程中，直觉有着重要作用。①

最后，《心理学大辞典》中分别对"直觉"、"直觉思维"、"直觉主义"给出了解释：

> 直觉，指不经过复杂的逻辑思维过程而直接迅速地认知事物的思维。同一般的思维活动不同，是对事物的直接察觉而不是间接认识。时常在直接感知外部事物的基础上进行。直觉可以在记忆表象和内部言语的基础上产生。如，我们有时会产生一些突然进入大脑而能阐明事物现象的思想。直觉的产生不是毫无根据的，与掌握丰富的知识、积累大量的经验以及积极从事实践活动具有密切的关系。是创造性活动的重要特征，在生活中具有重要意义。
>
> 直觉思维，是根据对事物现象及其变化的直接感触而作的判断。事先未经思考或逻辑分析，是一种对没有意识到的思维过程的直接觉察。无严格的逻辑顺序和明显的推理步骤，具有模糊的整体性或轮廓

---

① 冯契：《哲学大辞典》（分类修订本），上海辞书出版社 2007 年版，第 55—56 页。

式框架；具偶然性，一般须经事后分析才能明确其内涵和结构。不受常规思维方式的约束，易产生新的异乎寻常的观念或构思，在创造发明中具有重要意义。但因其根据不足，结论常有猜测性。其完善化尚需依靠人的知识经验和逻辑思维。通常，逻辑推理思维的多次运用和熟练会压缩、简化思维过程，略去许多中间环节，转化为直觉思维。其可靠性亦需逻辑论证和实践检验。

直觉主义，解释直觉现象的一种观点。代表人物是法国哲学家柏格森。认为人的直觉是一种排斥分析、不可言传的内心体验，是一种神秘的下意识的能力。揭示了直觉作为一种心理现象的一些特点：（1）指突然跃入脑际而能阐明问题的思想，主要表现为灵感、启示、顿悟等；（2）是产生于头脑的下意识的活动；（3）总是出现在意识的边缘等。但其在此基础上认为世界的本质不能靠理性、思想来认识，只能靠直觉来把握，犯了唯心主义的错误。根据辩证唯物主义的观点，我们能够直接臆测到真理的直觉是以经验为依据的，根本就不存在那种不依靠实践、不依靠意识的特殊的天赋直觉。①

社会心理学中对直觉的研究，更倾向于认为直觉是一种无意识在发挥着作用，如这样的陈述："启动实验表明无意识确实控制我们的大部分行为。"② 与哲学辞典上有所区别的是，心理学中对于直觉等非理性因素的研究持较为肯定的态度，"直觉的力量"在心理学研究中得到了较多的认可：

我们的思维只有一部分是受控制的（反应性的、深思熟虑的和有意识的），而还有很大一部分则是自动化的（冲动的、无须努力的、无意识的）。自动化的思维不是发生在屏幕上，而是发生在屏幕外，我们的视线外，在那里没有理性。如果人们能够拥有足够多的专业知识，他们就可能利用直觉获得问题的答案。那些有关情境线索的信息储存在人们的记忆中。假如，打电话时我们只需听到第一个词便

① 林崇德等：《心理学大辞典》，上海教育出版社 2004 年版，第 1687—1688 页。
② ［美］迈尔斯：《社会心理学》（第 8 版），侯玉波等译，人民邮电出版社 2007 年版，第 79 页。

可以辨别出这是哪一位朋友的声音，尽管我们对自己如何做到这一点一无所知。我们对一些事物——事实、名字和过去的经验——的记忆是外显的（有意识的）。而对其他一些事物——技能和条件特征——的记忆则是内隐的，无须也无从为意识所知晓。①

可见，心理学中认为直觉是一种记忆或长期思考的累积的结果，直觉是一种内隐性记忆表征，人们知道的比他们意识到自己知道的还要多。

二　柏格森的直觉方法论

柏格森的直觉方法论来自对理性有限性的发现，不同于法兰克福学派站在理性立场而提出的工具理性批判。同样是对理性主义提出的有力挑战，柏格森则是走到了理性主义的对面——非理性主义的立场来与之抗衡。柏格森在阐述他的直觉方法以及在反对有限理性时常常提到，理性之所以具有局限性就在于它必须借助语言符号的载体才能得以表达，然而，正是因为这样才使得理性被僵化成为"结晶体"，② 表达理性的语言一经说出即刻结晶化，这样就难以真正表达出深层自我。人们之间难以相互交流到"深层自我"的深度内，而大部分时候总是处于浅层或浅表的相互理解的状态中，这是柏格森反对理性的这方面局限的核心观点。理性易僵化，不易让人能够认识事物的深层内在，通过理性，人们只能认识事物的"表象"，而难以看到事物的真正内核，而此时直觉弥补了理性的这一局限，直觉能够直接深入事物内在，从而把握事物真正的实在。理性是表面化的，直觉则是深层化的。理性寻求的是确定性，而非理性却与不确定性相关联。

柏格森认为直觉思维是人的一种本能性思维能力。简而言之，直觉是人的本能。按照《人类思想的主要观点》上对本能（instinct）的解释："在生命科学中，本能一般是指动物那些不是习得的行为。阿威森纳（Avicenna）将本能活动定义为固定不变的行为，这一定义一直被坚持到17世纪。18—19世纪，达尔文等人肯定动物也能思考，这一看法导致人

---

① ［美］迈尔斯：《社会心理学》（第 8 版），侯玉波等译，人民邮电出版社 2007 年版，第79 页。

② ［法］柏格森：《形而上学引论》，王太庆译，载洪谦主编《现代西方哲学论著选辑》，商务印书馆 1993 年版，第 166—167 页。

们认为动物表现出的习惯性行为是由于其环境保持不变，这一点被达尔文解释为对可遗传性行为的自然选择行为。现代动物行为学家认为本能的行为从根本上取决于遗传信息，因此从属于自然选择，但是，在任何行为中都有环境激励的因素。本能在弗洛伊德的精神分析理论中至关重要。他认为人类的所有行为都受本能支配。"①

如果说直觉是人的一种本能的话，它必定是人的高级本能，是人所特别具有而其他动物不具有的本能。对于人而言，直觉力是其求生向上并得以成为人中之优胜者的能力，直觉力是人的本能，但或许也存在着个体上的差异，就如同智力的高低一样，人的智力高低存在着差别，直觉力亦然。

祁雅理曾为柏格森的直觉学说遭到不应有的误解辩解道："柏格森的直觉不能代替辩证推理和逻辑，完全不能；直觉是辩证推理和逻辑的补充，是人的最本质属性即理性的一部分。"② 这一陈述的后半句"直觉是人的理性的一部分"不太符合柏格森本人对直觉所作的界定，直觉不是理性的一部分，而是超越理性的，是智性思考长期累积的自然结果，它类似于顿悟。这一结论可由柏格森本人对直觉的解释而得以证实：

> 在人们可能要称之为我们的外部知觉境域那里，存在着一种意识，其知觉范围全部或部分地侵占了我们的知觉范围；接着，我们还会发现，在这种意识及其知觉范围那里，存在着另一种意识，后者以类似的方式处于与前一种意识毗邻的关系之中，称为我所说的直觉。但我更倾向于称之为"超智力"，因为我认为必须对"理智"一词的含义予以限制，而且我把这个词的用法归于内心的推论能力的范畴，推论能力原本旨在对物质的思考。直觉则直接面对内心。由于上述的所有意识都是人的意识，所以我们似乎便生活在相同的时延（绵延）里。由于所有这些经验都彼此侵占或重叠，从而双双形成一种共

---

① ［英］麦克利什：《人类思想的主要观点：形成世界的观念》，查常平等译，新华出版社2004 年版，第 743—744 页。

② ［法］祁雅理：《二十世纪法国思潮：从柏格森到莱维－施特劳斯》，吴永泉等译，商务印书馆 1987 年版，第 16 页。

同体。①

理性与非理性认识是人的认识的一个统一整体。柏格森的直觉思维能够认识事物的全体，是一种绵延性思维，"直觉是全部思维过程的缩影，思维只是直觉的放大"②。

三　复杂性科学里的直觉方法论

复杂性科学产生于物理学等自然科学的研究中，因而，不少自然哲学与科学哲学中所提到的直觉方法，也可理解为是在属于复杂性科学研究的视域里来看待的。

西方自然科学中，整个物理学世界都是一个假设的世界，"但是，牛顿的观点就迫使人们把物理学陈述的并且用公式表示成似乎它真的是受着这类规律所支配的一样。现在，这种观点在物理学中已经不再是占统治地位了"③。用直觉或许才能够把握不确定性。直觉具有强大的预示功能。像这些非理性智慧或直觉思维等本身就是属于这类非确定性特征的，它们同样是难以把握的。"许多人都具有远远跑在他们时代前面的直观能力；在数学物理学中，这种情况尤其真实。"④

在科学探索中，直觉与灵感得到了较多重视，并且对它们的肯定性评价比对非理性的评价高出许多。尤其诸如爱因斯坦之类的大科学家曾公开宣称直觉对科学探索及其发明的重要性，因而，这一并不否定直觉而是给予极高肯定的状况比给予非理性的待遇要好很多，即使在直觉事实上属于非理性因素的一个重要方面，人们认可直觉在科学研究中的价值，但却对非理性存在着偏见。

科学哲学文本中对直觉的解释是：

　　直觉是人们在认识过程中突然产生的飞跃，即某个意象、某种概

---

① ［法］柏格森：《生命与记忆：柏格森书信选》，陈圣生译，经济日报出版社2001年版，第234—236页。

② 李后强等：《社会现象中的混沌》，东北师范大学出版社1999年版，第54页。

③ ［美］维纳：《人有人的用处：控制论和社会》，陈步译，商务印书馆1978年版，序言第1页。

④ 同上。

念、某个命题突然在脑海中出现。灵感则是新概念、新意象、新思维在思维过程中突然的涌现，这种心理过程伴随着特殊的情绪体验。直觉与灵感都有直接性的特点，是主观意识对客观事物及其关系的直接把握。直觉与灵感二者常常是相通的，以至于人们时而用灵感解释直觉，时而用直觉解释灵感。二者之间主要的区别是，灵感需要主体以外某种对象或信息的触发，直觉则来自认识主体的洞见。①

科学哲学文本中在评价柏格森的直觉方法论时，是这样阐述的：

在柏格森的哲学体系中，直觉和绵延是两个基本概念。柏格森认为，近代科学的一切伟大发现都来自直觉，直觉"创造冲动或生命冲动"是绵延与直觉的基础。"静观万物，体会一切"是柏格森的认识方法。他认为直觉与分析的区别在于："分析所面向的往往是不动的东西，而直觉则把自己置身于可动性之中，或者说置身于绵延之中。"②

笔者认为以上所列两段引文中的观点具有一定的代表性。普里戈金评价柏格森的直觉方法时，认为柏格森把直觉看作推测知识的一种形式，是"和浪漫主义形式完全不同的"③。这一点正好是许多站在人文哲学立场来看待柏格森直觉学说的人所未能看到的。以下是普里戈金的评价：

柏格森式的直觉是一种专心致志的注意，一种越来越困难的更深入地探究事物的奇异性的尝试。要做到这一点，必须无限地耐心和周密，同时要累积映象和比较以便"抓住现实性"，并由此用一种越来越精确的方法推测出那些用普通术语和抽象思维所无法进行交流的东西。"按照柏格森的看法，科学是一个整体，因此必须当作一个整体来加以评判。对柏格森来说，所有科学理性的局限性都可以约化为一个有决定意义的局限性，这就是：它不能理解持续过程，因为它把时间约化成由某个决定论的定律连接起来的若干瞬时状态的一个序列。

---

① 杨大椿：《科学哲学通论》，中国人民大学出版社 1998 年版，第 291 页。

② 同上书，第 292 页。

③ ［比］普里戈金、［法］斯唐热：《从混沌到有序：人与自然的新对话》，曾庆宏等译，上海译文出版社 1987 年版，第 132 页。

'生命是在时间中进步和维持的。'""在理解持续过程本身的时候,科学是无能为力的。这时需要的是直觉,即'通过思维所得出的直接想象'。'纯粹的变化,真实的持续,是精神上的东西。直觉是获得精神、持续和纯粹变化的东西。'"①

由此可见,柏格森的直觉方法论并非是无思维能力的单凭随意性而生发出来的突想,柏格森的直觉方法是经过长期严谨思考过后的顿悟。普里戈金对柏格森的直觉方法论最终持的仍然是肯定的态度:"我们觉得这种方法更像是一个纲领,它正开始被科学正在经受的变形所实现。特别是,我们知道,和运动相连的时间并非占有物理学中时间的全部意义。因此,柏格森的批判的局限性正在开始被克服,克服的方法不是抛弃科学研究或抽象思维,而是察觉出经典动力学概念的局限性,并去发现新的适合于更一般场合的表述。"②

第二节　生成的教育学理论:基于复杂性视域下柏格森直觉方法论的理解

生成的教育学理论,在隐喻的思维下得以成立。教育学理论知识具有生命力,至少体现在以下三个方面:自主生成、直觉生成与持续生成。

一　自主生成的教育学理论

首先,自主生成,指作为生命个体,因具有主动性、开放性,能够不断向外界吸收营养以供自己生命的维持,从而使得它具有持存力。教育学的理论知识,作为一个有生命性的个体,它必然要满足以上条件,它因为能主动地、不封闭自我地向其他学科吸收知识,从而才使它自身得以持续地存在下去。这正如一个活系统能够靠自己来运动,而一个死系统只可能从外部来推动。③ 对于教育学的理论知识来说,它是一个活系统而非死系

---

① [比] 普里戈金、[法] 斯唐热:《从混沌到有序:人与自然的新对话》,曾庆宏等译,上海译文出版社 1987 年版,第 132、133、134 页。

② 同上书,第 135 页。

③ [德] 迈因策尔:《复杂性中的思维:物质、精神和人类的复杂动力学》,曾国屏译,中央编译出版社 1996 年版,导言。

统。自主生成的教育学理论具有生命上的持存力，是相对于教育学理论的外在生成空间而言的：教育学理论知识如何在这一人类整体的知识系统中生存、持续。

其次，教育学向其他学科借鉴知识基础，是一种生存上的自适应行为。教育学的理论知识与人类其他学科知识之间的关系是一种同时性与绵延的关系：同时出现并将它们延续。有学者曾用"寄生、牛虻和伙伴"的隐喻来探讨科学与哲学之间关系的问题，其中提到：英国哲学家奥哈根（O'Hargan）认为，科学与哲学之间有三层关系。首先是"寄生"关系，哲学寄生在科学之中，以科学为基础。其次是"牛虻"关系，哲学好比长在牛身上的牛虻，有时也蜇一下，让牛感到疼痛。最后是"伙伴"关系，两者相依为命，共同促进人类知识的发展。① 对照于此，笔者认为教育学的理论知识与人类其他学科知识间，既存在着"寄生"关系，也同时存在着"伙伴"关系。教育学在理论知识来源上汲取其他学科知识作为自己得以延续下去的血液之时，已在某种意义上将其他学科知识延续了下去。因而，在此意义上，教育学的理论知识相对于其他学科知识来说，并不仅仅具有依附性。教育学在学科地位上常常受到质疑，人们甚至认为它不是一门学科，不应占据人类科学知识殿堂上的任一宝座。事实上，持此观点者未能看清教育学在理论知识来源上的特性。从一个角度看它是附生于其他学科知识之上的，但从另一个角度看它却也通过创造性地应用，让其他学科知识得以延续下去。另外，在本书第一章中曾经提到过《世界著名教育思想家》的主编摩西的"派地亚星系"、"古滕伯格体系"，由"星系"、"体系"的隐喻也让人看到，教育学理论知识与其他学科知识间并非单纯意义上的依附性"寄生"关系，除此之外，它们共同存在于人类的整个知识大系统中，并以自己的方式演绎着知识的进化与发展。

再次，从学科立场出发，有人认为教育学理所当然的是指大学里开设的一门学科，但那仅仅是从近代工业化时期以来，各类教师培养与培训院校如雨后春笋般出现时的状况；另外也有人持教育学自人类有文字以来就已有了它深厚的历史底蕴。从知识的维度上讲，教育学的学术知识史与古今中外的哲学思想史共享着同样历时久远的历史。自人类有了哲学家以来

---

① 沈铭贤：《新科学观：现代人与自然的对话》，江苏科学技术出版社 1988 年版，第198—199 页。

也就有了教育（学）家，有了哲学思想以来也就有了教育思想，教育学知识与哲学知识是共的。从人的社会实践而言，我们只能说教育学是研究关于人的教育实践活动的学问，它总结影响人的身心发展活动行为的意义，同时也研究人的这一社会实践活动怎样通过人与人之间的相互影响行为而相互促进，共同发展。这表明，教育学与人类的大多数其他学科知识具有相关性，因而站在不同的学科知识立场，就会有着相异的对教育学的理解与界定。教育学自身也从自己的立场出发，给教育、教育学下了如下定义：教育是培养人的社会实践活动，教育学则是研究人的这一社会实践活动的学科，这里的教育通常指的是狭义的教育，即学校教育。[①] 由此，人们普遍认为，教育学在理论知识上是附着于人类的其他学科知识之上的，或可说只要有人类的各种学科知识出现，就会伴随着教育学理论知识的出现。教育学理论知识被界定为：怎样将某一知识有效地呈现出来，并使之有效地得以相互交流、生发、创造与传承。

最后，在教育学的学术知识史上，除哲学外，心理学与社会学被认为是教育学的另外两个基础来源，这些学科的进展总是照亮着教育学研究的道路。从赫尔巴特将伦理学与心理学界定为教育学的两个基础开始，到19世纪社会学的不断发展壮大，在教育学领域内开始让人看到，其实除了伦理学和心理学是教育学的基础之外，社会学也同样是它的不可或缺的基础。到了21世纪的今天，教育学从18世纪开始成为一门学科直到现在，历经几个世纪的发展，目前人们甚至发现教育学应建立在语言学的基础上来进行研究，才能找到它的新的生长点，才能发现以前未曾发现的藏于深处的秘密。实际上，教育学的理论知识基础不只是以上提及的几门学科知识，可以说，它与一切可供其使用的学科知识都相关。正是因为如此，它才具有了强大的持存力。

二　直觉生成的教育学理论

首先，直觉生成是指向内部的，教育学的理论知识被创制出来，与创制者总是相关的。生产教育学理论知识的人，具有直觉上的创造力。与理

---

① 《教育大辞典》的解释，原文如下："教育是传递社会生活经验并培养人的社会活动。"教育学"是从总结教育实践经验的过程中逐渐形成理论，经过长期积累而发展起来的"。由此定义出发，总是让人们难以脱离开"社会实践活动"来看待"教育"与"教育学"。参见顾明远主编《教育大辞典》（增订合编本），上海教育出版社1998年版，第725、789页。

智相比，直觉被界定为本能，它具有自我意识和反思性，它让我们更接近"生命的本质"，而理智处理的是生命的表面现象。直觉认识是一种少不了情感好恶参与的非理性认知方式，"直觉是超越知性的认识能力"①。直觉到生命时间的有限，恰恰是对生命时间所感受到的紧迫性，迫使创制教育学理论知识的学者们集中精力，全力以赴来生成知识。人们生命的延续是不可逆转的，不论是人的物质实体抑或精神生命，物质实体不会再现纤毫，精神生命也只能是再现或复制或被创造，但却绝不可逆转到它最初的原态。对于每一个生命个体而言，身体或有形肉体的现世确实只是一次性的，然而以精神形式而存在的人的思想、理论知识却能够再现。

其次，柏格森的直觉主义不是对功利价值的直觉。"他最早坚持抽象理智不足以把握经验的丰富性，坚持时间是一种紧迫的、不可还原的原始实在。"② 每一个人都在某一方面具有突出的直觉表现，一些人对金钱的直觉强于其他人，而另一些人对他所从事的专业领域内的知识则有一种天然的敏觉力——敏感性直觉力，别人想不到的，他能在最短的时间内联想起各种可能的因素并从而生成新的有意义的理论知识。追求确定性的时代虽未完全过去，但至少它已不再成为统治一切的霸主。确定性是害怕和忌惮直觉性的，因为直觉的敏锐力和难以把握性恰是对确定性的一种威胁和颠覆，让它每日处于岌岌可危之中。柏格森的第一本专著也即他的博士学位论文其法文直译题名为《论意识的直接材料》，即人对什么直接感到意识？对这一问题的回答，柏格森认为是人们意识到了他们的生命时间的有限性，人们意识的直接材料是生命时间，并且是有限的生命时间。学者们对生命时间所感与所悟，创制了生命冲力内蕴下的教育学理论知识。对生命的第一直觉，使得人具有了向上求好、求优的生命冲力。

柏格森的"élan vital"这一关键词究竟是译作"生命冲动"还是译作"生命冲力"恰切些？经过一定的考察，并结合本研究的鹄的，笔者认为在此情境下宜译作"生命冲力"。另外，从柏格森内含乐观主义精神的意蕴而言，"生命冲力"也较"生命冲动"恰当。长期以来，"生命冲动"在中国大陆已成为一个固定的"élan vital"的译介名词，但恰恰正是

---

① 毛崇杰等：《二十世纪西方美学主流》，吉林教育出版社1993年版，第156页。
② ［美］巴雷特：《非理性的人：存在主义哲学研究》，段德智译，上海译文出版社2007年版，第15—16页。

它的这一不甚适切的译法，加深了人们对柏格森生命时间哲学的非理性的片面误解，认为它指的是不理智、无理性式的反理性，甚至是陷于一时头脑发热的冲动行为，从而易陷于疯癫、非正常之中，即丧失理性的状况。从而导致长期对非理性持有一种反感、恐慌与恐惧的混合情感。事实上，柏格森发现存在于人内心永远欲求向上发展的生命冲力（生命力在吸引着人不断向上发展）就如同边沁等人发现的利益对于人之固有吸力（趋利避害是人的本性）一样，这二者都对照着牛顿所发现的地心引力之于存在于地球上的所有物体或实体（万有引力定律）一样，具有客观性。

最后，直觉生成是一种非线性思维，带有一定的随机性、自组织性。以往的研究，较为注重教育学理论知识生成结果方面，比如对各种教育思想流派的划分，是以已经形成的理论成果作出某人属于某一理论流派的。这种以已形成的理论结果作为研究的对象，是一种静态的研究，难以看到教育学理论知识的生成过程。笔者认为对于教育学理论知识生成过程的研究，较之于只在对已形成理论结果上的静态研究会更有意义。当我们将教育学理论知识视为一种"生命存在"来看待时，才能够体会到它通过第一直觉力迅速地去与其他学科知识结合，或吸收当前它最需要的知识，生成在当时情境下所需的新理论知识体系时的最为生动状态。如同热分子做布朗运动一样，它会在看似随意的情况下，与它所处的那个知识大系统里的其他分子相互碰撞、融合；它从其他分子那儿吸收了营养后再继续前行，在此系统运行中，它自身逐渐生成、发展、壮大。

三　持续生成的教育学理论

首先，持续生成即绵延。柏格森常常希望他的哲学对别人来说是能够促成他们在他的基础上有所创造，并能生成新的、更为深入的理论。例如他在 1930 年写给扬克洛维奇（Jankélévitch，V.）的信中曾这样说道："尽管您的概述不完全准确和精细，它还是能够说明我的基础的理论主张。"在这封信中柏格森在结尾处说道："这一分析性的著作，常常使我所得到的结论，终于又成为您个人创造性的思考的出发点。"① 柏格森的哲学在教育学上呈现出的是一种非线性影响，而不像以往的教育思想史上

---

① ［法］柏格森：《生命与记忆：柏格森书信选》，陈圣生译，经济日报出版社 2001 年版，第 263 页。

的典型名家名作，在教育学上的影响是一种线性的、直接的影响。有研究者提到，柏格森"在 1914 年就任心灵研究会的主席时，在致辞中提出了一个独创性的解释。他说，超感官知觉和有关现象与人类要注意生命的本能需要背道而驰。用现在的话来说，它们不具有生物学上的生存优势，并且实际上将会使有机体陷入和沉没于超载的感觉之中。出于同一原因，运动活动使其来源趋于枯竭。正是为了防止此种意外，人类发展形成了以'柏格森式过滤'而著称的能力"[①]。灵魂与精神生命的绵延，在教育学理论知识之中存在。我们所使用的教育学理论知识既不是服务性的工具，也不是纯粹的理性，更不是独立的技能。它既没有目标，也没有逻辑思想，更没有文学思想。它基本的恒定功能不是建立逻辑推论，不是给一个时期画上圆满的句号，不是顺应强权。

其次，理论来源上的冲突带来持续性生机。教育学的理论知识因来源上的多学科性，存在着一种长期争执不休的状态。这些各式各样的教育理论，它们基于不同的立论基础抱持不同的立场与观点，同时也为各自的立场和观点服务，从而表现出以各种"主义"互异其趣的各家各派纷争纠葛在一起，互相争持论战不休。然而，冲突反而成为了各种理论之间相互成长、延续着的一种生命力量。以教育学自身的学科内部来看，确也有它的各子学科间"闹翻天"的状态，表现为以某一子学科欲称霸教育学领地的趋势。比如与"知识"这一脐带相连的课程论认为，教育学就是课程学（论），除开课程外教育学里没有别的，教育学的任何问题最终都得落实到课程上来，都可归结为课程问题，因而教育学就是课程学（论）。借着新基础教育课程改革，办基础教育搞课程研究的大有走商业化道路的潮流。另有与伦理道德一脐相关的一种大德育论认为，教育学就是德育学，教育不是教人为善，那还有什么存在的意义？所以，教育学即是教人为善的学科，因而道德伦理学教育才是真正的教育学。再则，近年来兴起的教育法学，认为现代法制社会，没有教育法学的存在，教育学难以为生、难以继日，新的时代将是教育法学大放异彩的天下，其他的一切教育学都不足为论。近年来，在中国大陆大力发展高等教育的大背景下，高等教育学又似乎成了教育学领地里的一门显学，有政府的大力支持，一切顺

[①]　［英］吉尼斯：《心灵学：现代西方超心理学》，张燕云译，辽宁人民出版社 1988 年版，第 439 页。

畅。中国大陆土地上所有高校凡已初步具备条件的，都纷纷建立了高等教育研究院（所），高等教育学成为了教育学里的官方学科。以高等教育为研究方向的专业招生大势兴起，高等教育学因此而成为教育学的一个火爆热门专业。教育技术学更是不认可它是教育学的一门子学科，早些年已财大气粗独立出去另立门户，从来不把教育学放在眼里。还有最古典的教育史，持着这样一种更让人感到奇特的观点，"哪里有什么教育史这门学科存在？教育本来就是历史学这门学科研究的一个必然内容啊！"教育学在历史学的视界里有如被撒了化尸粉般立即消失得无影无踪了，等等。教育学领域里各种纷争花样百出，令人咋舌、眼花缭乱。

由此可见，教育学是冲突的教育学，种种理论基础之间互相冲突是教育学的一个本质特征，同时也是其生机点所在，因而教育学虽无一日不处于战争状态中，但却显示出了它无限强大的生命力。

再次，个体对生命时间的体悟，是教育学理论知识得以持续生成的直接动力。从柏格森这里开始，让人明白对于时间的度量还有另一种形式，那就是用人们内心的体验和感觉去度量时间，这种度量是一种有生命感的度量，而非物理度量。日常生活中，一些人没有时间感或较强的时间观念，是因为他们处于一种被外在钟表时间、物理时间所规训化了而意识不到自己生命时间的存在。他们认为那个外在物理化的时间不是他们的时间，而当他们意识到时间宝贵了的时候，那是他们意识到了自己生命时间的存在，而不是物理时间让他们嗟叹。普里戈金曾经有过这样的感慨，给人留下深刻的印象："尽管本书是数十年研究的成果，却仍有许多问题有待解答。但考虑到我们每个人的生命有涯，我的工作成果就如此奉献给大家。"① 这里作者所感悟到的时间就不是物理时间而是生命时间。对于个体来说，物理时间是外在的，而生命时间则是内在属于个体的。

最后，教育学以现实为取向，为现实服务。这一点相信是众所认可的。因而教育学以实证为取向，忌谈非理性，非理性因素被指斥为异类。可理论知识的建构中却必然含有非理性因素的参与。然而，常常不被人认可为科学的教育学，为了尽量避免少被人指斥为属于非科学性的学科，不惜连同外界一味否定自己，掩饰、隐藏自身的固有属性而失去自我，忘记

① ［比］普里戈金：《确定性的终结：时间、混沌与新自然法则》，湛敏译，上海科技教育出版社1998年版，作者附言。

本属于自身的特色。实际上，在教育学理论生成过程中，就少不了非理性情感因素中诸如直觉、想象力等的参与。研究是需要联想的，不论是搞理论研究抑或实证、实践研究，没有一个精彩的联想便什么也没有，一个精彩的理论就是由一个个精彩而独特的联想构成的。直觉在某种程度上，是一种联想性思维，是一种具有天生创造性的认知世界的方式。

第 三 章

创造的教育学理论

第一节 被隐喻了的非理性及其对它的合理认识

一 负面隐喻理解下的非理性

"回顾我国对非理性研究的过程，走的是否定之否定的路，长期以来，我国拒斥西方非理性主义，把西方的非理性主义传统视为反动透顶的东西，对其实行'隔离'，不予研究，但是近几年却呈现出物极必反的现象，似乎研究、宣扬非理性主义成了一种国际时髦……"① 这段引文在某种程度上体现出的是，在很长一段时间里，非理性处于一种被污名化，甚至是妖魔化的状态中。

非理性在理性霸权的统治下被隐喻化了，从理性邻人的合理存在变成为一种遭到人们负面评价的"恶的象征"。人们大都对它持负面印象，从而表现出对非理性的误解、恐惧与恐慌等症状。恐慌源于人们对自我的担心，人们偏执地认为疯子就是他者，然而它却存在于每一个人的体内②。

（一）非理性：恶的象征

非理性被视作恶的象征，主要表现在或将其视作某种不理性的狂热信仰，或是干脆认为它本身就是一种疯癫或丧失了理性后的行为表现。以下分别略述。

---

① 郑伟建：《我国非理性研究的出路何在：谈非理性研究的前提及方法论》，《南京社会科学》1991 年第 1 期。

② 参见［法］玛丽《对面的疯子：解读平常的疯狂》，黄荭等译，华东师范大学出版社2007 年版，第 1—2 页。

1. 非理性等于狂热信仰

第一是政治上的狂热信仰。有不少人认为非理性是导致社会产生邪恶并产生社会冲突的主要根源。例如著名的西方马克思主义者卢卡奇（Lukács，G.），他在多年前就曾撰写过一部专门描写非理性主义导致罪恶的著作《理性的毁灭：非理性主义的道路——从谢林到希特勒》。其中提到以韦伯（Weber，M.）、齐美尔、狄尔泰等为代表的生命哲学属于德国派典型的非理性主义哲学思潮，卢卡奇认为"实际上这派哲学思潮在德国导致了法西斯主义，而法西斯主义给人类带来了第二次世界大战"。经过带有自责性的反思后他得出结论："归根到底，正是他自己一度醉心的生命哲学之类的非理性主义，导致了这一切，几乎毁灭了理性，从而毁灭了欧洲文明和整个人类。"① 无独有偶，最近一部有关知识分子与纳粹主题的专著《非理性的魅惑：向法西斯靠拢·从尼采到后现代主义》②，主题详细论述了那些向法西斯专政靠拢的但却在学术领域内享有较高盛誉的非理性主义的哲学大师们——其中以海德格尔（Heidegger，M.）最为典型。他们由于推崇非理性而站在反理性的一面，认为西方自启蒙运动以来所作出的理性承诺根本无法兑现，自由与民主不如国家社会主义所内含的真理与伟大更令人可信。这种观点被西方世界认为是知识分子由于在非理性的魅惑下所犯下的一个不光彩的污点——他们有的甚至加入了法西斯却感到没有什么可道歉的，海德格尔尤以此而闻名。

以上所提及人们在描述有关非理性所产生的影响时，往往持负面态度，加之历史上确实有过以非理性主义哲学思潮而闻名的大哲学家在政治信仰上所作出的"不理性"选择，更增加了人们对非理性必然更多地象征着邪恶的印象。

就这方面而言，柏格森的生命哲学也被曾是工团主义者一员的索雷尔（Sorel，G.）利用并加以发挥过。索雷尔评价柏格森的生命冲力时，认为"这种内在的力量是不能用理性来理解或表述的，它开辟着自己的道路，冲向空洞而不可知的未来，并且塑造着生物的成长和人类的活动"。因而

---

① ［匈］卢卡奇：《理性的毁灭：非理性主义的道路——从谢林到希特勒》，王玖兴等译，山东人民出版社1988年版，译者引言第12页。

② ［美］沃林：《非理性的魅惑：向法西斯靠拢·从尼采到后现代主义》，阎纪宇译，（台北）立绪文化事业有限公司2006年版。

"不是理论知识，而是行动，只有行动，能够使人理解现实"①。他是将柏格森的生命冲力理解为一种社会政治行动哲学。按照伯林（Berlin, I.）对索雷尔思想与社会政治活动的细致分析看来，索雷尔是个没有自身固定立场而多变的人，"他年轻时是正统派，到 1889 年时依然是个传统主义者，1894 年又成了马克思主义者。1896 年他以赞美的语气写过维柯（Vico, G.）。1898 年，在克罗齐（Croce, B.）和伯恩施坦（Bernstein, E.）的影响下，他开始批判马克思主义，大约也是在这个时候，他又被亨利·柏格森的言辞深深打动。他在 1899 年是个德雷福斯（Dreyfus, A.）派，在随后十年里是革命的工团主义者，到 1909 年他又变成了德雷福斯派的死敌，并且在此后两三年里，成了编辑《法兰西行动》这份杂志的保皇派分子的盟友和神秘民族主义的支持者。1912 年，他以赞赏的口气讨论墨索里尼（Mussolini, B.）那种好战的社会主义，1919 年对列宁（Lenin, V. I.）更是赞赏有加，至死都全心全意支持布尔什维克主义，而且在去世前的几年里，他还暗中欣赏着'Duce'（领袖墨索里尼）"②。通过此段描述，如果说索雷尔是非理性政治活动狂热者的典型代表，那么他的非理性思想却并不决定性地由柏格森的生命哲学所造成。相反，就连最为维护理性与实证的涂尔干也是索雷尔思想基础的有力来源之一。③ 那么，索雷尔的非理性怎能说明得了柏格森的生命哲学就是疯狂的政治非理性的决定性来源呢，并从而由此定论柏格森的非理性生命哲学也是某种恶的象征、是不理智和丧失理智的潜在因素？从这个意义上而言，创制某种知识的人是无辜的，运用这一知识并将自己所特处时代情境加以发挥的后人才是值得深究的。

然而当前现实中，仍然有人持此类似观点。如《和谐社会建设中的非理性》一书中分析了当代现实社会中的种种非理性行为表现，如当代转型期中国的社会冲突观念，中国社会转型期情感婚姻、信念信仰（邪教、迷信、信仰危机）、社会失范（腐败、黄赌毒、自杀、道德失范、恐怖主义、贫富分化）和教育科学中的非理性等问题。④ 这种探讨显然是更倾向于站在对非理性持负面态度的立场来进行论证分析的。这种观点的最

---

① ［英］伯林：《反潮流：观念史论文集》，冯克利译，译林出版社 2002 年版，第 377 页。
② 同上书，第 354 页。
③ 同上书，第 378 页。
④ 吴宁：《和谐社会建设中的非理性》，合肥工业大学出版社 2007 年版。

根本立场是：非理性代表着一种导致社会邪恶的力量，它对社会造成的只是负面作用和恶劣影响。

第二是宗教上的狂热信仰。人们普遍认为，宗教信仰必然是属于非理性范畴的，因为它是一种更倾向于在人的情感方面共享一致性认可的表现，而不是显著以理性思维来衡量和思考的对象。"非理性主义的宗教观"，诸如此类的标题足以表明人们始终认为宗教信仰与非理性之间是有着一定内在联系的。"理性的世界和信仰的世界是两个完全不同的、对立的王国。理性以证据作为基础，信仰以神迹作为基础。"① 然而桑塔亚纳（Santayana，G.）却认为宗教信仰仍然是一种需要靠理性参与的活动。② 综观世界上各种不同民族间的宗教信仰，它们之间时常表现出的是难以相容而互相争斗的局面。笔者认为这种看似属于起因于非理性情感因素的战争，其实只是一个表象，在其后操纵的仍然是出于理性的欲望。以宗教信仰作为尺度是无法正确与合理评价和衡量一个民族、一个国家、一个人的言行是属于理性还是非理性的。正如同基督教在全世界的推行与渗透是西方理性与非理性共谋的霸权表现一样，信仰不是人得以在精神和文化上存在的一切，同样，基督教的信仰也不是全人类的信仰。

2. 非理性等于疯癫与丧失理性

著名的法国哲学家福柯初闯入学术殿堂时即以一部扭转哲学思维方式的著作《疯癫史》③ 而迫使人们不得不对理性进行重新思考。福柯发现，人类已经对自己显然无法理解的事物做了人为理性化的编织，人们并不在严格意义上来使用非理性，有时候把它直接等同于疯癫，有的时候又把它视为人的理性认识之外的一种有益补充，但这种时候少之又少，人们常常"把疯癫置于理性的领域之外，把它视为天生的否定性形象，使得疯癫甚至成为理性（raison）世界与非理性（déraison）世界的决定性分类标准"④。

这几乎是可想而知的，理性霸权时代，很容易将非理性直接与丧失理

---

① 冯俊：《法国近代哲学》，同济大学出版社 2004 年版，第 217、218 页。

② ［美］桑塔亚纳：《宗教中的理性》，张沛译，北京大学出版社 2008 年版。

③ 此书有两个译本《古典时代疯狂史》（全译本）、《疯癫与文明》（缩编本）。福柯 1961 年 5 月以此作为博士学位论文通过答辩，获得索邦大学的文学博士学位。（参见 ［法］福柯《古典时代疯狂史》，林志明译，生活·读书·新知三联书店 2005 年版，译者导言第 11 页。）

④ ［法］多斯：《从结构到解构：法国 20 世纪思想主潮》，季广茂译，中央编译出版社 2004 年版，第 197、207 页。

智联系起来，从而形成刻板印象：非理性是不可靠的。正如以上所提到的，非理性甚至是疯癫的代名词，如福柯在他的《古典时代疯狂史》（或《疯癫与文明》）中所提及的那样："疯癫即非理性"。事实上，非理性或有疯癫的表现，但疯癫不是非理性的全部，甚至连一半的分量都未必占到。可以说，疯癫仅仅是非理性的冰山一角，但被理性控制住了思想方式的时代，却极力抵制与压抑非理性情感因素，将其斥为疯癫，极力地贬损它，甚至是诋毁、捣毁它。这是人们出于对它的恐惧与恐慌的深层心态的表现：以为非理性都是恶的，都只会让人丧失理智而做出越轨、非正常、脱离常规的行为来。这实际上是未分清良性非理性与恶性非理性之间存在的差别。许多人拥有正常的智力，但却不一定有幸能够拥有智慧。拥有智慧者看待问题必然透彻些、全面些，而不会顾此失彼。仅仅看到事物"恶"的某一方面的人，① 以为非理性与疯癫零度接近，因而极力贬低和抵触非理性因素在人的认识活动中所存在着的积极因素和重要作用。这是在一种过于强调理性而贬抑了非理性的文化心态下所产生的普遍平庸心态。在疯癫与非理性及其理性之间所蕴藏着的某种力量间的相互抗衡与较量，相信福柯对这一问题的研究是较为透彻的。②

（二）非理性：无能的表现

人们对于非理性的负面看法，除有的倾向于认为它们是引起不良社会行为表现的恶的因素外，较为温和而仍持消极态度的观点认为非理性乃表明了人的无能的不自控表现。以下分两点略述。

首先，人是失控于自身情欲的奴隶。有文献解释意志薄弱就是无能的表现，它意味着主体管不住自己，失控于自己，不再是一个真正独立自由的人，他受控于自己的非理性的情欲。"意志薄弱，也称为无能，就是做出违背某人自己更正确判断的事。当一个人诚实地认为最好践行此一行动如还债等，但是他却践行了另一行动如上街购物，这时他就表现出意志薄弱。"③

---

① 往往一提到非理性就产生莫名反感并极度抵触非理性的人是不具备真正智慧的。具有智慧的人，能够客观地看到非理性的正面价值存在。

② 参见 [法] 福柯《疯癫与文明：理性时代的疯癫史》（2 版），刘北成等译，生活·读书·新知三联书店 2003 年版；[法] 福柯：《古典时代疯狂史》，林志明译，生活·读书·新知三联书店 2005 年版。

③ [英] 麦克利什：《人类思想的主要观点：形成世界的观念》，查常平等译，新华出版社2004 年版，第 1523—1524 页。

有人曾就此讨论过在学术史上以严谨实证而著称的逻辑主义哲学代表罗素（Russell，B.），他同样是攀登上了人类学术知识高峰的顶尖人物之一，然而却没能理性地控制住自己的情欲。① 像这样的哲学家、思想家还不在少数。似乎是：最理性的恰恰也是最无理性的，最严谨实证的恰恰也是最滥情的。后人为此而困惑不已。不过，帕斯卡尔曾很早就已明确表示：对人的非理性的研究就是对人性的研究。② 只是正如笔者在后一部分将会论及的，人自己研究自己，即使研究上万年也未必能把自己研究透彻。这是一种阈限，"自反"较之于"他反"③ 而言，总是有限的、片面的、难以客观的，因而也是永难看透的。类似这样在智识领域作出过较大贡献而在情欲方面却较放纵的哲学家、科学家，在西方的历史上大有人在。最为典型的，除罗素外还有大科学家爱因斯坦，也是一个较为人们所乐于在此方面进行讨论的人物。④ 因而，也有些哲学家怀疑意志薄弱是否可能。他们质疑道："如果一个主体判断最好干此事但实际上干了另一件事，那么他关于最好该干什么的想法就是不诚实的。一个人不能对该干什么做出了诚实的判断而去干另一件事。"⑤ 人在情欲方面的不理性与失控表现，是否就一定归之为出于非理性因素，还得看人们究竟如何理解非理性因素，若按照如此对非理性所持的负面印象来看，那将人失控于自身的情感"罪恶"归之于非理性因素则是必然顺理成章的，但笔者对此持保留态度。

其次，伦理直觉究竟存在与否。孟子说人皆有善端，是人必有恻隐之心，也即一种人所独有的伦理直觉，它与功利理性思考与计算无涉。然而，人类社会进入后工业文明以来，这种伦理直觉或人的善的本能属性越来越多地受到质疑。在哲学上，伦理直觉主义指拒不承认道德判断仅仅是

---

① ［英］罗杰斯、汤普森：《行为糟糕的哲学家》，吴万伟译，新星出版社 2006 年版，第 95—133 页。

② 冯俊：《法国近代哲学》，同济大学出版社 2004 年版，第 112—153 页。

③ 本章中，"自反"在此处指自我反思，反观自我，自己省视自己；"他反"则指一个人被其他人从外部观看，可以有多种视角、多个侧面来进行。

④ 撇开那些不严肃的非学术作品不谈，在笔者有限范围内所搜集到的文献中，一本专门论及爱因斯坦在情感因素方面与其科学成就间的某些相关性联系，较为详细地得以阐述。（参见［美］霍尔顿《爱因斯坦、历史与其他激情：20 世纪末对科学的反叛》，刘鹏等译，南京大学出版社 2005 年版。）

⑤ ［英］麦克利什：《人类思想的主要观点：形成世界的观念》，查常平等译，新华出版社 2004 年版，第 1523—1524 页。

情绪或赞成的表达。他们认为，存在着一种特有的道德直觉的能力，它使我们接近道德真理，接近我们应该做和不应该做的事实。这种直觉能力可能使确定的行为法则成为不证自明的正确法则，因而道德行为就是遵循这些法则。如此构想的伦理学知识就可以与数学知识相比较，后者是由某种自明公理的结论的认识构成的，而数学直觉的某种形式就把握了这些公理。另一方面，道德直觉能力可能更像我们的感官，这可能使我们从帮助老人过马路的兄弟身上看到善，正如我们可以看清马路是宽阔的一样。①

柯林武德在《形而上学论》里也曾提到过他对这一问题所持有的偏见性看法——笔者认为他对伦理直觉主义所持有的这一看法是存在着偏见的，因为他所提出来的对伦理直觉主义的批判，是为了批驳当时刚刚兴起的心理学，并认为心理学是建立在把人的思想转变为感觉来进行研究的伪科学，它是毁坏理性而属于非理性的。他说："我的怀疑是心理学作为一种思想的伪科学的地位，它宣称篡夺了在所有科学分支中逻辑和伦理学的领域。它是一种败坏科学的观念的尝试。这正是非理性主义的宣教。"②不论是按照伦理直觉主义的观点还是以柯林武德反对伦理直觉主义的观点来看，今天，对于我们处于 21 世纪信息时代或称为后现代社会里的人来说，这种对于人所具有的天生的本质内具有的善端，已越来越少为人们所正面谈到了，它是否真实存在于人的内心，是个悬而未决的问题。

二　正确认识与合理看待非理性

（一）通常意义上对非理性的界定

笔者在有限范围内所浏览到的有关"理性主义"（Rationalism）与"非理性主义"（Irrationalism）的文献中，更为频繁使用这对词语的领域是经济学或金融投资市场，即市场的理性行为选择与非理性行为选择。20世纪早期，巴雷特曾撰写过一部《非理性的人：存在主义》，但其中对"非理性"或"非理性的人"未做细致的解释。如此情况下，本章在什么意义上来讨论非理性呢？首先，将它界定在柏格森反对有限理性的意义上来理解柏氏的非理性；其次，界定在人的非理性情感因素这一意义上来理

① ［英］麦克利什：《人类思想的主要观点：形成世界的观念》，查常平等译，新华出版社2004 年版，第 479 页。

② ［英］柯林武德：《形而上学论》，宫睿译，北京大学出版社 2007 年版，第 108 页。

解。对于非理性的认识，通常分为两种截然相反的观点，一种持积极的态度，另一种则持消极否定的态度。本章力求做到客观的态度。

　　较之于理性存在而言，人也同时是一个非理性存在。在有关非理性的主题上，前人的研究有一部分首先是从谈论理性开始，界定非理性首先从界定理性开始①。在笔者所掌握的这些有限文献资料中对非理性的界定，主要认为它是对理性不足之处的补充，是与理性共同存在于一个整体之中的，是一个人身上所同时具有的两个方面。除去本书在前面部分提及的人们对非理性的负面认识与反感情绪表达以外，一般意义上对非理性的界定主要是在西方哲学思潮与流派中来讨论的。如《外国哲学大辞典》中的解释："非理性主义，是与理性主义相对立的一种哲学思潮。由不同的哲学体系或流派组成。其基本特征是，强调人的精神生活的各种非理性因素，如意志（以意志主义为代表）、情感、直觉（以直觉主义为代表）、本能、无意识、想象、神秘的'顿悟'，等等，夸大理性的局限和缺陷，以贬低理性，否定理性具有认识世界的能力，断言存在本身具有非逻辑或非理性的性质。"② 由这一界定，仍然不难看出这是一种以非理性情感因素参与下的理性界定方式，这种表达很明显有情感好恶参与其中，凡是有情感好恶参与的评价都可说是具有非理性的，因为情感、情绪等就是人的一种非理性因素。以上的界定有不少这样的情感表达式词语，如"夸大"、"贬低"、"否定"、"断言"等。在对这一词条解释的最后，词条编写者在另一个更新的版本中还补充了必要性的以下结论："非理性主义思潮对人类意识中的某些领域（如本能、欲望、意志、直觉等）的探索，提出了许多重要的研究课题，对哲学的发展有一定的启示。"③

　　《心理学大辞典》上的解释是：非理性主义强调本能、直觉、意志，否定或限制理性在认识中的作用的各种唯心主义哲学学说，19 世纪出现以叔本华、尼采、柏格森的哲学及存在主义等为典型代表。在心理学史上，麦独孤（McDougall，W.）目的心理学的本能决定论，众多的经验主义和联想主义心理学，包括行为主义、直觉主义以及研究潜意识的精神分

---

　　① 胡敏中：《理性的彼岸：人的非理性因素研究》，北京师范大学出版社 1994 年版，第46—58 页；王勤：《非理性的价值及其引导》，博士学位论文，中共中央党校，1999 年，第 18—25 页；何颖：《非理性及其价值研究》，中国社会科学出版社 2003 年版，第 162—164 页。

　　② 冯契等：《外国哲学大辞典》，上海辞书出版社 2000 年版，第 504 页。

　　③ 冯契等：《哲学大辞典》（分类修订本），上海辞书出版社 2007 年版，第 1554 页。

析学派，均贬低乃至否认理性思维在认识心理中的作用，属此学说范畴。① 以上这些标准工具书、辞典上对于非理性或非理性主义的界定，笔者认为恰恰不是一种严格意义上的理性的定义方式，而多多少少总存在着对非理性的不理性界定之嫌。

（二）柏格森哲学属非理性哲学范畴的意涵

首先，在中国大陆，对于"柏格森哲学属于非理性哲学"的印象已然根深蒂固。而在柏格森这里，非理性则是一种脱离于理性控制之下的生命自由，一种无拘的直觉冲动。理性与非理性认识是人的认识的一个统一整体。理性的分类，据柏格森的意见，在伏尔泰中学授奖仪式上讲话所发表的"智力论"中提到：这里的智力（intelligence）一词指思维和认识方面的一般能力；在其他地方（如《创造进化论》中）他将这种能力分解为"狭义的智力"和"直觉"。他认为，这两种作用从它们的机制和来源来说存在着深刻的不同；但是，它们在思维活动中合作无间；正是从一般的"思维"意义上说，人们才无须特别精确地采用智力一词。②

其次，柏格森反的是什么样的理性？他自己是什么样的非理性哲学？一个有影响的思想家往往"反映了一个社会的思想格式"，而柏格森所处时代的社会则"把它的价值归结为成功、福利和物质享受"③。那时在人们的价值观中，占极权统治地位的是绝对一元化的现实利益至上主义，它的内在控制因素则是出于理性的思考与缜密权衡。④ 当然，柏格森的哲学是他那个时代的感觉的一部分，但那时的法国同时更是以孔德（Comte, A.）、涂尔干等人为代表的实证论的法国，以孔德等为代表的实证论的基本原则是：科学是知识的唯一合理模式。唯心主义也占据着一定的地盘，在艺术方面，表现为立体派和象征主义的盛行，在美学知识上，唯心主义也提供了一个主观性基础；最为明显的是进化论几乎成为所有人类知识的认识论基础，如进化论生物学、进化论心理学，唯灵论、小说和戏剧等

---

① 林崇德等：《心理学大辞典》，上海教育出版社 2004 年版，第 340 页。

② ［法］柏格森：《生命与记忆：柏格森书信选》，陈圣生译，经济日报出版社 2001 年版，第 26 页。

③ ［法］祁雅理：《二十世纪法国思潮：从柏格森到莱维 - 施特劳斯》，吴永泉等译，商务印书馆 1987 年版，第 14 页。

④ 不论是精英还是普通民众，理性功利主义将一切完全笼罩和统治着，它是不分阶级、不分种群、不分民族的，在那一资产阶级上升的黄金时代，它横跨欧洲与美洲大陆，几乎欲将全能的上帝打垮，"基督的终结"，尤其"上帝死了"的呼声至今想来仍让人记忆犹新，难以遗忘。

中，无一不充满着进化论式的自然主义世界观；当然还有政治上处于最动荡不安的世界大战时代，而柏格森的国家则是表现出像著名的德雷福斯案件那样的社会冲突不断的法国。①

柏格森反对的是一种有限的理性主义，对于有人将柏格森斥为非理性哲学的代表，反理智哲学家，最终走向宗教神秘体验等的不适批判，祁雅理（Chiarl, J.）评判道："这些人各自都有个人的企图，他们歪曲柏格森的著作，以便在这些著作中找到适合于自己的论点。"② 确实如此，历史上的各类思想家的思想总是被后人在"为我所用"的指导方针下，以具有他们自己时代特色的施工图去裁剪着，将其适合的部分嵌入自己的拼图中，这一拼图里虽然也融会着伟大前辈思想者们的思想，但同时却更反映出的是拼图者所处时代的气息、特色和需求。这仍然是一种出于为现实考虑的功利理性选择。"带着时代的需要"，"为我所用的拼图式构建"，本书自也难逃此"宿命"，但柏格森的整全形象也自是再也不可能恢复到他的原貌，这，也是事实。换而言之，他在某一时空下，耽于某一特殊的情境必然只能在某一方面被凸显出来，因为这个时代、这一情境下只特别需要这一方面。真理是有其适用的条件的（是有限的），③ 真理是具有情境性的，也是柏格森所说的真理是在不断变动着的。④

（三）复杂性科学里的非理性含义

随着人类科学探索的更进一步深入发展，人们发现科学研究不能再如同从前那样一味排斥非理性情感因素的价值了。尤其是在创造性的科学活动中，对于非理性因素，有着越来越多的肯定性发现，其正面价值正在为越来越多的人认可。非理性的思维方法被认为是科学研究活动中不可或缺的一种有效方式。这种对非理性因素在科学活动中的发现与肯定，首先来自一批以研究科学方法论为己任的科学哲学家们，如波普尔（Popper, K.）、法耶阿本德（Feyerabend, P.），他们的呼声最响，也最振聋发聩。

---

① ［法］祁雅理：《二十世纪法国思潮：从柏格森到莱维—施特劳斯》，吴永泉等译，商务印书馆1987年版，第15页。

② 同上。

③ 金尚年：《量子力学的物理基础和哲学背景》，复旦大学出版社2007年版，第75—80页。

④ ［法］柏格森：《生命与记忆：柏格森书信选》，陈圣生译，经济日报出版社2001年版，第95—96页。

虽然，对他们所提倡的非理性情感因素在科学研究中的重要作用的呼声，也不乏来自各方的批评，尤其是那些"持实证主义立场的哲学家组成的科学卫士"，为此与这些倡导综合性、跨学科性、科学与人文具有相互融合性的"后现代思想家"之间展开了一场"科学大战"。① 然而，非理性情感因素在科学研究中的不可或缺性已深入人心。复杂性研究中隐喻方法的使用就是一种非理性思维应用的表现，因为隐喻靠的是一种联想或一种想象性思维，而非严密的逻辑推理构成。正如罗蒂所说的："隐喻乃是来自逻辑空间外面的声音。"②

如果说非理性都像日常生活中人们所普遍认为的那样，与失去理性相等同，那么法耶阿本德曾把科学看成是一种非理性的事业就显得不可思议了。法耶阿本德认为，把科学视为理性的活动，事实上是一种误解。因为在科学的历史发展过程中，非理性的方法不是可有可无的，而是必不可少的。比如波普尔早在1934年他的《科学发现的逻辑》一书中就曾指出："每一个科学发现都包含着'非理性因素'，或者在柏格森意义上的'创造性直觉'。"③

另一方面，一直引起复杂性研究重视的事物发生的偶然性，它是什么？在人的社会中，表现为人的非理性因素的存在。非理性的存在创造出了人类社会中许多的偶然性发生。自然科学研究中的认识论和方法论有相当一部分都是描述人的理性因素的，但同时也存在着非理性的认识方法。非理性的认识方法在自然科学研究中主要指人的以下几种除逻辑和严密推理思维方法之外的思维，如直觉、想象等。陈其荣等人认为复杂性科学研究兴起以前人们对科学理论研究方法的认识是一种抽象理性，而现在转变到了辩证理性，对理性思维方法应是辩证的而非绝对的、抽象化的。④ 尤其，复杂性科学研究是一种综合性、

---

① ［美］索卡尔等：《"索卡尔事件"与科学大战：后现代视野中的科学与人文的冲突》，蔡仲等译，南京大学出版社2002年版，编者前言第7页。

② ［美］罗蒂：《后哲学文化》，黄勇编译，上海译文出版社1992年版，第28页。

③ 李建华：《科学哲学》，中共中央党校出版社2004年版，第237—238页。英文原文如下：My view may be expressed by saying that every discovery contains "an irrational element", or "a creative intuition", in Bergson's sense. Popple, K., *The Logic of Scientific Discovery*, London and New York: Routledge, 2002, p. 8.

④ 陈其荣等：《科学基础方法论：自然科学与人文、社会科学方法论比较研究》，复旦大学出版社2004年版，第80—88页。

跨学科性研究，它必然认可理性与非理性的并用与良性融合，从而相互促进。

（四）人的创造性认识活动是理性与非理性和谐相偕的产物

1. 理性与非理性的初步分类

理性与非理性是有所分类的。大致而言，理性应至少分为知性理性（或称智性理性），指知性的、理智的活动，如表现为科学研究与学术研究活动中的思想与行为等；利益理性（或称现实理性），往往表现为日常生活中人们通常思考问题的起点；经济理性，指经济学意义上使用的含义，如马克斯·韦伯所提出的"理性人"等。

非理性也至少分为两类：一类是良性非理性，指在人的知（智）性活动中的一种有益的认知方式，如直觉、想象、顿悟等。另一类是恶性非理性，一般表现为：（1）政治或宗教上的狂热信仰与行为；（2）情感失控，表现为任由情欲的摆布而不顾及道德、义务、社会责任，等等；（3）极化的程度，失去正常理智控制下的病态认知、言语、行为等，通常表现为疯癫与失常。

2. 理性与非理性各自所含内容

作为一种思维活动来理解时，理性通常包含概念、判断、推理等思维活动。[1] 由于非理性作为本研究的主要内容之一，此处重点阐述非理性所含要素。

"在笛卡尔高扬理性、开创理性主义和科学的时代之时，帕斯卡尔敏锐地看出了理性的局限和科学的无能，强调了直觉、感情和本能等非理性因素的作用，一方面克服笛卡尔的理性独断论，一方面要建立笛卡尔哲学力所不及的关于人的哲学。"[2] 帕斯卡尔的非理性主义是关于人的哲学，按照这样的理解，非理性主义是非逻辑实证论之外的一种认识世界的思维方式，但与反常、疯癫等表现是不同的。

人文主义思想流派因倡导价值理性，否定工具理性、反功利理性，而被封以"非理性主义"。有学者解释"他们所提倡的所谓非理性，主要是指人性意义上的情感、意志、道德、精神，包括认识上的直觉、顿悟、灵

---

[1] 冯契：《哲学大辞典》（分类修订本），上海辞书出版社 2007 年版，第 1470 页。

[2] 冯俊：《法国近代哲学》，同济大学出版社 2004 年版，第 112 页。

感等。所以，理性与非理性是一对相对性和弹性很大的概念"①。从而可知，"人文主义者所倡扬的理性主要指人性和道德意义上的理性，是指相对于工具理性意义上的价值理性"②，但人文主义所倡扬的这种价值理性，却总难逃被人称为"非理性"的命运。

然而，不论如何界定非理性，它总包含以下几个要素：本能、直觉、想象等。对非理性所含要素，除此之外，笔者认为非理性中必有某种情感性的体验参与其中，③ "人们的情感或情绪就是十分重要的非理性因素。人有理智，亦有情感。他的喜怒哀乐、骄傲与谦卑、爱与恨、快乐与不快、热情与消沉，交替构成一种恒常的心理状态。很难说谁在思考某一客体时，完全处于一种毫无情感或情绪的'纯净'心态"④。因而非理性与非理性情感因素在本书中不作细致区分，视使用的具体情况而定。另外，在非理性与非理性主义这两个专有名词间也不作严格区分，因为非理性主义所倡导的就是褒扬非理性因素，非理性主义之中必然含有非理性因素，所以，再加以严格区分在本书中必要性不大，因而，也同样视具体情况而使用它们。非理性既能给人们带来积极的影响，同样也能带来消极的影响。

3. 理性与非理性各自在人的认识活动中所起到的作用

理性与非理性总是共同存在于这个世界。没有理性的存在也就谈不上非理性，同样，没有非理性存在也就无所谓理性了。二者只有在既相区别又相照应时，才是存在的。因而，理性与非理性是相邻的，并且总是存在着这样一种状况：理性做不到的，非理性却做得到；而当非理性失去力量的地方，理性却能够补齐。本书将重点讨论一下毗邻于理性之旁的非理性，它能够在人的知识建构中有些什么作为。

首先，需要申明的是，本书在此谈论非理性具有合理性的一面，或它的优越之处所在，并不是以对理性作出恶性攻击来得以进行的——虽然非理性常常遭到人们这样的攻击，但笔者尤其反感这种论证方式。因而，对

① 扈中平：《教育目的论》（2 版），湖北教育出版社 2004 年版，第 100 页。

② 同上。

③ 笔者较为赞同此种观点："非理性因素是一个泛称，它具体指人的信念、意志、情感、本能、欲望、直觉、灵感等等。"（参见郑伟建《我国非理性研究的出路何在：谈非理性研究的前提及方法论》，《南京社会科学》1991 年第 1 期。）

④ 武斌：《思维方式中的非理性因素》，《社会科学辑刊》1988 年第 1 期。

于理性的有限性，本书只是作一些论证上的必要性概括，而不是当谈论非理性的优越之处时，同时也是贬抑它的反面——理性——的最佳时机。这种恶性攻击是没有意义的，学术研究的文本中却往往充满着这样的情感式表达（扬一方必以抑另一方为基础）。至于这种状况对于人类知识的进步而言究竟有无起到一个促进性的作用，或在多大程度上有正面性的作用，这是另一方面的讨论话题，在此暂不涉及。

过去，国内对"主观能动性"一词的使用频率较高，"主观能动性包含非理性因素"，"人的主观能动性还应包括非理性方面，即人的意志、信念、热情、情绪等，这些因素能帮助主体正确认识客观世界，并能付诸实践。非理性因素是人的意识构成部分，也必然要在人的实践、认识活动中起作用，成为人的主观能动性构成的一个方面"[1]。如果人们承认对于知识的探索活动乃至科学研究活动是一种属于精神领域内的活动，那么就不该武断地否定或厌恶而恐慌地急于抛弃非理性情感因素在这一活动中所起到的积极作用。理性作为人们的精神领域内的活动，它总是经常地依赖于它所活动的被给予的环境，依赖于人对存在意义的在先领会，而逻辑实证主义恰恰是一种忘记了生活和世界的纯粹意义上的科学理性，它只能是缺乏灵魂的僵化的形式。"非理性主义科学观的兴起是抽象理性主义科学观的必然发展。"[2] 国内从事科学哲学研究的学者们，对于后现代倡导非理性在科学研究中的重大作用，大都不太持积极态度。在中国大陆的学术研究文化里，理性同样也是被隐喻化了的理性，它告诉人们：理性代表冷静、睿智，一个理性的人被认为是一个头脑清醒的人。因而研究者们总是对非理性被引入科学研究领域，并为相当一部分科学哲学家给予积极的研究持小心谨慎、保守的态度，如陈其荣等对法耶阿本德的保留性意见。[3]

其次，如果说非理性被人们认为是造成罪恶的因素之一，那么理性同样也在某些方面促成了罪恶的产生。某种权力的达到或拥有是在严密的理性谋略下一步步获得的，然而在这一高度理性的活动过程中，却制造了多少由理性目的而带来的伤及无辜的罪恶发生，又有多少人正视并拨开这一

---

① 祝福恩：《主观能动性中包含非理性因素》，《社会科学》1985年第2期。

② 陈其荣等：《科学基础方法论：自然科学与人文、社会科学方法论比较研究》，复旦大学出版社2004年版，第84页。

③ 同上书，第84—86页。

理性的迷雾，从而正视和剖析一下理性所带来的罪恶呢？人们在理性与非理性同样都被隐喻了的情况下，根本分不清什么才是善的理性与恶的非理性，从而武断地急于下结论认为：人类的罪恶大都起源于非理性的欲求。殊不知，人的很多理性欲求同样也带来了罪恶的结果。本书中的理性指的是功利理性，并认为这种理性是一种被现实需要所牵着鼻子走的思维方式，这类理性不是睿智，也并不代表冷静的头脑。理性的功能是不可否定的，但理性的功能是有限的。人的存在即人的意识的存在，除去人的意识，对于人来说什么也不存在，而理性与非理性就是人的意识存在的对立统一体。本书对非理性认识持如下看法：它是在人的情感因素参与下的认识活动，具有情感参与的一种人的认识事物的方式。直觉是人在某种情感认可与非认可下的直觉认识，想象也是具有积极心态下的想象与消极负面心态下的想象。

最后，位于理性身旁的非理性能够做些什么？当理性走到它的极致时，非理性就成了正义的化身，收拾过度理性化所创下的残局。理性所创下的残局最明显的是：高度物质化的西方文明，致使属于非理性范畴的良善情感在人类世界近乎销声匿迹。高度理性化使人作为一种利益动物的存在而得到无限扩充壮大，这个高度理性化的利益动物如同一个巨型气体人，理性之气被满满地迅速地填充进去，然后在巨型气体人的内部变形成为一个个逐利细胞，将人异化，让人丧失了非理性中的良善细胞，从而使得恶性非理性即疯癫得以爆发，可以说恶性非理性即是极度理性的结果，它正是理性的化身。因而，理性时代对恶性非理性的痛恨与怒斥，实是证明了极致理性是另一种形式的癫狂。"当理性趋于极限时，就会带来自我毁灭。"① 理智受功利的支配，只能得到实用的知识，不能获得关于实在的知识。理性并非万能的，它具有局限性。因为过于理性，而使得人们的理性有可能演变成为一种病态的理性，因缺乏心灵的指引，倾听内心真正的声音，而使理性成为另一种不理性，成为疯狂的理性。理性，为现实问题服务，奴役在种种现实利益面前，理性的眼睛，看到的只有名誉、地位、金钱等其他外在的东西。而内在的善已不知在多少年前就已遗失，乃至今天看来，它似乎是那么的陌生。

---

① ［美］福格林：《行走于理性的钢丝上：理性动物的不确定生活》，陈蓉霞译，新星出版社 2007 年版，第 2 页。

第二节　创造的教育学理论：基于复杂性视域下非理性情感因素的理解

一　教育学理论生成初始的非理性

《心理学的故事》中对皮亚杰作了以下描述：一位男士蹲在一个玩弹球的5岁男孩面前，对他说："以前我经常玩这些东西，可现在忘了如何玩。我想再玩一回，你教我规则，我就跟你一起玩。"这位请求重新学习玩弹球的男士是皮亚杰，时间在20世纪的20年代。他想研究小孩子道德推理能力的发展情况。① "能够六十年如一日地与孩子们玩在一起，听他们讲话，但却拥有足以使一门重要的心理学分支产生革命的天赋的人，何等人也？""他相对平淡无奇的幼年生活唯一与众不同的是，他几乎没有童年——这也可能是他为什么总是喜欢跟孩子们泡在一起的原因。"② 皮亚杰曾在他六十来岁时写过一部自传，其中提到："我很早就放弃玩乐，致力于非常严肃的事务。之所以这样，除尽量模仿生父以外，是为了在一个属于自己的、非虚构的世界里找到一个避难之所。的确，我一直在想办法寻求从现实里逃走，这种心理我只能归因于母亲较差的精神状况。"③ 他父亲是位一丝不苟、吹毛求疵的历史学教授，母亲则完全不同，过于神经质，还极度虔诚。没有神话故事，没有冒险经历，也没有这位少年老成的孩子所玩的游戏。在7岁时，他已开始在空闲时间里研究鸟类、化石、海贝和内燃机械装置。④

由以上所举皮亚杰的例子，笔者要说明的是，理论知识不是人，但它因有人的参与，因为是人在制造它、在使用它，从而具有人的特征、必然表现出人的某方面特性。出于某种情感的缺失与需要，出于对某种情感的补偿，在某种情感的认可与支持下而进行认知活动。例如皮亚杰通过亲自观察儿童的玩耍、游戏活动，常常一整天与儿童待在一起，是由于皮亚杰没有真正享受过童年生活，他的童年是在一种没有游戏、没有与同伴的群

---

① ［美］墨顿：《心理学的故事：源起与演变（修订版）》，李斯等译，海南出版社2006年版，第347、348页。

② 同上书，第352页。

③ 同上。

④ 同上书，第352—353页。

体生活中度过的。按皮亚杰自己的话来说：他是一个没有童年的人，没有享受过童真与童趣的人（正如上面皮亚杰在其自传所述的），因而，成年后他在这方面得到了补偿。以下将作详细论述。

首先，人生必须创造，无创造的人生是低级的、无自主性的；人生必须选择，无选择的人生是麻木的、呆滞的。人生的意义就在于创造。① 人的复杂性造就了人的教育活动的复杂性，而人的教育活动的复杂性又造就了教育学理论的复杂性。教育的复杂性是因为教育活动的主体是具有生命的人，因而教育活动具有生命性，以研究具有生命力的人的教育活动的教育学，具有生命性，也是可想而知的。生命，贯穿于教育学的整体中，包括理论与实践领域，教育学无一刻离得了生命体的活动。

生命体的复杂性在哪些方面得以体现？不是在确定性的理性上，而是在具有多变、充满了不确定性的非理性情感因素上。就如同人是因为具有了情感而才显其复杂的，人不是因为仅仅具有认识世界的智力才成为了整个生物界最为复杂而高级的动物，更为重要的是人所具有的非理性情感因素增加了人的复杂性。非理性情感因素是在智力因素之上的人所具有的更高级特性。特殊教育的研究表明，那些智障儿童在接受过一定的智力改善与提高训练之后，能够做一些基本的读写算和生活上的自理事务，此时，研究者发现在他们身上也出现了以前智力低下时所未发现的心理上的疾病，也即在非理性情感因素上出了问题。心理疾病是在具有一定智力条件下才会产生的，这说明比智力理性更为复杂的是智力之上的非理性。教育学的理论知识是由不仅在智力上是正常的而且往往智力上都还较高的哲学家、思想家们所创制出来的，它不仅代表了各个理论创制者的智识，而且融入了他们在智识理性之上的非理性情感因素，由此它的复杂性可想而知。

其次，研究始于惊异。对某一事物感到兴趣并对它产生探究的欲望始于非理性情感的触动而非完全出于功利理性与权衡的思考。"像牛顿或爱因斯坦这类天才，他们问很天真的问题，结果是，问题的答案却是惊天动

---

① Bergson, H., *Creative Evolution*. Translated by Mitchell, A.. New York：Random House, Inc, 1944, pp. 65, 122. 另见吴国盛《时间的观念》，中国社会科学出版社 1996 年版，第 233 页。

地的。"① 斯特龙伯格（Stromberg，R. N.）认为柏格森属于后科学主义者，而且是某种程度上的反理性主义者，"他们相信，最深刻的真理逃避我们纯粹的逻辑分析。……逻辑本身是一种语言建构，它肯定无法穷尽无限丰富的经验"②。

教育学理论生成初始的非理性意涵是指向其内部——教育学理论知识的创制者，他们在最初开始思考一个理论时，不仅是出于对某一现实理性利益的思考，而且是出于非理性情感因素的需要或突然一个兴趣的萌发，使得一个教育学理论生成出来。因而，生成的初始是偶然的，是一种非理性的状态。更为具体的，教育学理论生产者以什么生成或构建教育学理论知识？笔者认为其中之一必有属于非理性因素中的直觉认识方法，它被视为人所拥有的认识外界事物的一种具有创造性的力量，③ 这种直觉力与创制者的生命冲动（力）相联系。④ 教育学的理论知识预设着构建者们某种总是向上的欲求，一种向上的期待，所有教育学的理论可以说都在某种程度上是对一种美好愿景的设想，它体现的是柏格森所说的一种向上的生命冲动（力）。人们对教育在理论上的设想，表达的是对美好生命的渴望与热望，是一种希冀让生命发出光辉的展示。教育学的理论知识，并非都是在严谨理性推断下创造出来的，除此之外，有些是在生命冲动的状态下创造出来的。自人类进入工业文明时代以来，人们被科学实证的逻辑所障眼，它成为丈量一切思想合理与否的唯一标尺。不过，后工业文明时代的现在，人们在发现科学实证逻辑的诸多弊病后，终于发现科学实证逻辑不是一切，在它之外还有另一种认识世界的方式，它同样是值得提倡的。柏格森的有关直觉、非理性等的认识方法（包括对隐喻的广泛使用）可算作其中的一个代表。

最后，杜兰（Durant，W.）在阐述柏格森的生命哲学时，提炼陈述道："生命不是方位，而是变化；与其说生命是量，不如说生命是质；生

---

① ［美］柯尔：《物理与头脑相遇的地方》，丘宏义译，长春出版社 2002 年版，前言第 1 页。

② ［美］斯特龙伯格：《西方现代思想史》，刘北成等译，中央编译出版社 2004 年版，第 377 页。

③ 曾国屏等：《当代自然辩证法教程》，清华大学出版社 2005 年版，第 198—204 页；邬焜等：《自然辩证法新编》，西安交通大学出版社 2003 年版，第 406 页。

④ 体现在知识上，表现为一种创作的激情、兴趣等，人的非理性情感因素。

命不仅仅是纯粹的物质与运动的再分配，而是缓缓流淌着的永无尽头的创造。"① 作为"生命存在"的教育学理论知识就是一种创造。其创造性体现在人的因素上，主要表现在人意识到生命时间的有限性上，即求生欲。求生欲是人性中的基本要素，求生欲引发求好、求优、求胜欲，每一个人先有生的欲望，然后是考虑怎样才能在这个世界上活得更好，活得"像个人样儿"。继而，自己活好了，才有余力去为别人、为社会做些力所能及的善事，这是一层层递进的，如同马斯洛（Maslow，A. H.）的需要层次理论，但马斯洛的需要层次理论，常常被误以为它太过于强调只有每一层的欲望得以满足之后，才能有第二层次的欲望的实现。实际上，马斯洛在提出他的需要层次理论时，反复强调人的这种需要层次划分不是绝对的，低一层次的需要在未能完全得以满足时，高一层次的需要（欲望）也会同时产生，但是人处于某一绝境时，几种层次的需要间，孰先孰后、孰轻孰重就能够清晰分别出来了。求生的欲望作为人们行事的最基本动机，是不言而喻的。"只有还想在这个世界上继续活下去的人，还想活得更好的人，他才会有想要改变、改善自己状况和处境的欲望或愿望，也只有如此，教育才是可能的，教育得以产生的个人条件就在于此。教育能够对一个人产生影响，也只有在这样的条件下，才能成立。"② 向上求发展也是人之属性之一，这也是柏格森所说的生命冲力。这个存在于人身上的生命冲力推动着人向上奋进，他因意识到生命时间的有限，而积极地活动，就教育学理论创制者而言，他们正是在这一意识到生命时间有限的生命冲力下，为了求好，求发展，为了证明自己生命的意义，而富有激情地创制出新的理论知识。这是教育学理论的创制者们对生命时间的思考，从而使得教育学的理论知识在生命时间中生成。

二　教育学理论生成过程的非线性

首先，教育学的理论知识在生成过程中，不是两个确定点之间的连线，它因与众多学科知识相关，而受到这些学科知识之间的影响，呈现出的是处于一种非线性的影响状态，这种情况下可称之为：存在即影响。这种影响不论大小，甚至微弱与否，它们都能对它形成扰动，这种扰动经过

① ［美］杜兰：《杜兰讲述哲学的故事》，汪小春译，东方出版社 2004 年版，第 454 页。
② 扈中平：《教育基本理论讲课录音》，华南师范大学教育科学学院，2005 年 11 月 3 日。

一段时间的累积，在某个特定的时候就会引爆而让教育学有所顿悟，这正如黑格尔的一个隐喻所言的那种状况：密纳发的猫头鹰要等到黄昏到来，才会起飞。[①] 教育学理论的某个创制者会在看似突发奇想般的时刻将其他学科的某一知识联系到有关教育问题的思考中，于是与此相关的新的教育学理论知识随之产生出来。笔者认为教育学的理论知识是在一种非线性状态下受到其他学科知识的影响而生成的，当然，"非线性并非万能的答案，但往往是一种更好的思考问题的方式"[②]。

其次，教育学理论知识生成过程的非线性，还体现在它所赖以生存的外在特定情境上。这表明的是知识得以生发与延续的情境性因素。教育学理论的延续（绵延），是一种创造性的延续，是一种发展，是在生命时间上的绵延。作为一种"生命体"而存在的教育学理论知识，为什么说它是具有绵延性的，它是如何绵延或持续的？制造它的主体是人，是从事知识创造的学者。教育学的理论知识是有生命时间的，它随时代与情境的不同而变化。被人们所创造出来的教育学理论知识作为一个存在体如同雪球一样越滚越大。教育学理论知识创造上的复杂性，创制它的人是生命个体，与其环境间存在着相关性，必然打上他所处的时代情境的烙印，所以，由这些特定时代的人创制出来的教育学理论知识也因他们所处的时代、背景而具有复杂性、生命性。这种非线性的影响虽不能让人直接地看到，但它却是实实在在存在着的。

最后，由于教育学在理论知识上所存在的开放性、它与其他学科知识间所存在的宽泛相关性影响，使得选取与不选取什么样的知识作为与教育学相关的知识而进行研究，都同样地具有一定意义上的随意性与非确定性。例如，前面曾经提到过的，摩西（Morsy，Z.）提到耶格（Jaeger，W.）的三卷本著作《派地亚：古希腊文化思想》（*Paideia*：*The Ideals of Greek Culture*），其中涉及大量丰富的古希腊时期的教育思想及其教育状况的研究，但据笔者了解，至今在国内无一教育学专业人士论及过它。另

①　有研究者曾将此隐喻用来解释"代表一个时代的教育理论，必须要在那个时代的教育轮廓比较清晰地呈现出来之际才能出现"。（参见扈中平、刘朝晖《对教育理论脱离实际的几点看法》，《教育研究》1991 年第 7 期。）这也说明了不论是教育学的理论知识的生成，还是某一教育理论得以在实践中应用，呈现出的都是一种非线性的状态，它们总是在某个不确定的时刻发生。

②　［德］迈因策尔：《复杂性中的思维：物质、精神和人类复杂动力学》，曾国屏译，中央编译出版社 1996 年版，第二版序言第 1 页。

外，贝特森（Bateson，G.）、米德（Mead，G. H.）、舒茨（Schutz，A.）等人的教育思想、教育理论也较为丰富，但在国内对他们的研究也不多见。米德的著作《心灵、自我与社会》① 有中译本出版，因而对于他的思想与理论，在教育学上有所论及的还能见到。但事实上，米德的教育思想及教育理论极为丰富，远远不止《心灵、自我与社会》中所涉及的内容。至于与贝特森有关的教育主题方面的论著，笔者仅发现由薛烨、朱家雄等人所著的《生态学视野下的学前教育》，其中一部分专门述及了贝特森的生态认识论。据朱家雄在前言中介绍：此书的著者之一薛烨为旅美学者，目前就职于美国田纳西州孟菲斯大学教育学院，因此 "在这本书的撰写过程中，薛烨博士动用了他的许多学术资源……有了这样的合作者，这本书涉及的生态取向的理论有了广度和深度的保证……从而使这些迄今在国内还很少见的理论流派能得以准确地解读和传播"②。有关舒茨的涉及也只是零星可见。

据此，笔者认为：贝特森的理论之所以能够被提出来，证实国内在教育学理论知识来源选取的过程中具有非线性特征，是因为贝特森在 "思维生态学"③ 方面的研究，对教育学具有较为直接的相关性，但至今却仍未得到适当的关注，诚如在上一段引文中朱家雄所提到的：正是因为有目前仍在美国从事与教育学相关的教学与研究的学者薛烨博士的参与，才 "使这些迄今在国内还很少见的理论流派能得以传播"。换言之，如果不是因为有旅美学者将这一重要的理论引介到了中国，至今国内的教育学术界仍然不会引起对它的重视。须知贝特森是与皮亚杰同处于一个时代的学者，皮亚杰从生物学出发研究发生认识论，而贝特森也同样是从生物学出发研究思维生态学（或称生态认识论）。贝特森的理论重要性地位在国外有着较高的认可度，然而，在国内却是到了 21 世纪的今天才渐渐有学者关注到它。这其中只能让人不断发出疑问：教育学理论知识的生成过程，

---

① ［美］米德：《心灵、自我与社会》，赵月瑟译，上海译文出版社 2005 年版。

② 薛烨、朱家雄等：《生态学视野下的学前教育》，华东师范大学出版社 2007 年版，前言第 2 页。

③ 1972 年贝特森的著作《实现思维生态学的步骤》（*Steps to an Ecology of Mind*）出版，其中涉及 "社会规划与元学习概念"、"学习与交流的逻辑范畴" 等主题的内容。（参见 ［英］鲍曼《个体化社会》，范祥涛译，上海三联书店 2002 年版，第 155 页。Peterson, T. E., "White-head, Bateson and Readings and the Predicates of Education", *Educational Philosophy and Theory*, No. 1, January, 1999, pp. 27 – 41.）

其确定性的规律何在？无可置疑，只能用非线性、非确定性来解释。另外，舒茨作为现象学社会学的创始人，有关他在教育社会学方面的文献能够找到一些，但以台湾地区为主，[①] 这种状况只能够更进一步地证明，因为具有较强的"为我所用性"，即被选定使用的特殊需要、特殊情境性，显示出教育学理论知识生成的非线性特征。

最后，本研究所基于的理论背景人物——柏格森，正如综述部分提到的，国内外对他在教育学上的影响，所涉及的主题内容丰富，几乎涵盖了柏格森哲学的方方面面，如生命时间、直觉方法、非理性的倡导，也即他对有限理性的批判，绵延概念的应用，等等。这种相关性研究所呈现出的状态既是生成性的，同时也是非线性的，其中的必然规律、确定性的逻辑相关性特征，并不明显。

三 教育学理论生成结果的非确定性

首先，非确定性，在某种程度上也意味着未完成性。从总体上而言，只要是理论都总是处于一个未完成的状态中，它会因后人的持续性研究而被发现之前的漏洞或不足之处，然后给予更进一步的修缮。另一种情况是，理论还有着这么一个特性，即前面所提到索罗金的"变化性的重复"，理论具有情境性，它会因某种情境的特殊需要而得到死灰复燃般的使用与更新，这表现出的是理论的未完成性，也即理论总是呈现出它处于一种动态发展的过程中。因而，在此意义上，理论知识具有生命力，它是活的而不是死的。

教育学的理论知识因具有生命特性而始终处于开放状态，生命是一种持续、一种绵延，即使创制理论知识的个体，其肉体生命结束了，但作为凝结成理论知识的精神生命却延续了下去。从这一意义上说，教育学的理论知识是未尽的，它在某个不确定的时刻又会生发出新的理论知识来。开放状态决定了它的未完成性与不确定性，这同时也体现出了生命体的活力与生机勃勃。

其次，生命个体是因为具有非理性情感因素才变得复杂的，只靠理性行事的是如同机器般无情感的存在体，那样的个体存在即使再复杂也不如

---

① 谭光鼎、王丽云主编：《教育社会学：人物与思想》，上海：华东师范大学出版社 2008 年版。

具有非理性情感因素的真正的生命个体复杂。人是因为具有了情感才更为复杂的，程序再高级的计算机或机器人永远也及不上人那么复杂，就是因为它缺少了一样：人的非理性情感因素。人工智能研究中，对人所独具的非理性情感因素的研究一直有所重视，但在研究的有效性上，发展却很缓慢。① 到目前为止，较之"情感计算"的研究成果，科学家们已能将人在理性逻辑推理方面的能力经过编程后在计算机上广为使用，这从一定程度上也说明了人的非理性情感因素的复杂性。教育学的理论知识之所以复杂，是因为它作为一种"生命存在"，是人的生命力的体现和延续，因而它是复杂的。教育学理论知识作为一种"生命存在"，能够在复杂性的环境下自适应，吸收外界知识，它是各种学科知识相关联的产物，是复杂自适应系统。

再次，未完成性还表现在它的如同海森伯所提出的"测不准定律"上。某一理论产生出来，有待后人去考证、使用、验证或进行持续性探究之后，才能够知晓它对后世是否有影响，这一理论是否有可取之处，是否或虽不适于现在的情境但却对于理论本身所产生的那个时代背景来说是适合的，它为那个时代作出了自己应有的贡献。

最后，一个新的理论被创制出来，有人能够从中挖崛出教育思想，或能够将此理论作为一种方法与方法论，作为一种奠基性理论框架应用于教育领域中。然而，在此过程中，从事教育研究的专业人员们并不一定能够达成一致性意见，统一性地认为这一被某些学者运用到教育学领域中来的其他理论在某种程度上也可被视作教育学的理论基础。更进一步地，这种经由其他理论基础之上而创制出的新的教育理论也未必能被认可为教育学的理论建构，人们认为它有似是而非的一面，让人无法确定它所具有的教育学的专业性。因而，诸如此类的教育理论，只能是未完成状态的，它需接受考察与考验。如果在后续时间里，类似的理论还能够有教育学内的专业性论文、论著多次涉及，那么这一理论才会被逐渐证明是教育学的理论知识基础。但这种被检验的时间跨度是不确定的，或长或短，没有一个固定的周期，它甚至显现出的是有些随意性、偶然性。

___

① ［美］皮卡德：《情感计算》，罗森林译，北京理工大学出版社 2005 年版，中文版序第1—3 页。

第 四 章

教育学理论的生机：复杂性视域下
非理性情感因素的贡献

　　人类的情感在其认知活动中起着一个举足轻重的作用，因为说到底人是具有高级情感①的理性动物，除此之外，不是别的。如果说人们依靠严密的理性计算能够谋取经济利益的最大化，那么非理性也同样能够在人们的经济活动中创造奇迹，甚至成为经济领域中的"弄潮儿"。《非理性的繁荣》② 就是以讲述金融股市中的非理性因素而闻名的一本专著。

　　非理性情感因素为人类知识作出的贡献，应是不容忽视的。由于研究对象的限定，柏格森作为一个具有犹太血统的知识分子，他也曾经获得过诺贝尔文学奖，并在其生命即将结束之时，不顾身体的年迈与疾病交加，挺身而出，以一个被冠以"非理性哲学的代表"，先驱性地对抗人类自理性启蒙时代以来最无理性的一次大屠杀行为。③ 这是一种以沉默、冷静的方式来表达的对理性暴行的愤怒。西方学术知识的主要生产者，具有犹太血统的人为数不少。笔者认为，西方（学术）知识的发展史在一个侧面，可被理解为是犹太人愤怒的历史及其贡献。因为犹太人对自身流散身份的自卑与愤怒，他们始终难以在地球上得到一个相对稳定的实地生存空间，所以，他们只有不断通过创造知识来说话，让世界认识到具有这一血统的

---

　　① 生理心理学的研究表明，动物也具有情感，情感性特征并非人类所独有，然而人的情感区别于动物的情感而言，以"高级情感"界定，表明人类的情感并不仅仅停留在生物学意义上。除此之外，还有社会习得性情感，人类的情感是社会化的产物，表现为较强的社会属性；而动物的情感则更多居于生理本能层面，表现为自然属性。

　　② ［美］希勒：《非理性的繁荣》，廖理等译，中国人民大学出版社 2000 年版。

　　③ 陈卫平、施志伟：《生命的冲动：柏格森和他的哲学》，上海三联书店 1988 年版，第 200—201 页。

人的威力①——"往昔的被忽视与今日的威力"。② 至今，具有这个血统的人们的内心，深深埋藏着的还有什么？一直压灭不下去的那股愤怒的火焰。然而，也正是这股强烈的火焰在犹太血统的人的胸中燃烧，他们具有了生命冲力，超出其他民族所不具备的那股奋发向上的强劲力量。这种特殊的民族文化心理，可在阿德勒自卑及其超越的理论中找到一些心理学上的依据。

第一节　非理性情感因素中自卑情结及愤怒转化

一　阿德勒的"自卑情结与超越"理论

奥地利心理学家阿德勒（Adler，A.），是研究人的自卑心理及其超越问题的代表性学者之一。《心理学大辞典》中对自卑感的解释是："个人因体验到自己的缺点、无能或低劣而产生的不如别人的消极心态。与'优越感'相对。在阿德勒看来，是人类正常的普遍现象。源于婴儿期弱小的无助感，后因生理、心理和社会的障碍（真实和想象的）而加重。对人格发展具有双重影响。适度的自卑感可产生成就需要，转为奋发向上的动力。"③ 自卑情结被界定为"个体潜意识中与软弱无能和无价值感有关的复杂心理倾向和生活风格。由沉重的自卑感转变而成。其核心是己不如人的自卑观念。阿德勒认为，它由婴幼儿期的无能状态和对别人的依赖引起，对人有普遍意义。人们都试图补偿自卑而真正或想象地胜过他人。自卑既是驱使人追求优越的力量，又是反复失败的结果。自卑可对个体和社会起到有利作用，会导致不断的改善"④。

阿德勒的自卑理论中强调：任何身体的、精神的或社会的障碍都会引起自卑感（feeling of inferiority）。自卑感并不一定是坏事，它是蕴藏在一切人的成就后面的推动力。人类的行为大都是出于自卑感和对自卑感的克服和超越。为克服自卑感，人往往会在心理上进行各种补偿。过度补偿会

---

① 具有犹太血统的人们在人类知识的空间领域里找到了强大的生存地，虽然在地球土地上他们的实地生存空间是零散的、零星的，甚至为了获得一块儿信仰中的"圣地"，他们付出的远远超过所得到的。

② ［英］伯林：《反潮流：观念史论文集》，冯克利译，译林出版社 2002 年版，第 397 页。

③ 林崇德等：《心理学大辞典》，上海教育出版社 2004 年版，第 1756 页。

④ 同上。

变劣势为优势。人生的使命有四种:工作、友情、爱和实现自身的同一,与宇宙相和谐。① 自卑情结 (Inferiority Complex) 是每一个生活在社会中的个体都会具有的,但有程度轻重上的差别。当个体感到自卑和无地自容时,就会发生心理错乱,这种自卑被对自我优越感的追求所补偿。另外,阿德勒认为,除不恰当的家庭教育会在人的早期心理中种下自卑的种子外,社会和积极环境的低下也会导致自卑感。② 他指出了人们应对自卑感的两种方式,一种是积极的超越,另一种是沦为病态的精神病。

人是一种社会的存在,生活在社会中的人每每总是以其所依恃的某一社会共同体为其活动的向导。这被阿德勒解释为是一种 "无限影响的原则",它指 "人置身于千丝万缕的普遍影响之中,而不是孤立的,由此决定了社会共同体的情感也就是这种影响的反映",他的社会共同体定义包括 "家庭与社会的纽带、创造性活动和伦理功能三个方面。其个体与环境之间的活动和再活动原则表明个体如何不断地反复适应环境"③。

本书对于人们所具有的非理性情感因素中自卑与愤怒的考察,主要从社会心理学的角度出发,尝试作一探究。世界上的每一个民族都有它的独特之处,而对于犹太民族这样一个为世人所广为关注的群体来说,不论是有关他们的传说抑或是严谨的学术研究成果,都十分的丰富。此处,笔者只关注教育学理论的创制者中一些具有犹太血统的人的非理性情感因素中的自卑与愤怒方面,在他们创制知识的过程中是怎样具有影响性作用的。

二　情感社会学透视下的愤怒表达

曾有这样一本书《愤怒书尘:一个文化经纪人的青年时代》,④ 看到书名,让人们不禁想到似乎愤怒只是属于青年人的,它是青少年阶段所具有的身心特性,即通常意义上所说的年轻气盛、热血沸腾而易受到外界刺激,并总在内心产生的一种具有短暂性的剧烈情感体验。殊不知,愤怒心态作为一种持久性、持续性情绪的扩散与弥漫状态而存在于一个特殊的群

① 冯契:《哲学大辞典》(分类修订本),上海辞书出版社 2007 年版,第 1957 页。
② [英] 麦克利什:《人类思想的主要观点:形成世界的观念》,查常平等译,新华出版社 2004 年版,第 738—739 页。
③ 同上书,第 732 页。
④ [德] 魏德哈斯:《愤怒书尘:一个文化经纪人的青年时代》,王泰智译,商务印书馆 2004 年版。

体中时，它能够以隐蔽的方式存在于一个民族的底色中，即他们的深层心态中。

愤怒属于情感或情绪的一种表现。关于"情绪"的概念，《哲学大辞典》中是这样解释的：

> 人的情绪依附于一定的社会关系，体现一定的价值观念。人的情绪具有社会内容，反映了社会生活，体现了人们的利益要求，是社会历史的产物。情绪是反映现实的一种特殊形式，是人们对周围现实（包括人们之间的社会关系和对客观世界的关系）及自己本身的态度的体验，往往是社会群体或人们利益需求、兴趣的情感流露，是社会心理的一种具体表现。情绪是人们的实践进行是否顺利与事物的现象是否符合人的需要的信号，社会性的情绪往往成为该社会群众对社会生活态度的"晴雨表"，能自发地反映出一定范围内广泛的心理意向性。情绪对人们的社会实践与认识活动有巨大影响，能促进或抑制人们的社会实践，列宁曾说，没有"人的情绪"，过去、现在与将来都不会有，也不可能有对真理的孜孜追求。①

此辞典中对"情感"一词的界定等同于"情绪"，并将情感的英文对应词译为"feeling"。一个群体或民族的情感表达，与某种私人情感的发泄或煽情行为有别，它是具有一定公众性的情感，是能引起社会一定程度的普遍共鸣的社会性的情感。情感社会学研究表明：某种情感的产生是有其社会根源的。② 愤怒（Anger），在心理学中，被解释为一种短暂的情绪，它与爱和恨这些持续性的情感不同。愤怒之所以被视为一种短暂的情绪表达，是因为它通常是在挫折或自身价值受到攻击时的反应。可以将愤怒视为一种受阻反应的释放，它有时是健康的，但也可将之视为受挫情绪针对他人或事物的发泄，这可以化解诸如失败感这种更严重、更痛苦的情

---

① 冯契：《哲学大辞典》（分类修订本），上海辞书出版社 2007 年版，第 199 页。
② 王宁：《略论情感的社会方式：情感社会学研究笔记》，《社会学研究》2000 年第 4 期；潘泽泉：《理论范式和现代性议题：一个情感社会学的分析框架》，《湖南师范大学社会科学学报》2005 年第 4 期；郭景萍：《西方情感社会学理论的发展脉络》，《社会》2007 年第 5 期；郭景萍：《情感社会学三题三议》，《学术论坛》2007 年第 6 期。

绪。① 本书中对愤怒的界定不是针对个人而言的，而是指某一社会共同体内所共有的持续性情感体验，对于这个特殊的社会角色而言，构成它的每一个个体都或多或少地被隐喻着只要是这个民族中的一员，就必然是要或多或少具备这种愤怒情绪的，并同时理所当然地也具备着来自他们这个民族深层底色的内在自卑情结。

历史上还曾经出现过"愤青"（Angry young men）这样的概念，它是指愤怒的一代：

> 二次世界大战后，在许多西方国家年轻人的心目中，整个社会结构已经腐烂。他们感到他们的存在被长者们所忽略，并认为社会的价值应受到质疑，甚至可能遭到彻底扫荡。或许，这在年轻人中是一种普通的甚至是健康的情感，然而从 20 世纪 50 年代中期开始，这种情感尤其强烈，并成为导致大约与此同时产生的"青少年文化"的力量之一。在英国，这种情感被一群绰号为"愤怒的一代"的作家以文学形式表现出来。他们的作品，不仅以思想和声音而且以一种社会的方式，攻击现行的社会权力机构，尤其是，运用通俗文化的手段，把神圣的权力机构形式颠覆为"观念小说"和"佳构戏剧"。②

如果说"愤青"通常指的是那种对社会现状不满的青年人，那么，对于具有犹太血统的人来说，他们则可被称为"愤怒的民族"。群体的愤怒比个体一时发怒要能维持更为持久性的时间。它有可能演变为一种社会群体的心态、一种氛围，甚至成为一种固有观念：只要是这个民族的人员，便会被培养出具有这种情感。而持续性地培养本民族的后裔具有这种情感传统，目的是维护本民族血统的力量不致衰落。"当人长期感到害怕或者受胁迫后，他的情绪会逐渐转为愤怒。……愤怒有矫正社会不公的作用，这种作用表现在私人领域和社会生活两个方面。"③ 对于犹太民族而言，愤怒是一种对控制的反叛表达，它要求"要在这个世界上有所作为，

---

① ［英］麦克利什：《人类思想的主要观点：形成世界的观念》，查常平等译，新华出版社 2004 年版，第 55—56 页。

② 同上书，第 57 页。

③ ［英］沃尔顿：《人性：情绪的历史》，王锦等译，上海科学普及出版社 2007 年版，第 33、36 页。

要成为不受外界干涉的自己的主人——一个独立的自我，不管它是个人还是集体，它不接受别人的摆布或组织"①。

第二节　犹太血统的自卑与愤怒：地理空间的 散户与知识领域的"大户"

一　自卑与黯然的地理生存空间

是什么引起了犹太人内在的自卑情结？笔者认为是他们在地球实地生存空间上受排挤和无认可的、合法的属于他们这个民族的固定居住地，这样一个事实带给了犹太民族内在的自卑情结。"没有祖国的犹太人——没有家园，没有自己的人，没有祖先的坟墓需要保护，没有遗迹需要守卫以防野蛮人的破坏。"②

以下是波普尔的一段陈述，或许能够在一定程度上说明笔者所持观点的合理性：

> 我的父母都出身于信仰犹太教的家庭，但在他们的孩子出生以前，却受新教（路德教）的洗礼。在深思熟虑之后，我的父亲判定生活在基督教徒占压倒优势的社会中就是有义务去尽可能不得罪人——接受同化。然而，这意味着得罪有组织的犹太教；这也意味着被谴责为一个胆小鬼，一个害怕反犹主义的人。所有这一切是可以理解的。但答案是：反犹主义是犹太人和非犹太人都畏惧的一种恶行，一切犹太裔的人的任务是尽力不去惹它；而且许多犹太人已与当地人打成一片，即已被同化了。因种族出身而受到鄙视的人会作出反应说：他们为自己的种族出身而感到自豪，这是可以理解的。但是种族上的自豪不仅是愚蠢的，而且也是错误的，即使由种族仇恨所引起。一切民族主义和种族主义都是一种邪恶，犹太民族主义也不例外。③

---

① ［英］伯林：《反潮流：观念史论文集》，冯克利译，译林出版社 2002 年版，序言第 39 页。

② 同上书，第 376 页。

③ ［德］波普尔：《无穷的探索：思想自传》，邱仁宗等译，福建人民出版社 1984 年版，第 110—111 页。

波普尔自传中的陈述表明：即使是在犹太人这一民族的内部也存在着矛盾，比如被所居住地给同化了的犹太人已改为信仰其他宗教，而遭到未改信仰犹太教的犹太人所蔑视。局部斗争并不影响整体的和谐，动物界与植物界也存在着各种各样的斗争性，然而，从整体上它们却处于一种和谐的状态中。而人对于环境的顺应与适应性和改造甚或创造性方面，具有比一般性动物高得多的能动性，这是不言而喻的。

另外，控制论的创始人之一维纳也曾经提到他的父母亲都是犹太人，但父母对待自己的民族身份，态度上却截然不同，尤其是他的母亲仇恨自己这一犹太人的身份，据维纳推断，可能的原因是她"所关注的主要问题则是赤裸裸的反犹太主义"①。诸如此类的，因自己的犹太人身份而在情感上造成巨大影响并决定了自己行为活动的西方知识创制者不在少数。

再则，弗洛伊德的例子也较能说明问题。他是那种毫不犹豫地承认自己犹太人身份并向歧视或敌视者进行激进式挑战的学者之一。有学者曾评价弗洛伊德"不论是幼年时代因为反犹势力的迫害而举家迁移，或是学生时代受到同龄人的鄙视，还是最为恶劣的法西斯对犹太民族的迫害，都促使他将内心的怒火转化为坚韧的'战斗力'，挑战生活和学术中的重重艰难险阻"②。在弗洛伊德的时代，当时的维也纳反犹主义极为盛行，就连在知识与学术研究方面，对具有犹太血统身份的人也给予了限制，他们只被允许在医学和法律专业上作出选择并在将来以此作为职业。

人类间的各种冲突正是来自各自间功利理性的冲突。本来，某一地域内某一民族的宗教信仰、生活风俗等是属于那一民族所特有的，即使是全球化时代的到来，也不应让这种差异消失，但出于理性控制欲望的驱使，理性从自身利益的现实情况出发，企图将自身的非理性文化强加于他族或异域民族，以求得到认可。非理性方面的情感冲突、价值观差异，不是别的，正是由非理性因素所铸造；各民族间的文化差异不是别的，也仅仅是各自不同的情感因素在起作用而已。

犹太人为人类知识所作出的贡献，世人有目共睹，然而，他们是在所

①　[英] 维纳：《数学与神童》，载《科学家的辩白》，毛虹等译，哈代等编，江苏人民出版社 1999 年版，第 85 页。

②　熊哲宏：《心理学大师的爱情与爱情心理学》，中国社会科学出版社 2007 年版，第 111 页。

有人类民族群体中智力上最优越的一个民族吗？对于这一问题的回答，不可能会给出一个简单而肯定的答案：是的，具有犹太血统的人是世界上智商最高的一个族群。笔者认为，撇开智商高低上的争论暂时不谈，就人的非理性因素对人的创造性活动而言，自卑情结及其略带愤怒感的民族心态，恰恰铸造了犹太民族不屈不挠地向上奋进的精神，从而也使得他们更为勤奋地积极投入到各种知性活动中去。

阿德勒对个体自卑及其超越的研究同样在一个民族中能够得以体现。犹太人因为宗教信仰及其历史上与其他西方各民族间的种种矛盾，使得他们至今散居在世界各地，以色列曾因犹太复国主义运动而得以保留下来作为他们这一民族的"圣地"，但却始终未得到合法性的认可。不少具有犹太血统的人除了没有固定的群居地外，还要为自身的血统、信仰而不断受到情感上的干扰，他们有的改信天主教或基督教，然而却仍改变不了自己是犹太血统的事实，因而内心仍然不能彻底超脱这一固有角色的困扰。另外，那些未作任何信仰改变的人，或积极的护国主义者，同样也始终在内心留存着一股隐隐的愤怒感。作为这个民族的一员，自来到这个世间的那一刻起，就注定了难以摆脱这个世界给他们所带来的愤怒感，因而，它们需要得以适当表达，得以发泄或转化。正是在对排解自己内心的愤怒感的各种活动中，犹太血统的知识分子们选择了更为积极的知性活动，积极地投身到为人类知识的生产与创造的活动中去。这，不论对于他们自身而言，抑或是对整个人类社会而言，都无疑是一种有意义的活动。

二　愤怒造就学术知识领域里的"大户"

愤怒是需要得以宣泄的，或需要以某种方式将其转化。而具有犹太血统的民族，则以一种超越其自卑情结的方式，在人类知识发展史上创造了丰硕的成果。

反犹主义是人们较常听到的一个名词。尤其是在 20 世纪第二次世界大战时，希特勒政府对犹太人的大屠杀，长期以来已成为西方文化的主要关键词之一。反犹主义是一种"对犹太教和犹太人的精神怨恨或思想偏见。它有许多形式：因其排外性和独特的宗教实践而憎恨犹太人；基督徒因犹太人是基督的公开谋杀者而生出怨恨；在现代，反犹太主义者一般是种族主义者。他们指出犹太人在遗传学上是劣等人，本性邪恶，诡计多端;认为犹太人不仅控制了全世界的金融、大企业,而且还操纵了共产党"①。反犹心态似乎在人类历史上远远比希特勒所犯下的暴行还要久远,1894 年,法国曾发生了一起引起轰动的德雷福斯事件②,左拉的《我控诉》即是较早期的一种有力度的愤怒表达之声。

心理学中有"习得性无助"③一说,而或许对于像诸如具有犹太血统的人来说,也存在着一种"习得性奋进",即身体里流着这个民族血统的人,自其诞生之日起就被潜移默化的民族文化心理培养着:是这个民族的人就都是应该努力奋进的,这个民族为人类知识作出了巨大的贡献,所以作为这个民族的延续者、后续人(或继承人),也应该是继续优秀的,继续能够为人类知识的增长作出本属于他们这个民族的贡献。犹太血统的民族中,隐喻着一种奋进的文化,隐喻着自卑与超越的欲求,隐喻着要以某种行动来对抗外界压迫,隐喻着要用某种力量来证明自身的存在。不在困境中崛起就在困境中消亡;化悲愤为力量,勇往直前攀登人类知识的高峰,屹立于学术知识空间上的珠穆朗玛峰。这些非理性情感的积极表现,创制了学术知识地图上的"大户"与地理空间地图上的散户的最大鲜明对照。

第三节　知识的创造是一种情感的表达

休谟曾专门研究了人的情感对思维和理智判断的影响,在他看来,"理性是,并且也应该是情感的奴隶,除了服务和服从情感之外,再不能有任何其他的职务"④。心理学中也一直在追问"是思想引导情绪还是情绪引导思想"⑤?

---

① ［英］麦克利什:《人类思想的主要观点:形成世界的观念》,查常平等译,新华出版社 2004 年版,第 69 页。

② 1894 年犹太裔法国陆军上尉德雷福斯被指控出卖法国陆军情报给德国,军事法庭裁定其叛国罪名成立,判以终身苦役并流放外岛。事后虽经证实纯属诬告,军事法庭却因德雷福斯的犹太人身份而拒绝改判。引起左拉等知识分子和群众的抗议,并演变为一场具有历史深远意义的运动。(参见［美］伯恩斯《法国与德雷福斯事件》,郑约宜译,江苏教育出版社 2006 年版,封底。)

③ ［美］迈尔斯:《社会心理学》(8 版),侯玉波等译,人民邮电出版社 2007 年版,第 42 页。

④ 武斌:《思维方式中的非理性因素》,《社会科学辑刊》1988 年第 1 期。

⑤ ［美］墨顿:《心理学的故事:源起与演变》(修订版),李斯等译,海南出版社 2006 年版,序言第 7 页。

一 复杂性视域下非理性情感因素的贡献

20 世纪末，由汉迪（Handy, C.）撰写的一本名为《非理性的时代》的书曾一时风靡全球。事实上，汉迪是以复杂系统理论作为其论证基调的。他在书中一直强调：因为未来充满了大量的不确定性，是不可把握的，人们不能根据过时的信息来预测不确定性的未来，对于现时代的人来说已经没有了规律可言，有的只是经历而已。现在，人们唯一可以确定的就是不确定。回顾过去人类社会所走过的历史，人类的文明恰恰是由一个个偶然的非理性决定创制的。汉迪提到："现在的变化是无常的，而不再是确定的过去向未来的伸展，我认为，当变化是无常的时候，昨天的经验不但很少能够在明天的问题上奏效，甚至反而可能坏事。"[1] 汉迪还特别引用了萧伯纳（Bernard Shaw, G.）的一句话，并把它当至理名言般地来使用。"未来属于无理性的人，他们决不保守，对他们来说，只有不确定性是确定的，他们有能力和信心去思考完全不同的事情。"[2] 在另一本书中此一观点更进一步地表达为"萧伯纳曾经说过，所有的进步都依赖于那种非理性的人。他的观点是，有理性的人使自己适应世界，而非理性的人坚持试图让世界适应他自己。因此，对于任何重大的变化，我们必须依赖非理性的人。……这是一个大胆想象的时代，在个人生活、社会生活中想不可能之事，做不合理之事的时代。……细小的变化事实上会使我们的生活发生最大的改变，尽管这些变化在当时并不引人注意"[3]。

另外，在经济学研究中，学者们从来没有停止过对"非理性"研究的热情。近来，有学者特别分析了那些获得了诺贝尔经济学奖的主题，有相当一部分都是聚焦于非理性行为的研究主题上的。[4]

国内有研究者曾经提到："我国非理性研究上存在着线性研究方法问题……在我国的非理性因素研究中，由于受其思维方式的制约，一直没有摸索出一套行之有效的非理性因素研究的方法论体系，基本上滞留于线性

---

① ［英］汉迪：《超越确定性：组织变革的观念》，徐华等译，华夏出版社 2000 年版，第 17—18 页。

② 同上。

③ ［英］汉迪：《非理性的时代：掌握未来的组织》，王凯丽译，华夏出版社 2000 年版，第 4、4—5、5 页。

④ 孙绍荣等：《理性行为与非理性行为：从诺贝尔经济学奖获奖理论看行为管理研究的进展》，上海财经大学出版社 2007 年版。

的研究方法,即囿于某一层面的研究,而不是构成一种网络型的整体研究。"① 非理性必得用非线性方法才能多少有所了解。人性中包含着非理性因素,因而是复杂的,如果按韦伯最初所提出的那样人都是"理性人"② 的话,那人的世界恰恰就简单多了,而不会至今还让人自身感到如此复杂和始终捉摸不定。人,这个复杂构成体,不仅仅因为有形的肉体或身体才显得复杂的,更多的是那些看不见却可感受到的非理性因素使得人更为复杂化了。人是什么? 这一问题的答案不是能用确定性的实验方法可以一步步验证出来的,就像人们总是不能绝对化地把他自己划分为绝然的两类——好与坏——一样,捉摸不定的事物(或存在)用确定性的方法是难以把握的。而确定性方法作为一种事实上的简化法,把事物一步步简化到最小、最不可分之处,以为在那里就可以找到问题的答案,但有些事物自它们出现的刹那本就是作为一个整体出现的,是不可分的,那如何去把它分化乃至简化呢? 再有,这种具有整体性的事物是不可逆的、不可还原的,它本身的生成过程中充满许多不确定性和偶然性的因素,这些因素的出现或者是一次性的,再来一次,又会有其他不确定的因素出现,这样,寻求确定性就显得是徒劳的。

个体在形成或构建自己的教育学理论时,更多起主要性作用的不是在理性因素而是在非理性情感因素的参与下完成的。理性总是追求确定性的,而非理性的存在却增加了事物存在和发生的不确定性。世界上有什么存在可以自己研究自己呢? 答案是确定的:只有人本身。但是正如我们可以方便地看到除我们自己之外的人、事物,但却不能方便地看到自己一样,③ 人类在自己研究自己的同时,究竟能否研究清楚自己呢? 这里面有太多的非理性因素存在,因而更增加了它的复杂性。

---

① 郑伟建:《我国非理性研究的出路何在:谈非理性研究的前提及方法论》,《南京社会科学》1991 年第 1 期。

② 他认为,以最小的成本换取最大的利益这种做法体现了一种理性的决断。(参见〔英〕麦克利什《人类思想的主要观点:形成世界的观念》,查常平等译,新华出版社 2004 年版,第 1212 页。)

③ 我们不能方便地看到我们自己的脸庞、整个身体的外形,但却可以在一睁开眼睛(未失明者)的刹那可看到别人的脸庞和整个身体的外形,而对于自身却只能通过照镜子或别的什么方式,必得在眼睛直观之外还得再附加别的物件才能够辅助我们完成这项看到自己的活动。这个时候通过直接用眼睛看到的别人和除了用眼睛直观之外还要借以其他的物件反射或折射或别的什么作用,总之,是在看自己比看别人更多了一层工序的这一事实上,说明了人不能真实地看清自己。

复杂性理论中强调事物之间所具有的非线性影响，如果人作为一个整体而被视为一个复杂有机体的话，那么在他身上就存在着一种某一时刻的扰动给他的后继生活所带来的可大可小的影响性作用。非理性情感因素对人的活动所起到的作用较之人的理性运作来说，是较为微弱的。但这种日常式的判断并未被科学有力证实，相反，非理性情感因素对人的正确、有效行事、活动和作出创造性成果等，起到了远远比人们目前所估计到的要多得多。然而，非理性情感因素对人的正确有效行动甚或创造性活动的影响，又是具有一定的不确定特性的，它不像理性那么稳定，凡事目的明确，以现实利害攸关作为行事的思考起点及出发点。人的非理性情感的变化，易受到个体自身内外部环境刺激的影响，某一微小的扰动都有可能促成人的非理性情感因素的变化，从而又影响着人的决策、行为活动的变化。因而，以复杂性的理论观点来看待人的非理性情感因素在人的创造性活动中所作出的贡献，具有新的意义。

二 生命个体因具有情感而显其复杂

在弗洛姆《人类的破坏性剖析》中，他论述了人会因为非理性情感因素未能得以满足而自杀，但却不会因为性欲等生理需要未能得以满足而去选择自杀。① 这说明，非理性情感因素对于人的存在来说，占据着一个怎样显要的位置以及对于人的生存状态来说，起着怎样的决定性作用。因此，人文社会科学中的大多数知识都与情感表达直接相关，它们是在某种情感的支持下被创造出来的。人的情感表现并不仅仅存在于艺术作品之中。

由于情感对于人而言所具有的不可或缺性，我们不禁要反复地问：人的情感由什么来表达？回答是：必然有以知识和文字等来表达的一面。一套理论总是在一种情感中酝酿出来的，一种情感是一种知识的画布，是其底蕴。当我们初步涉猎西方近现代思想史时，我们会有一个最为直观的感受，"犹太人"，这个词作为一个具有整体性效应的符号不断地刺激着读者的视神经，继而是大脑里产生出来的无限困惑：为什么总是"犹太

---

① ［德］弗洛姆：《人类的破坏性剖析》，孟禅森译，中央民族大学出版社 1999 年版，第330 页。（注：2014 年此书的新译本为［美］弗洛姆《人类的破坏性剖析》，李穆等译，世界图书出版公司北京公司 2014 年版。）

人"? 似乎大部分的西方知识自近代以来都是由具有犹太血统的人在创造着。再经过更进一步地深入查阅文献后,就能发现有大量的文献显示:"犹太人"这样一个主题的方方面面正在被现在的具有犹太血统的人和其他血统的人研究着,主题丰富而多样。而本书则关注由愤怒引起的创作冲动,因为知识是一种情感的表达,而对于具有犹太血统的知识创制者而言,因为愤怒,他坚持了下来;因为坚持他获得了突破性的成果。

三 教育学理论因情感熔铸而显其生机

教育学的理论知识,作为人类知识的构成部分,也必然符合知识生成与创造的这种方式。"人首先追求的不是幸福、和平、得救、安全或知识,而是创造性的工作。自由表达自己的意志,把内心体会到的模式赋予外部自然界中那些拒不服从的物质。"① 索雷尔的这一观点受着柏格森生命哲学的影响是显而易见的,并且,从他对人的存在目的的理解上也能让我们了解到,具有犹太血统的知识创制者们,他们追求知识并创制出新的人类知识,正是出于要"自由表达自己的意志","通过自由而自发地创造性工作,进行自我实现和自我表达,不管它是个人的还是集体的——这才是与人的内在本质最接近于一致的生活目的"。② 这是在用另一种声音说话,用另一种有力的方式来证明自己的力量——作为一个不朽民族而存在的力量。

在教育学的理论知识中,能够代表着某种情感表达的经典著作,总是存在的。正如前面曾提到过的,自柏拉图的《理想国》③ 开始,学者们就不断在其著作中表达着他们脑中所构想的美好社会。卢梭的《爱弥儿》④表达的是他在自身所未拥有或其一生的缺憾未能实现的设想。斯宾塞虽然一生未曾结婚生子,没有养育过子女的经历,然而却给后人留下了蕴含着经久不衰的教育真理《教育论》。⑤ 自 20 世纪中晚期以来,对整个世界产生了震撼力的《被压迫者教育学》⑥ 也同样表达的是一种对极权、强权与

---

① [英]伯林:《反潮流:观念史论文集》,冯克利译,译林出版社 2002 年版,序言第 37页。

② 同上。

③ [古希腊]柏拉图:《理想国》,张竹明等译,商务印书馆 1986 年版。

④ [法]卢梭:《爱弥儿》,李平沤译,商务印书馆 1978 年版。

⑤ [英]斯宾塞:《斯宾塞教育论著选》,胡毅等译,人民教育出版社 1997 年版。

⑥ [巴西]弗莱雷:《被压迫者教育学》,黄志成译,人民教育出版社 2003 年版。

不公、迫害与精神奴役等的愤怒之声。这些都在一定程度上说明了非理性情感因素，对于知识的创造，乃至对于教育学理论知识的创造，如同理性认识对于人的创造性活动一样是不可或缺的。

美国著名神经科学家达马西奥（Damasio，A. R.），历经近 25 年的研究，在《笛卡尔的错误：情绪、推理和人脑》一书中提出："情绪和感受的缺失不仅会影响理性，它甚至可以摧毁理性，使明智的决策变得不再可能。……理性决策并不仅仅是逻辑思维的产物，还需要情绪与感受的支持。"[1] 近年来，情感社会学作为一个新兴的学科研究领域正在为越来越多的学者所推崇。"到 21 世纪第一个十年的中期，情感社会学非常明显地成为社会学微观水平研究的前沿，至少在美国是如此。"[2] 这些较为前沿的研究成果都在不同程度上表明，人的非理性情感因素对人的理性认识活动起着重要作用，而且是积极的正面作用；人们的情感、情绪体验并非仅仅是个人的内在心理体验，它的产生与持续具有群体性、社会性。

教育学的理论生机就在于，它的创制者身上所具有的非理性情感因素的参与。仅仅靠理性逻辑推断出来的教育学理论是无法想象的，也是根本不存在的，教育学的理论知识不是数理逻辑知识，它必得有人的非理性情感因素的参与和体现，也正如人的各种非理性情感因素在不同的时代、社会情境下，才生成性地创造出了符合那个时代需要的教育学理论知识，教育学的理论生命力正体现在创制它与使用它的人的非理性因素的必不可缺上。

生命活力不是靠沉闷而严密的理性逻辑认识得以体现的，而是因为非理性情感因素参与其中的创造过程，才显现出其勃勃的生机，教育学在理论上的生命活力同样也是如此。

---

① ［美］达马西奥：《笛卡尔的错误：情绪、推理和人脑》，毛彩凤译，教育科学出版社 2007 年版，内容简介。

② ［美］特纳、斯戴兹：《情感社会学》，孙俊才等译，上海人民出版社 2007 年版，中文版序言第 2 页。

下篇　实践篇

第 一 章

欧文的和谐教育实践[*]

欧文基于环境决定论，为实现其和谐社会的理想，曾为英国劳工及其子女兴办教育。受此启发，当前我国构建和谐社会背景下，对"城中村"农民工子弟学校与其所处社区间互动发展关系的重视，将更有利于农民工子女的教育与成长，更有利于城市社区安定团结与和谐发展。

英国工业革命时期，罗伯特·欧文（Owen Robert，1771—1858）作为一个社会改革家与社会思想家，基于改变人从改变其所处社会环境开始的认识论，于 1800—1829 年间在英国东部郡新拉纳克（New Lanark）兴办教育。这是欧文为实现其和谐社会理想，以改善劳工阶层悲惨生存状态及提高劳工子女素质为目标的举措。其目的是要建立一个理想的和谐社会，在那里没有压迫，没有贫穷，只有人与人之间的和谐美好生活。历史上评价欧文的社会改革方案是一种难以实现的乌托邦社会，是一种空想社会主义，但反观历史，今天仍有许多可供后人借鉴之处。

当前，构建社会主义和谐社会是我国各项事业向前推进的总目标。关于社会主义与和谐社会的内涵与特征，用 28 个字作简练的概括为：民主法治、公平正义、诚信友爱、充满活力、安定有序、人与自然和谐相处。基于此，在我国构建社会主义和谐社会，尤其是建设和谐社会主义新农村的时代背景最强音下，从追求公平正义的和谐社会总目标出发，应对都市农民工子女教育问题给予更大的关注，对位于都市"城中村"的农民工子弟学校与其所在社区间的关系给予更大程度的重视，这对于促进社会主义和谐社会的建设有着重要的积极意义。

---

* 原文发表于《职业技术教育》2009 年第 10 期，第 78—81 页。

第一节　欧文和谐教育的理想与实践

一　欧文和谐教育的理想

欧文是 19 世纪初三大空想社会主义思想的代表人物之一。欧文在 18 世纪法国唯物主义者关于人是环境和教育的产物的学说影响下，相信人的性格好坏是环境使然，改变生活条件即可培养任何性格，教育人即是培养其性格，通过人性的改造实现社会改良。[①] 同时，欧文又是个乐观主义者，对国家承担全民义务教育的责任寄予厚望，并且他认为即使是在 19 世纪早期英国当时的经济条件下，国家与社会仍有足够的能力来承担全民普及教育，并坚信通过教育，人们能够"得到充分的发展，具有高度的才智，团结一致，成为永远富足幸福、在体力和脑力方面具有卓越品质的人"[②]。在德育方面，欧文主张用集体主义的精神教育学生，要求学生认识到个人幸福必须与社会幸福相统一。[③] 由此可见，欧文为工人及其子女兴办教育，并非仅仅出于一个实业家为树立良好社会形象而捐资助学的义举，"他意识到，做一个济世行善的管理者，只会使社会潜在的不满情绪得到缓解而不能得到解决"[④]。因而，他的理想是做一个社会改革家，创造一个人人生活幸福的理想和谐社会。

二　欧文和谐教育的实践

欧文于 1789 年在曼彻斯特与人合开了一个工厂。1791 年他任一家纺织厂的经理，开始通过改善工人生活环境来改变工人性格的初步实验，取得了成效。1800 年他担任苏格兰新拉纳克纺织厂经理，开始进行大规模的改革实验。1816 年他把各种教育机关合并起来，建成"性格形成新学园"，系统地进行教育实验，并取得很大的成就。新拉纳克成了模范的移民区，被誉为"幸福之乡"。在这里，工人的精神面貌焕然一新，生产蓬

---

① 顾明远：《教育大辞典》（增订合编本），上海教育出版社 1998 年版，第 1163 页。
② 彼得·戈登：《罗伯特·欧文》，载［摩洛哥］扎古尔·摩西编《世界著名教育思想家》（第三卷），中国对外翻译出版公司 1995 年版，第 230 页。
③ 李明德、金锵：《教育名著评介》（外国卷），福建教育出版社 1992 年版，第 188 页。
④ 彼得·戈登：《罗伯特·欧文》，载［摩洛哥］扎古尔·摩西编《世界著名教育思想家》（第三卷），中国对外翻译出版公司 1995 年版，第 230 页。

勃发展，生活水平日益提高。各国的政治家、社会活动家、资本家、贵族和学者们纷纷前来参观，欧文一举成为欧洲最有名望的慈善家。^①他坚信良好的社会及工作条件能使人们聪明、理智和善良。如同美国著名教育史学家布鲁巴克所评论的：威尔士的罗伯特·欧文是所有美国倡导权利平等的例子中走得最远的一个。他要求学校里所有的孩子们得到同样的食物，穿上同样的衣服，得到同样的善待，教给同样的学科知识。一句话，不能遭受不平等，不能让他们因为富有而骄傲或因为贫穷而遭到蔑视，应该提供给年轻一代进入这种安全、平等、和谐机构的教育机会。欧文倡导国家所有的公共学校，都应该对孩子们负全责。^②这是一个基于普及教育的新社会景象的设想。经过在新拉纳克的成功实践，欧文始终认为"人的性格是塑造成的，是由社会环境（包括学校教育）所决定的，运用适当的方法可以为任何社会以至整个世界塑造一种普通的性格，从最好的到最坏的、从最愚昧的到最有教养的性格。欧文讲的'适当的方法'，从上下文意看，就是改变恶劣的环境，创造一个个人幸福与社会幸福互相促进的环境"^③。这种对儿童（尤其是对处于弱势地位中的儿童们）所处教育环境的重视，对今天我国建设和谐社区与和谐社会也有新的启发意义。

第二节　欧文和谐教育的新启示

欧文用来作为他的社会改革的行动纲领——环境决定论的人性观，以及他在这一思想指导下所创下的新拉纳克的成功教育实践，对改变农民工子女受教育环境，以及农民工子弟学校所处地理位置和社区之间关系具有新的启示。身处城市中的农民工子女，在受教育权方面，较之一般城市居民的子女来说，是处于弱势群体地位的。但随着国家对农村人口子女教育的重视，尤其在当前我国建设和谐社会的时代背景强音之下，位于"城中村"的农民工子弟学校必将能够得以改善。

---

① 毕诚：《中外教育名著评介》（第二卷），山东教育出版社1992年版，第1015—1019页。

② John S. Brubacher, *A History of the Problems of Education*, 2nd, New York: McGraw-Hill, 1966, pp. 43 – 45.

③ 李明德、金锵：《教育名著评介》（外国卷），福建教育出版社1992年版，第182页。

一　审视农民工子弟学校所处地理位置，环境决定论有新的现实积极意义

综观全国各大中小城市的农民工子弟学校，其校址大都位于城市边缘区或城乡接合部，即"城中村"。"城中村"是一个地理学上的概念，是在近年来中国城市化进程中，农民进城务工的潮流下，逐渐形成的一种农民工集中聚居在城市郊区的状况。"城中村"，按照字意而言，是在城市和村落之间存在的"混合社区"。有不少学者专门对此作过确切的界定，较为普遍地认为："城中村"顾名思义即都市里的村庄，就广义而言，是指坐落于城市之中或位于城市周边的、产业结构与职业结构都基本上已经非农化的村庄。其所具有的特点是：传统性与现代性、村社性与城市性相互交错混合，亦即非城非村、亦城亦村的社区共同体。① 较为普遍地，由于社区资源匮乏，位于"城中村"的农民工子弟学校的教育质量不高，其学生的家庭教育辅助也有所缺失，尽管他们的父母渴望让他们求学，但父母往往无力对学生的学业给予帮助。② 农民工子女所面临的这些问题，通过现实生活中的观察可以较为直观地了解到：一方面，由于农民工家庭在经济状况上不太乐观，在这样的家庭里，父母每天外出拼命干活赚钱，在课业上疏于对孩子的督促，容易使家庭教育出现问题。另一方面，父母限于本身受教育程度、家庭因素与对教育子女的认知态度等，对农民工子弟学校学生的成长与学业发展都是不利的。不少实证调查结果表明，农民工家长身上所表现出的较为典型的特征有：认为教育无用，或认为教育是学校的事情，家长只负责让孩子吃饱穿暖即可。其中，农民工家长无法协助其子女形成良好的城市生活适应能力，从而形成文化不利环境的恶性循环，这是最明显的不利方面。由是观之，人的成长与其所处社会环境之间存在着难以分割的相互关联性。环境决定论有片面的一面，但从辩证唯物主义具体问题具体分析出发，今天再回过头来重新审视欧文终其一生所极力推崇的环境决定论，在主体所处的环境确实亟须加以改善时，所具有的合理性一面就凸显了出来。换言之，环境决定论的合理性在于，当主体所居外在环境成为影响其发展的主要矛盾同时是主要矛盾的主要方面时是成

---

① 蓝宇蕴：《都市里的村庄：关于一个"新村社共同体"的实地研究》，博士学位论文，中国社会科学院研究生院，2003 年，第 3、5 页。

② 瞿葆奎主编：《教育学文集·教育与社会发展》，人民教育出版社 1989 年版，第 456—458 页。

立的。当前，"城中村"农民工子弟学校的地理位置及其所处社会环境，有上升为种种矛盾中的主要矛盾的主要方面之势，因而必须引起外在社会环境的重视。

二　透视农民工子弟学校的环境生存空间，实施公平教育应从改善学生生活环境开始

就读于"城中村"农民工子弟学校的学生，并未充分享受到由国家提供的免费义务教育措施。他们的状况与境遇并不一定好过"留守儿童"①；"城中村"农民工子弟学校的教育质量也未必好过当前构建和谐社会新农村背景下县乡学校的教育质量。教育成层论显示，学校教育有着促进其社会成员向上流动与向下流动的双向功能，然而，在这方面，农民工子弟学校却只具有单向的功能——只有促进其成员向下流动或复制其原有社会身份，而不具备促进其成员向上流动的功能。"城中村"农民工子弟学校是一种处于隔离状态下的学校运营方式，不论是在文化上还是在生活环境上，他们都处于一种被隔离的状态，这种主要在文化上的隔离状态非常不利于农民工子女的成长。

一方面，从农民工子弟学校的办学性质来看，是一种民办私立学校，虽然收费较低，但入读的学生仍须缴纳一定学费、书本费等。鉴于这种学校的民办性质，再加上其办学经费有限，他们有被排除于国家教育系统各项教育措施之外的可能，大部分公共资源难以得到利用，比如"奥林匹克"数学竞赛，由国家教育部组织的国内或国外夏令营，书法、绘画、歌舞大赛等。诸如此类的公共活动，即使向农民工子弟学校的学生开放，他们也仍是难以进入，因为他们没有良好的学校环境而得到有利于此方面才艺的熏陶，没有良好的师资来对其进行启发或挖掘。

另一方面，正如奥苏贝尔（Ausubel, D. P.）曾经指出的那样："除非文化不利学生在求学早期就受到特别的注意，否则，阻滞了其智慧发展的环境的缺陷，将致使他在学习一种为中产阶级儿童设计的课程时体验到越来越多的困难。"② 事实上，我国现行的中小学课程设计与教材设计，

---

① 留守儿童，指父母外出进城打工后，留在家中的孩子，主要在农村，他们被称为留守儿童。

② 瞿葆奎主编：《教育学文集·教育与社会发展》，人民教育出版社1989年版，第460—461页。

不论在内容或价值观取向上都是以社会、经济地位处于中等偏高层次的城市学生为对象来进行设计的。这样奥苏贝尔所指出的状况就会在农民工学龄儿童身上成为现实。按奥苏贝尔的观点，弥补这一恶性循环的方法，即"给予他们同其他儿童具有相同的教育机会，在学校里给他们以更多的注意"，但奥苏贝尔却又指出："最后，这些教育计划事实上使隔离永久存在。这是作为一个整体的国家必须承担的一项工作。学校不能单独进行。"① 可见学校与其所处环境间的相互牵制关系，是极其复杂的。由此，欧文对儿童受教育环境的重视，实际上是对学校教育与其所处社会环境之间关系的重视。

　　欧文的新拉纳克实验学校在教育实践经验上的成功，实际是一种成功的社区教育实践。同样，位于都市"城中村"的农民工子弟学校可被视为一种社区②内的学校，与其所在社区间的互动影响与发展关系应受到更多的关注。目前，在全国上下一致为全民公平教育而积极努力的社会背景下，对于"城中村"农民工子弟学校的改善与建设，应首先从改善其所在地理位置与外在社会环境开始，把其与社区建设联系起来思考，将更有利于农民工子女教育状况的改善，有利于农民工子女的健康成长，同时也有利于社区安定团结的发展，乃至有利于整个社会的和谐发展。

---

① 瞿葆奎主编：《教育学文集·教育与社会发展》，人民教育出版社 1989 年版，第 461—462 页。

② 这种社区并非严格意义上按行政制度划分出来的社区，而更偏向于指事物与人的外在生存空间。

第 二 章

密尔功利教育的非功利性价值内蕴[*]

真幸福内含至善，与功利计算无涉，但活在现实社会中的人却总难免计算。按照功利主义计算与权衡幸福的原则，人不可能真正拥有幸福，对幸福的计算与权衡致使人欲求幸福必致乌托邦结果宿命。同样，功利主义教育幸福观下的人的培养，亦不能实现人的真正的幸福，建立在功利主义计算之上的"教育——为了人的幸福"只能是一种必然的终结。功利主义伦理幸福观发展至今，仍然坚守"最大多数人的最大幸福"原则，以此作为达到人我之间利益平衡的最佳理想状态，但这种理想却深深陷入了计算与权衡的泥淖。本章将紧密围绕这一主题进行详细论述。

第一节　功利主义的幸福观

自近代西方功利主义伦理幸福观创立以来，历经近三百年的历史，以集大成者约翰·穆勒的观点为代表。功利主义的幸福观认为：人的本性都是追求幸福的，幸福就是获得快乐和免除痛苦。幸福是一种利益，各人的幸福就是各人的利益，追求幸福的要求使人成为利己的。但在人性中又有一种强大的欲望即社会感情，这种感情使个体人内心渴望融入整个人类社会中，不再做损害他人和社会的事情，而要求人们以公共利益为行为目的，以增进全体人的幸福为行为标准。因此，穆勒提出应以增进还是减少社会幸福作为善恶标准，以"最大多数人的最大幸福"为最高道德标准[1]。20世纪中期，西方哲学界普遍将幸福与肉体的快乐和由此达到的心

---

* 原文发表于《高教探索》2008年第2期，第28—31页。

① 《心理学百科全书》编辑委员会编：《心理学百科全书》，浙江教育出版社1995年版，第2275页。

境密切联系起来。到了 21 世纪，目前的发展趋势是，越来越多的哲学家在论述幸福时倾向于用"愿望"、"享受"、"满足"等词汇来代替"快乐"一词。然而，在功利主义的幸福观看来，幸福即是一种纯理性的计算。① 功利主义的幸福观，认可利益最大化付出最小化为最幸福的状态，当赢利或获利的时候就是持功利主义立场的人感到最幸福的时刻。"所有人基本上都是明智的，在理性上是自利的行为者（Rationally Self-interested actors）。这也就是说，我们以最广泛和最快乐的方式去寻求满足我们欲望的方式，并且用可能最有效率的方式去分配我们可用的资源，如金钱、天赋、权力等。"②

以上对功利主义历史的简略回顾，我们不难看出，至今功利主义幸福观实际上具有两方面经典性的含义。一是功利性原则具有亘古不变的恒常有效性。功利主义评判原则，对人类社会的过去有用，现在一样有用，将来也有用。二是功利性原则具有依据人性趋利避害本性而得以成立的可信性。功利主义的目的论，也即结果论，是与人性相符合的，因为人类具有目的性是一种被普遍接受的事实。"所有生物都具有目的性，而人类则不但具有目的性，并且还意识到他们的目的性。"③ 人所具有的趋利避害本性，到目前为止，已被公认为一个常识，这为功利主义幸福观的经典性在一定程度上找到了依据。然而，何谓功利主义的幸福原则呢？边沁解释说："功利原则承认人类受苦乐的统治，并且以这种统治为其体系的基础，这种体系的目标在于凭借'理性'和'法律'之手以建树福利的体系。"④ 边沁把人们在苦乐的驱使下所得到幸福的多少，作为衡量人们行为对错、善恶的道德标准，苦乐计算实是一种利益得失计算。问题的关键不仅在于人怎样自利而避害，人又在追求自利时怎样处理和对待与别人相冲突的利益，这同时也是人类的一个幸福计算过程。概而言之，按照功利主义幸福观，利益的获得能使人感到快乐，感到快乐就是人的幸福。

---

① ［澳］斯马特、［英］威廉姆斯：《功利主义：赞成与反对》，牟斌译，中国社会科学出版社 1992 年版，第 3 页。

② ［美］罗伯特·保罗·沃尔夫：《哲学概论》，郭实渝等译，广西师范大学出版社 2005 年版，第 285 页。

③ 盛庆琜：《实然/应然鸿沟：自然主义和效用主义》，《伦理学》2003 年第 1 期。

④ 周辅成：《西方伦理学名著选辑》（下卷），商务印书馆 1987 年版，第 211—212 页。

第二节　功利主义的教育幸福观

功利主义者认为要让人获得幸福，必须通过教育的作用，教育在功利主义下成为一种获取幸福的手段和工具。1819 年 8 月 16 日的《时代》（伦敦版）发表社论：由亨利·杭特在圣彼得广场号召的激进改革呼声涨起，亨利作为倡议人，他提到，工人暴动是 19 世纪社会改革运动的一个主要特征，但是这一重心被中产阶级的思想家们的理论改变了，尤其是杰米利·边沁、詹姆士·穆勒。至今，所有的社会改革都有一个重要的道德特征，尤其是在教育方面，基于某种形而上学的假设。"最大多数人的最大的善"，这个陈述使得边沁成为那个时代主要的激进派的代表，并且他的功利主义思想为教育改革提供了一个具有奠基性作用的理论。据此，随后的社会改革中，教育都占据了一种积极的中心位置。[1] 事实上，此时，教育平衡了各方利益，使处于低水平状态的社会阶层得到了提高，同时也使处于高水平状态的社会阶层得到了一定程度的降低，从而中和化了一些存在于二者间的矛盾。

由此我们了解到，功利主义的核心思想"最大多数人的最大利益（幸福）原则"在英国促进了民众教育的实施速度和范围，普及了英国的民众教育。然而，功利主义的教育幸福观却曾让约翰·穆勒在精神上产生过危机。"不足为奇的是，最后约翰·穆勒在这种严格纯理论训练的压力下崩溃了。"[2] 很明显，功利主义的教育是一种纯理性的教育。约翰·穆勒的早期教育是其父詹姆士·穆勒与边沁功利主义哲学观下的"教育实验"对象。约翰·穆勒从 3 岁到 14 岁短短几年间就学了古典文学、语言和历史等，他所达到的学识水平已远远超过了同时代同辈人学识水平的四分之一世纪。但这种高强度的学习，虽然使约翰·穆勒获得了较大的成就，却也让年轻时代的他为此付出了代价——约翰·穆勒在二十几岁时曾陷入较为严重的精神困境。他把这一身体垮掉的原因归咎于过分强调分析

---

① James Bowen，M. J. Bowen，"A History of Western Education"，Vol. 3，*The Modern West: Europe and the New Word*，London：Methuen & Co. Ltd.，1981，p. 286.

② ［美］罗伯特·保罗·沃尔夫：《哲学概论》，郭实渝等译，广西师范大学出版社 2005 年版，第 284 页。

而没有感情上的平衡发展。① 以上表现在功利主义大师约翰·穆勒身上的这一特例具有典型代表性，它显示出了极致的功利主义教育幸福观的核心追求——以最快最有效的方式在最短的时间内获取最大量、最有用的知识。但是，诚如约翰·穆勒在后来的自我反思中所表明的，这种极致的功利主义教育幸福观对他是益害参半的，甚至若不是在他生命中所出现的泰勒夫人——这一偶然性相遇（这种相遇不是约翰·穆勒的父亲及边沁为其设置好的功利主义式教育所能规划的）使他的命运有所改变，约翰·穆勒的一生都很有可能毁于这种功利主义教育幸福观。

功利主义，幸福，教育，在什么时候能够相互融合呢？宏观上而言，当财富作为教育用途时，功利主义及幸福主义就二者合一，最大多数人的最大幸福的社会福利国家，于焉完成。② 由此，我们可知，功利主义的伦理幸福观，即最大多数人的最大幸福才是人类的真幸福、教育的目的是使人获得幸福等核心观点，有一定的现实依据，至今在理论上难以彻底否定。但是，在功利主义的幸福观下，教育难以让人获得真正的幸福，因为功利主义所欲求的幸福——最大多数人的最大幸福，是不可能实现的，建立在功利主义计算之上的"教育——为了人的幸福"只能是一种必然的终结。

第三节　功利主义教育幸福观的终结

一　人的功利价值观与人欲求幸福的愿望相冲突，教育难以承担让人获得幸福的使命

首先，幸福感源于人们对利益得失的评判，这一评判法则就如同牛顿力学中的万有引力定律一般，人（任何物体）存在于地球上总是会被万有引力所吸引，与此相似，人也总是被利益的得失评判所吸引而围绕着这一引力行事。③ 但是真幸福不是计算、比较得来的，如果要比较，人就会成为一个活在幸福之中的痛苦的人。人的一生都在追求幸福，而人的内心却从未体会过真正幸福的滋味，幸福对于人来说永远都是一种追求而已，

---

① 林玉体：《西方教育思想史》，九州出版社 2006 年版，第 504 页。

② 同上书，第 515 页。

③ ［法］哈列维：《哲学激进主义的兴起：从苏格兰启蒙运动到功利主义》，曹海军等译，吉林人民出版社 2006 年版，第 9 页。

这是一个不断前行的动态过程，永无止境。正如人们看到了美丽的彩虹，想去追逐它，但不论做出多大的努力，却都永远只能看得到它，而不能把它握在手里一般。从这一角度而言，幸福如同彩虹——人追求幸福就如同人追逐彩虹一般，这其实只是一种虚幻，因为人所欲求的幸福本来就是与现实世界有一段距离的。如是观之，不是人没有幸福，而是人对幸福的界定和计算方式使得幸福成为了一个动态不定的、走向了虚无的概念，彼一时的幸福概念并不同于此一时的幸福概念。

其次，利益将人们聚拢到了一起，却又使得人们之间相互倾轧、相互猜忌、相互陷害、相互斗争。当人们按照功利原则指引自己行事时，为了获得自己想要的利益而会有损害别人利益的情况出现的可能。这一问题实际上就转化成了如何处理个人利益和他者利益之间的关系问题。受功利价值评判的羁绊，人怎样获得内心的真正自由？而当人内心获得自由之后，他就可谓是处于幸福的状态之中了，达到"从心所欲，不逾矩"的状态。教育的真正目的与作用是培养自由的人（包括身与心两方面），但是，以功利计较幸福得失的人又如何获得自由，如何获得内心真正的幸福呢？即使是努力追求公平与正义的合理利己主义下的幸福观，也时常会被问及：谁之公平？谁之正义？因而也终究难以摆脱以自己为中心的功利评判窠臼。连合理利己式的、奠基于公平权衡之上的幸福也是按功利原则计算出来的，人何以会有自由，会感受到真正不受任何羁绊的幸福呢？

最后，进而论之，人在追求幸福的过程中不可能逃脱功利主义式的计算，凡人皆如此，但是，由功利主义式的幸福判断公式，只能推导出人的幸福是永远的乌托邦状态，不可能真正实现，也不可能真正获得。人的这种功利计算是无穷无尽的，永远也不可能到头。一次计算结束了，紧接着又会出现下一次计算，人的一生是在绵延不断的持续性利益得失的计算过程中走到尽头的。生命结束，个人对幸福的追求停止了，利益计算也随之停止。从这一角度而言，也可以说，幸福是一次性体验，是一种短暂的心理感受，但却不是能够长久保持的心理状态或内心体验，人们不可能拥有长久的幸福，而只能处于短暂的幸福状态之中。幸福短暂论（或幸福一次性体验论），表明的是幸福体验的不可多次重复性，次数多了人就不会有幸福感了，只有"少而精"才能使人有幸福感的体验，"多而滥"就会让人丧失幸福感。因而，如果说真幸福是一种长久、持续而稳定的内心自由状态的话，这种短暂的一次性幸福体验就不能算作是真幸福。

以上所述人的功利价值观与其欲求幸福愿望相冲突的各种状态表明，带有功利价值观的教育不能培养出内心真正自由的人，功利主义式的教育难以担当让人获得幸福的使命。

二　功利主义价值评判下的幸福与善行始终相冲突，教育难以调节这一矛盾

首先，带有个人功利的企图似能促进社会整体进步，但却与道德善的要求相冲突。亚当·斯密在《国富论》中曾经提到："通过追求个人自己的利益，他所促进的社会利益经常要比真正有意推动时更有效果。那些喜欢为公益奔走的人，我从来不知道他们究竟做出了多大贡献。"① 从这一视角看，有功利心没有什么不好的。然而，道德所要求的是要人做好事，而人是以利己为第一目的的，人所追求幸福的过程就是一个自利的过程，在此过程中，人的行为或有与道德要求人做好事相冲突的一面；而真幸福的含义中必有善，在追求个人幸福的过程中没有做过坏事的污点（哪怕仅仅是做过一丁点对不起他人的小事），如果有过这样的记忆或记录，一个人是不可能会有真幸福感的。真幸福必然包含了善，既然真正的幸福是内含至善的，而幸福之中又必然含有利益的追求与获得，那么获利与行善就不应该是相互冲突或矛盾的。这可以理解成行善是获利的一个工具，或必然性所在，因为真正的幸福之中同时包含了利益和善行这两个要素，所以要想真正地获得问心无愧之利益，即含有善的幸福，那么寻求真幸福的人们就会尽量选择善的行为，而将损害别人的利益减至最低。可就是因为人们对自己的利益与别人的利益的权衡，使得人在追求个人的幸福时难以获得真幸福。利益作为一种对资源的占有，总是有限的，对有限品的分配或争夺就是利益纷争，利益纷争演变成各人的利益追求，个人利益追求就是个人对其自身幸福的追求，这样的话，人如何获得真正的幸福？

其次，善即对他者的利益割让，这使得人复又陷入了利益计算与权衡的困境。在利益的追求过程中，人不可能做到完全的善，因为善意味着一种对自我利益的割让，而人若舍弃一定程度的自我利益，大到他自己能接受的程度范围之外，他就会为之而痛苦，不快乐。另外，人所愿意割让出

---

① ［美］罗伯特·保罗·沃尔夫：《哲学概论》，郭实渝等译，广西师范大学出版社 2005 年版，第 287 页。

来的自身所拥有的利益，在他人看来又是远远不够的，所以，人不可能获得真幸福。因为人对幸福的界定和人对幸福的追求过程之间是相矛盾的，真幸福要求最大限度的善，而将对别人利益的损害减至最低，甚至于是零伤害，人才可能获得真正的幸福感。但是，人在追求自己的利益时，不可能做到完全不伤害别人的利益。利益作为一种资源是有限的，被一个人占去的不可能再被另一个人同时占有，这样，自己的获得就是别人的失去，因而，人我之间的矛盾随之产生。在此过程中，人如何获得真幸福感？自己获得的比别人的少肯定会不快乐，同时，自己获得的多又会因为看到别人的失去也会不甚快乐。那么，只有均富或均衡才会是人皆快乐的完美状态吗？然而，均富贵就人类社会所走过的历史看来，极有可能是个自始至终的乌托邦，难以实现。这个结论不难推导，人人皆知，人类所拥有的资源始终是有限的，资源的有限导致了均富贵现象的难以实现，因而，任何人都不可能拥有真幸福。如果某个拥有最多资源的人一定要说自己是最幸福的人，那么他只是拥有了世界上最大的财富总量而不是拥有了世界上最大的幸福总量。当他拥有世界上最大的财富总量时，他反而会有孤掌难鸣的感受。鹤立鸡群未必是一种很好的状况，虽然自己优越，但自身所面临的世界却满目疮痍，这样的财富拥有者又能感受到真正的幸福吗？很明显，即使是最优秀的学校教育，也无法教给学生如何调解这一矛盾的办法。

三　日常生活行事准则式的功利主义利益权衡观，致使教育幸福目的观沦为虚幻

功利主义的利益权衡观是人们行事和计算得失、幸福与不幸福的普遍存在的日常生活准则，即功利原则的现实生活本性。虽然，现在人们能够认识到，功利主义的幸福评判准则是有着一定的"内在逻辑困境的"[①]，但它仍然是人们在现实生活中行事的一个重要原则，思考和行为的动因所在，然而这恰恰使得人不可能真正拥有幸福的感觉。因为只要人们从开始计算幸福的那一刻起，人们就已经在远离幸福了。幸福以这种方式来计算的话，幸福对于人们来说就永远只是一种乌托邦式的处于理想状态中的追

---

① 龚群：《对以边沁、约翰·穆勒为代表的功利主义的分析批判》，《伦理学研究》2003 年第 4 期。

求。乌托邦状态总是美好的，因而，在各种乌托邦理想社会中总是会必然地含有对人类处于幸福状态时的空想式描述。现实中，人始终是没有真幸福可言的，有的可能只是一种获利时的快感，这种快感既不持久又总是变动不居的，难以保持平衡与稳定不变，转瞬即逝。对于人来说，幸福即无（Happiness is nothing）。

同样，在此情况下，教育的幸福目的观也只能沦为虚幻。教育的终极目的是追求使人获得幸福，达到内心的真正自由，让人懂得什么是幸福，培养人具有追求幸福的能力。但事实上只要有功利主义的评判存在于人的内心，教育就永远也不可能使人获得幸福，更不可能教会人明白什么才是真正的幸福，追求什么样的幸福才是真幸福，具备什么样的能力就距离真幸福越来越近。正如以上所论述的，这种状态首先是源于人类对幸福大前提的界定是虚幻的，继而，教育作为一种培养人的方式，在这种虚幻式的幸福欲求总目的下亦不可能实现真正的人的幸福。所以，功利主义价值观下，人没有真正的幸福可言，教育也不可能使人懂得什么是幸福，无法使人获得真幸福。最终，功利主义幸福观下，"虽然教育对人的幸福的影响是有的，但其影响却是十分的少"①。

---

① Alex C. Michalos, *Education*, *Happiness and Well-being*（http：//www. oecd. org/dataoecd/ 22/25/38303200. pdf. 2007 – 09 – 11）.

第 三 章

叔本华之尼采的教育实践

第一节　何谓真教育者

一　因深切理解个体的责任式自由而与时代保持着某种距离

真教育者与其所处的时代保持着某种距离，因为正是这种距离才产生了精神贵族，他们敢于批判时代弊病。要了解清楚叔本华作为哲学家的教育者（a Philosopher-educator）与解放者（Liberator）的形象，根据尼采的观点，非常明确的是，他的教首先是不合时宜的。真教育者教人做不合时宜的思考，这是他唯一的教学内容。"叔本华的教育，跟时代对抗——因为我们具有一个有利的条件，可以通过他来真正了解这个时代。"①

尼采通过讨论个体生命的价值与意义问题来澄清这一观点，他认为个体生命的价值与意义是具有历史情境性的。因此，个体在寻求其更高的自我时，需有不合时宜的沉思（指不合于个体所处的时代）。从不合时宜的沉思这个角度出发，个体生命的价值与意义问题就变成了这样一个问题："人类的生命如何能够在所有时代让'最低限度的人'（Least human）获得最高的价值与最深的意义？"②"不合时宜的人"就是适合做真正的教育者的人，因为，这是真教育者所意识到的一种对于社会所负有的自我责任。

在尼采那儿，自我责任总是预设着公众斗争的存在，于是，各种个体卷入到彼此之间的斗争中。在《作为教育者的叔本华》中，我们可以看到尼采对反体制的强调，这表明了，可持续性的文化是由那些批判性元素

---

① ［德］尼采：《悲剧的诞生》，黄燎宇译，漓江出版社 2000 年版，第 176 页。

② Nietzsche, Friedrich, "Schopenhauer as Educator", *Untimely Meditations*, edited by Daniel Breazeale, translated by R. J. Hollingdale, Cambridge University Press, 1997, p. 128.

组成的。对个人自由的理解与对个人责任的理解，在尼采那里，复杂程度是相同的。作为个体的建立在责任上的自由是具有贵族气质的一种内在感觉，它能够将自我与他者相区别。正因如此，作为责任的自由应该理解为一种张力，它充盈在个体自由中。自由并非完全不考虑责任，但也不是时时刻刻都是在考虑责任之下的自由，责任式的自由作为一种张力充盈在个体的整个自由中。人的自由也是分类的，至少可以分为责任的自由或称部分的自由，完全的自由或称绝对的自由。

在《作为教育者的叔本华》的开篇，尼采界定"作为责任的自由"问题，就像是在对每一个人掀起的对存在的挑战一般。但是，即使将来没有给我们任何希望——我们始终是现在存在于这里的事实，必定会促使我们产生最强大的动机来按照我们自己制定的法律与标准而生活：为什么我们恰恰是生活在今天，而不是在拥有全部无限的时间内存在？为什么我们拥有的仅仅只是短暂的今天，它让我们现在就看到我们是为什么和怎么样结束我们所拥有的现在的，而不是在其他别的时间。这些是令我们感到费解的事实。我们为自己的存在负有责任，因此，我们想要成为掌握自己存在的舵手，拒绝让我们的存在看上去像一个偶然发生的事件那样愚蠢。对于尼采而言，作为责任的自由存在于每一个体身上，且是以独一无二的形式存在于个体身上的。作为责任的自由总是在情境之中，因而它是因情况而异的出现，它不像自我完善的能力那样能够决定个体的内在道德价值。尼采的个体道德价值问题仍然是开放的，它会在个体与责任不断地产生冲突中重新生成。

二 真教育者的生命行动之影，深沉而持久地隐匿于文本中

真教育者的生命行动之身影，持久地隐藏于文本中，有心的后人需拨开言辞的迷雾才能得以领悟其真教育。真教育者通过生命行动来教，而非通过言辞。在学习者与教育者之间，只有默契，在这种默契中，言辞是多余的。尼采回忆的并非仅仅是他所遇到的叔本华，并非仅仅是一个"真正的教育者与培养者"是自由的，是具有决定性的，《作为教育者的叔本华》也是献给叔本华的，因为他以一个活生生的例子印证了尼采心目中的作为教育者与解放者的哲学家形象。

尼采对叔本华做出的贡献，不是在于他对叔本华哲学作品的注解式阐释。叔本华的哲学作品在《作为教育者的叔本华》中是缺席的，但尼采

的这一安排正是要让叔本华以"活生生的形象"（the living man）出现。①
在原文中，尼采清晰地表达了一种新的哲学记忆，这种记忆记住的是哲学
家的生命而不仅仅是其作品。叔本华似乎激发了尼采思考这个问题：
"'在一个需要拯救公共意见的时代'，一个哲学的生命如何能够重新获得
最高的价值与最深的意义？"② 按照尼采的理解，是将叔本华视为活生生
地践行了最高的价值与最深的意义的哲学家。尼采追溯了他与叔本华第一
次相遇时其留在他心目中的印象，这次相遇发生在尼采第一次读到叔本华
时："第一次我无法做出形容，就好像叔本华真的使我从生理上变成了他
似的，那种魔力般的力量从我体内流溢出来，这种感觉时时重现着，我后
来分析，叔本华其实给我留下的印象主要由三种要素组成：一是他的诚
实，二是他的欢愉，三是他的坚定。"③ 这一段所强调的是"第一次，就
好像是看到了叔本华的真人一般"在"第一次匆匆一瞥"与叔本华在文
本里相遇，暗示着尼采鼓励培养一种新的识别能力，一种新的聆听与接触
伟大人物及其作品的方法。尼采想要他的读者变得更加精力集中以至于发
现并察觉出文本中通常被我们忽视的东西，因为我们总是以阅读"报纸"
的状态来阅读伟大的作品，或者是人们常说的"不是通过活着的人而是
通过公共意见来使伪人（pseudo-men）占统治地位"④。沉默中，词与说
都不需要，尼采与叔本华在最本真的意义上接触，在叔本华的哲学作品
中，他充分感受到了叔本华的诚实、欢愉和坚定的品性，并以此作为榜样
而学习。

尼采的榜样角色并未提供一个具体的表象，一个人应该怎样生活或应
该渴望什么，因为它不是联结着个体与其榜样的更高的自我的抽象表征，
尼采描述他与叔本华之间的关系证明了这一点。他与叔本华之间的开放性
是一种"神奇的流溢"（magical overflowing），这成为了他们直接的相遇，
并给他带来了巨大的影响。他们之间的联系既不合理也不适当。相反，受
触动的尼采将叔本华的美德立即在他自己的身上体现出来，而不是在后来

---

① Nietzsche, Friedrich, "On the Uses and Disadvantages of History for Life", *Untimely Meditations*, edited by Daniel Breazeale, translated by R. J. Hollingdale, Cambridge University Press, 1997, p. 67.

② Ibid. , p. 135.

③ Nietzsche, Friedrich, "Schopenhauer as Educator", *Untimely Meditations*, edited by Daniel Breazeale, translated by R. J. Hollingdale, Cambridge University Press, 1997, p. 130.

④ Ibid. , pp. 147, 128.

经过反思之后他才获得这些美德的。

此外，尼采与叔本华之间这种文本上的相遇并非抽象的，而是有很深的体验感与亲密感。尼采说道："虽然这是看起来对待它的似乎愚蠢的、不庄重的方式，但我理解叔本华就好像是我自己在写作一样。"[1] 尼采用父亲与孩子的关系、教育者与其学生之间的关系来比喻叔本华与他之间的亲密关系。对于尼采而言，与叔本华的相遇使他获得了解放，尽管他不能把自己的这种感觉亲自对叔本华说出，他们间的时间距离如此之大。尼采认为只有在叔本华那儿，他才看到了一个活生生的人，他将叔本华放在了较高的等级位置上。将叔本华视作权威，因为他视他为一个远距离的、优秀的教育者，同时也因这个事实：每一个体的更高自我是非常私性的、隐蔽的，难以接待其他人进入，包括那个外在的自我。尼采指出现代大众社会正是因为缺乏距离，因而我们才需要培养人们具有贵族情感（aristo-cratic sensibility），它不仅包括让个体具有优秀的"最高的价值"、"最深的意义"，而且要保证让个体总是以一个开放的自我来生活，按这样的价值与意义去践行之。真正的教育者应与现时代活着的人们保持着一定的距离，因为唯有距离能使人产生高贵的气质，同样，真正的教育者也只存在于伟大的作品中。后人是通过深度阅读文本去了解其教育者，并无限接近那个深层的自我，在此过程中，个体认识自我的程度加深，而使个体有所醒悟的真教育者形象也在逐渐明晰化。真正的教育者存在于真正的学习者内心深处，而不一定能在现实社会中找到具体的形象。

三　真教育者是天才、榜样与范型

尼采将"天才"指涉为超越了个体自我的某种状态——根本的自我，并且如果没有它，自我的独特性就不可能是"能产的"（productive），"天才"在尼采那儿有两层含义，第一层指的是反民主与平等的文化，第二层指的是贵族政治与非平等主义的方面。[2] 在一个放眼望去皆同一的年代，尼采为个体的特殊性与差异性进行辩护是理所当然的。那时，人们将民主理解为文化概念，特殊性被理解为贵族式的。尼采就像后来的阿多

---

[1]　Nietzsche, Friedrich, "Schopenhauer as Educator", *Untimely Meditations*, edited by Daniel Breazeale, translated by R. J. Hollingdale, Cambridge University Press, 1997, p. 133.

[2]　Ibid. , p. 163.

诺、霍克海默、勒维纳斯及其之后的左派害怕极权主义一样地对"同一"感到害怕，因而将之抛弃。"为了成为时代的天才而活"鼓励的是培养精英意识，这种意识欣赏每个个体的差异性；与此相反，政治民主感让人看到的是同一性与平等性，结果，它使人不能获得最高的价值与最深的意义，以至于不能使每一个体的独一无二的特性得以发挥。

为了回答怎样让一个人的生命获得最高的价值与最深的意义，尼采说"只有通过你是为了最稀世的、最有价值的榜样而活——不是为了大多数人，那即是说，这个人是一个个体，至少是有价值的榜样"①。尼采将"最稀世的、最有价值的榜样"从"大多数人"中区分出来，这反映的是尼采的人性观，他认为人性是有优劣差别的。人是这样，社会也是这样。基于这样的观点，那么为了最稀世的、最有价值的榜样而活就意味着为了整个人类的善性而活，而不是为了既存的社会而活。根据尼采的看法，只有通过圣化某人的人性而不能指望圣化既存的社会首先去改变，最有价值、最深奥的意义来自个体的自我生命。

要更进一步理解尼采的"更高的榜样"对其他人的价值，这就涉及每一个体"最高的价值"与"最深远的意义"。尼采说他的这一洞察来自对世界上的植物与动物的观察，它们总是向着其种类中最稀有的品种进化，因为这些品种如同榜样一样提升了所有生命的价值。当尼采在回答个体生命的价值与意义时，他似乎是在说社会及其目标乃在于"一些东西能够通过观察世界上的动物与植物而学习到"。这种价值的提升意味着增加生命的多样性与复杂性，更高的榜样对于所有的他者而言都是有价值的，因为他们"用新的有活力的自然丰富了自然"。因此，赋予个体生命最高的价值与最深远的意义，不是让个体增加其道德上的完善度而是让个体增加其多样性与多元性。对于尼采而言，让多元化的生命获得更高的榜样是最重要的，这不仅是因为它反映了个体与他者之间自由的关系，而且还因为它对他者产生了解放性的影响。从自我到更高的榜样间的自由，不是更高的道德，而是增大了个体生命更高的价值与更深的意义。

尼采所使用的"榜样"（exemplar）一词或许参考了康德的榜样性生命的思想。他赞同的是榜样性生活。"只有在榜样能够成为榜样时，我才

---

① Nietzsche, Friedrich, "Schopenhauer as Educator", *Untimely Meditations*, edited by Daniel Breazeale, translated by R. J. Hollingdale, Cambridge University Press, 1997, pp. 161 – 162.

能从他那儿获益。"① 然而，给予尼采的榜样性生活以灵感的不是康德而是古希腊哲人。古希腊人这种典范的方式，"通过自己的行为、穿着、吃喝及道德品行来教育他们的后辈，而不是仅仅通过说教或通过写作来使他们的思想及其作品留传于世。这种完全的、彻底可见的哲学生活在德国是多么的缺乏啊！"② 真教育者都是以身示范的。概括而言，不仅康德的哲学概念"范型"没有给予尼采的榜样生活以灵感，而且尼采还用康德的生活方式来作为一个反面例子以衬托出叔本华这种真正的榜样生命的生活方式。

第二节　真教育者存在于何处

一　存在于真学习者对伟大作品的参透性理解中

没有真正的学习者就看不到有真正的教育者出现。表达这一含义的被尼采引用的文字是："人类必须持续不断地工作以致产生出伟大的个体人存在——那是人类全部的工作而不是其他。"③ 在原文本中，区分这究竟是尼采本人事实上的想法还是他仅仅是引用别人的观点来展开讨论，是困难的。按照他的观点，引用这段引文的真实意图可从以下文字中读出来："人类能够从动物与植物世界那里通过观察而学到一些东西来应用于人类社会和达到其自身的目标：它只关心个体更高的榜样，更不寻常的、更有力的、更复杂的、更富有成效的事物。"尼采声称将这一公式应用到人类社会是有困难的，因为它会遭遇"强劲的反抗"。关于这种反抗的理由是显而易见的："一个人必须为了其他的某个人而生活，这似乎是一个荒诞的要求。"宁可"一个存在的人"为了所有其他人而存在，正如尼采在注释中所注明的那样——至少尽可能多地这样去做。但他却又问道："难道第二个要求就不比第一个要求更荒诞吗？这就好像当讨论价值与意义的问题时却让数字来作决定一样的荒谬。"④ 要求一个人为另一个人而活是荒谬的，同样，要求一个人为其他所有的人而活也是荒谬的。因而，人为自

---

① Nietzsche, Friedrich, "Schopenhauer as Educator", *Untimely Meditations*, edited by Daniel Breazeale, translated by R. J. Hollingdale, Cambridge University Press, 1997, p. 132.

② Ibid. , p. 131.

③ Ibid. , p. 161.

④ Ibid. , p. 162.

己设立一个外在的榜样而去学习他，似乎也是荒谬的。因为，将榜样视作自己想要成为的理想状态，那么你努力要想成为你的理想状态、为你的理想而活，你其实就是在为了成为你的榜样而活——为了成为另一个人而活。面对这样的两难问题，尼采重新解释了他自己在开头文字中的意图："问题是，你的生活会怎样，个体生活仍然是最高的价值与最深的意义吗？"①

对于尼采而言，人们仅仅只有在他们所景仰的"心中怀有的伟人"出现时，个体处于某种文化圈内所获得的自我认知与自我不满才会产生。"只有他心系某一伟人时，他才会产生这种文化的神圣感；这种神圣感的标志是某人会为人们没有怜悯心而感到耻辱，会憎恨自己的狭隘与枯萎了的本性。"②"爱戴某人"并非是与某个别人的关系——拥有了它就没有了自我；而是意味着自我的不断完善。"心系某人"又反过来否定某一个体的自我：比如认为自己是狭隘的，刺激自我向更高的自我发展。"超越自我"总是一种超越内在的自我，那么某人将其他有别于自己的人视为榜样而去努力达到榜样的状态，就只是一种想要达到更高的自我的欲望而已。正是那想要达到"更高的自我"的欲望产生了自我不满，它总是让人感到"那个更高的自我还处于隐藏状态（没有被发掘出来）"，而且，这不是针对别人的，仅仅是专门针对自己的——扰乱人心的还未达到的状态。

概括来说，真教育者因真学习者的存在而存在，因为二者是自我与其榜样之间的关系。真学习者以某一榜样为学习的目标，事实上是将其视为自己暂时未能达到的那个更高的自我，就此而言，真教育者作为真学习者的榜样是内在于学习者之中的。

由于真学习者已将真教育者内化于其自身，因而，在尼采的《作为教育者的叔本华》文本中，才使人看到叔本华似乎是缺席的。尼采的自我与叔本华之间的关系，事实上指的是一个学生与他的教育者之间的关系，它不是信徒与圣者之间的关系。叔本华在尼采文本中的缺席，暗示着自我与榜样之间的关系只是自我与其理想之间的关系，而不是自我与其他

---

① Nietzsche, Friedrich, "Schopenhauer as Educator", *Untimely Meditations*, edited by Daniel Breazeale, translated by R. J. Hollingdale, Cambridge University Press, 1997, p. 162.

② Ibid., p. 179.

人之间的关系。

尼采是通过阅读叔本华的著作之后，才将之奉为真教育者的。可以说，真教育者存在于伟大的作品中，经得起后世的推敲与反复的学习。一代代的后人不断地从中学习其言行、价值观及其深远的意义。

二 存在于具有文化特征的公共性空间中

由于唯有批判精神下的不合时宜的思考才能产生公意，而公意所立足的背景又必然要有一个真正开放的公共空间存在，因而，真教育者创造了公共空间同时又存在于公共空间中。"你如何生活，个体生活是否仍然是最大的价值与最深的意义"这个问题与道德问题不一样，因而不能把它解读为"我应该怎样生活"的问题。"年轻人应该被教育（The young person should be taught）认为他是大自然所塑造的一个不成功的作品，而不是让他感到这如同艺术家般神奇、伟大的想法有多么的不可思议：他必须说服他自己，出自大自然之手的作品有多坏，可是终有一天通过我自身的努力我将为我自己能够把它改造得更好而感到自豪。"① 这表明尼采将文化理解为培育（planting）和培养（cultivating）一种信念（conviction）的任务。这种信念，确切说来，应该是"被培育"（planted）与"被培养"（cultivated）而不是"被教授"（taught）。事实上，尼采并未使用教授"teach"这一术语来说明文化不是在中小学或大学里被培养出来的，而是在学校之外产生的，它有别于并反对任何官方与体制内的文化。

"我的个体生命如何能够达到最高的价值与最深的意义？"对于这个问题的回答，在尼采那儿，不仅会有多次的圣化、多种不同的理解，而且，也会对"更高的"阶段文化有着不同的界定。尼采描述第一阶段的文化为仅仅是一个"内部状态的总括"阶段，第二阶段为对某人的一生产生影响的阶段，第三个阶段为行动的阶段。尼采强调文化遵循着"从内部事件到外部事件"这样的规律，于是，这个问题"我的个体生命如何能够达到最高的价值与最深的意义"就变成了"人类的生命如何能够达到最高的价值与最深的意义"，该问题在最后也即最重要的文化阶段得以彻底显现出来——为了文化而斗争："文化要求他不仅具有内在经验，

---

① Nietzsche, Friedrich, "Schopenhauer as Educator", *Untimely Meditations*, edited by Daniel Breazeale, translated by R. J. Hollingdale, Cambridge University Press, 1997, p. 162.

而且评判刺激他的外在的世界，最后也是最根本的事实，那即是说某一文化行为斗争是为了影响历史、习惯、法律、国家机构，但最后，却使人看到：天才在这些世代里一代一代地产生着。"① 这意味着，尼采希望文化在向其目标迈进时需先孕育出天才来与敌对文化作斗争。在《作为教育者的叔本华》中，尼采界定了三种敌对文化：第一种"对钱的贪婪"；第二种"对地位的贪婪"；第三种叫做"伪君子"（Bildungsbüger），指的是这样一些人，他们意识到需要使文化前进，但却拥有"一颗丑陋的心，恶意地想要隐藏这个事实，并美其名曰'为了社会结构而保持美好'（so-called beautiful form）"。② 一个时代的天才是优于其时代的，尼采认为能够被称为教育者而让世人学习的人，至少要具备这一条件。

尼采思考个体自由的政治性是从文化的角度来思考的。在这种视角下，文化既不是一个个体，也不是一种公共财产，而是一个个体或一个社会的生活方式。当然，文化也是一种个体与社会之间的公开性的斗争，它加强了个体与社会的自由度。另外，在尼采那里，自由与责任优先于文化而产生并直接影响了道德、社会与社会的政治准则。因而，它就不是一个私人事情，而是并且已经是公共政治事情。最后，文化斗争被理解为：一代人的自由就好像责任总是指向将来那样，"将来的某个时刻一定会很美好的"。文化的目的在于批判既成的社会体制、政治生活，以至最终克服它们，并孕育出新的生命自由形式，使得个体与社会政治组织达到一个新的层次。

康德在《什么是启蒙运动》一文中批判了所有的机构，诸如基于权威主义的教堂，赞成启蒙运动是自由思考的实践，通过培养一个所有受过教育的个体都能够自由地发表他们的批判性思想的公共空间，它还会向前发展。③ 尼采几乎在康德之后的一个世纪左右看到了这种公共空间的出现，但却是在没有批判精神的控制之下出现的。他遗憾地感叹道："'公意'已经将人性转变成了'伪人'（pseudo-humen）"④，真正的公共思考

---

① Nietzsche, Friedrich, "Schopenhauer as Educator", *Untimely Meditations*, edited by Daniel Breazeale, translated by R. J. Hollingdale. Cambridge University Press, 1997, p. 163.

② Ibid., pp. 164 - 166.

③ ［德］康德:《答复这个问题："什么是启蒙运动?"》，载《历史理性批判文集》，何兆武译，商务印书馆1990年版，第22—31页。

④ Nietzsche, Friedrich, "Schopenhauer as Educator", *Untimely Meditations*, edited by Daniel Breazeale, translated by R. J. Hollingdale, Cambridge University Press, 1997, p. 128.

与争论已经缺席。然而，从公共空间退出并非最终的选择，在需要公共意见的时代最需要的是尼采所称为的不合时宜的思考。这一点，康德与尼采是相同的，如果没有批判性思考的自由实践和对他人的反对在先，那还有什么是不合时宜的思考呢？新公共时代的到来，更需要不合时宜的思考，唯有如此才谈得上公开性的论争。基于一个不同于以往的公共性时代的到来，培养更多具有批判性思维的人，是必要的。

第三节　真教育者教什么

一　教个体如何发现自我

充分地看到文化对某个时代人们行为与情感影响的价值所在，个体所处的历史文化情境很重要，这是尼采的文化观。文化来自自我的不满，这是一种指向个体的自我文化，它主要关注的是自我与其更高的自我之间的关系。"不满"这一术语指的是自我能够从本质上意识到自我的不充足性，因为正是自我的不完全性才使得它需要文化。从这个角度来看，自我的培育通过其他超越了自我的人或物而实现，虽然这个自我将会到来，但是它并非源自原初的那个自我。因而，是文化引导自我成为外在的自我。文化作为教化与教育出现的时候，自我就出场了。尼采指出，自我认识问题是一个自我与其所处时代的关系问题。在《作为教育者的叔本华》的开篇，尼采说一个完全丢失了意义与价值的人，首先要思考的第一个问题是"我们如何能够再次找到自己"、"人如何认识自身"。接着尼采又说：当你对这个不合时宜的问题做出反应时，你就认识到了"你的本性在撒谎，没有掩饰那更深层的你，而不可衡量更高的你，即使是那最低限度的——你时常认为的你所是的那个你自己"①。某人真实的本性"撒谎……而不揭示更深的内在"表明的是为了发现自己就必须让自我暴露出来。根据尼采在原文中所表达的意思，我们理解一个人必须将他或他自己推出来，目的在于接近那个永难接近的自我，因为自我认识问题并没有一个确定的答案。从这个角度来看，短语"我的自我"是一个矛盾的术语，因为自我总是不可达到的。一个自我在根本上是从他者而来的自我。

---

① Nietzsche, Friedrich, "Schopenhauer as Educator", *Untimely Meditations*, edited by Daniel Breazeale, translated by R. J. Hollingdale, Cambridge University Press, 1997, p. 129.

我的自我是一个没有所属的自我，没有一个人能够像处理你的或我的东西那样来对待自我。因而，"不可衡量的高度"是最根本的不可接近的自我的他性。

对于尼采而言，没有存在能够进入自我，这一困境，众所周知是一件真实的事情，它挑战个体面对自我："他（人类）是一个思考着的戴面纱者；如果说野兔有七张皮的话，那么人类就有无数次地抛掉他的外皮而仍然不会说'这是真正的你；这不再是一张外壳了'。"① 在尼采早期的作品中，尼采认为人类不是一个存在而是一种无限的成为状态。有趣的是，这些问题"我们怎样再次发现我们自己"、"人类怎样认识他们自己"，在尼采那儿成了自我向外去寻找自我，于是就形成了"真正的教育者"这样的人。认识自我，是主体如何处理自我与他者之间关系的问题。

二　教个体如何实现其最高的价值与最深的意义

对于一个活着的生命而言，他有无数种方法来实现其"最高的价值与最深的意义"，并且所有的个体都在独一无二这一特性上具有平等的价值。注意到这样一个问题是有意义的，"一个个体怎样能够保持其生活是为了最高的价值与最深的意义的？"② 尼采使用了动词"receive"，照字面意思而译是"为了获得"之意，这个动词意味着三层含义：第一，对于个体而言的价值与意义。第二，个体行动是一个归家的行动。因而，价值与意义不是个体为达到某种目的而努力的事情，它是尼采的文化观中的"追求神圣化的人们为了那个不可达到的自我的努力"。第三，价值与意义并非源于个体或属于个体，与此相反，归家式的获得个体的价值与意义依靠的是个体向他者本质上的开放性。尼采认为，这种开放性要求自我向最激进的他者展开自我，如果要给这种开放性命名的话，它就叫做责任，每一个体的责任体现在其作为独一无二的人这一点上，个体被称为责任的开放性，这关涉个体生命增加其最深的生命价值与意义的可能性。

当个体对其教育者的爱戴使得个体接受了教育时，个体与其教育者之间的关系就增加了个体的价值与意义，假如这种教育被理解为自由的教育

① Nietzsche, Friedrich, "Schopenhauer as Educator", *Untimely Meditations*, edited by Daniel Breazeale, translated by R. J. Hollingdale, Cambridge University Press, 1997, p. 129.

② Ibid., p. 162.

而不是为了个体道德完善的教育。一个真正的教育者总是在个体对自我认识不断深化的过程中形成，在这个过程中，个体处于动态发展中，而真正教育者的形象也呈逐渐明晰化的趋势，这种进程是无止境地接近于成为的状态，而不是达到的状态。

尼采谈到由教育者所扮演的自由解放的角色如下："你的真正的教育者与形成中的教师将向你揭示真理、意义的起源，你的本性的基本构成要素是不能够完全被教育出来的，或者是被形塑出来的，无论如何是难以达到的，是受约束与无力的：你的教育者只能够使你释放自我。"① 教育（education ［Erziehung］）与培养（cultivation ［Bildung］），如同尼采所理解的那样，从来都不是从外在来形塑一个人的内在的。从文化的视角来看，生命不是一种给定的形式，因为每一个给生命以某种固定形式的意图都只能是一种外在的介入，有可能会扭曲或毁灭它。从这一点上看，文化事实上是与道德改善相对的，根据道德至善论的观点，道德改善有让生命更文明的目的。因而，作为解放的文化就应该理解成文化在行动上是否定性，它的力量使得生命成为有着某种文化烙印的生命："文化是解放，移除了所有妨碍小树苗成长的杂草、粗石与害虫。"② "杂草、粗石与害虫"指的是某个时代及其传统，后者对生命形成一种威胁，这就需要一个教育者通过教化某一时代来解放"难以接近的、受约束的与无力的"个体。根据我们对原文的理解，这种解放依靠的是教育者的批判能力、区分生命之中的真与假，即一个教育者的不合时宜的沉思。在一个哲学家眼中，能够被称为"教育者"的人，其必要的条件是作为"一个不合时宜的沉思者"而存在。

---

① Nietzsche, Friedrich, "Schopenhauer as Educator", *Untimely Meditations*, edited by Daniel Breazeale, translated by R. J. Hollingdale, Cambridge University Press, 1997, p. 129.

② Ibid. , p. 130.

第四章

晏阳初的"三C"教育实践*

晏阳初的教育历程与西方在华创办的近代基督教教会学校相联系，在此过程中，晏阳初逐渐成为一个融有"三C力量"（孔子Confucius、基督Christ、苦力Coolies）的基督教信仰者。而正是这一独具内涵的信仰作为其内在的精神力量，才支撑着晏阳初为全球乡村平民教育事业奋斗终生。

晚清民初，西方宗教团体纷纷来华，以兴办学校教育等公共卫生事业为媒介，广泛开展传教活动，在此过程中，部分中国知识分子一方面获得了西洋先进教育，同时在西方传教士与宗教团体的影响下，也逐渐形成了基督教信仰。晏阳初是其中一分子，他以宗教家的精神努力进行平教运动，深受世人敬佩，毛泽东也称许道："共产党愿做你们的朋友！"①

第一节　内地会西学堂时期：由恐惧
不适到自愿接受洗礼

内地会西学堂时期界定在1903年到1906年。据记载，晏阳初（1893—1990）先生出生于四川省境内曾是偏远贫穷的巴中县巴州镇，在十岁（1903年）时，第一次去由基督教中国内地会（China in Land Mission）在四川省保宁府（今阆中县）所开办的教会学校，见到第一个洋人姚牧师（William H. Aldis，1871—1947）时的直观感受是："在黯淡的煤油灯下，他的高大身子穿着黑色长衫，像是一个庞然黑影挡在面前。一抬头，我看见深陷的两眼，熠熠发光，照着浅黄的胡髭。这形象，我此前从

---

　*　笔者为第一作者。原文发表于《重庆教育学院学报》2008年第1期，第122—125页。
　①　堵述初：《毛泽东先生会见记》，载宋恩荣编《晏阳初文集》，教育科学出版社1989年版，第400页。

未见过。小孩子怕鬼，又怕洋人，由于这心理，我顿起害怕之感。"① 晏阳初曾因害怕与恐惧而整整哭了一晚未睡，接下来的第二晚仍是睡不着，但却由于要上学的渴望而强行忍住了没有再哭出声来。若不是为了要珍惜这万分难得的上学求知的机会，晏阳初决计不肯忍受这样的恐惧。

晏阳初在受了基督教教会学校教育之后是这样评价他第一次所见到的洋人传教士姚牧师的：他一家人，态度谦和，毫无一些在华洋人的骄横之气。他学汉人，把前面的头剃光，后面挂一条黄发长辫，有时戴瓜皮小帽。也学了中国读书人的斯文，可是洋溢着青春欢愉的气息，望之精神一爽。他那时已 30 多岁，可朝气勃勃、身体健壮、精神饱满。② 为表示对姚牧师的感激之情，晏阳初在 1923 年其长子出生时，特以姚牧师第一名字 William 命名，以示其终生不忘师恩。③

以上所述晏阳初对西方传教士前后不同态度及其印象的转变，是有现实原因的。首先，从经济上受到的实际的资助，是每一个接受了教会教育的人都不会否认的。晏阳初所就读的西学堂是由内地会资助，学生不用缴学费，只缴很有限的膳宿费。④ 不独晏阳初所在的这一家教会学校实行几乎是全免费的教育，甚至有些教会学校还给学生发有补助（尤其是在进入中国社会进行传教活动的早期，兴办带有慈善事业性质的教会学校时）。其次，作为人的经济力量得以满足来说，对每一个为求生存而挣扎的人是非常必要的，因而基督教会在此方面正好满足了那一时代中国广大贫穷民众的经济需求，所以，他们"为基督征服世界的事业"得以在中国打开了一个巨大的缺口，继而再以基督之博爱精神来从心灵上用言传身教、现实榜样的方式真正使基督文化扎根进了相当一部分人的灵魂中。最后，这是物质经济与精神灵魂二者并重的强劲攻势。人活一世，除了物质上得以满足的需求外，不外乎就是精神灵魂上的需求，而这二者，西方在近代中国的传教活动中都以非常充分的程度加以最为适切的运用。可以说，这一物质和精神二者并进的方式，对其在华传教活动的推进是较为奏效的。

① 晏阳初：《九十自述》，载宋恩荣编《晏阳初文集》，教育科学出版社 1989 年版，第 265 页。
② 同上书，第 266 页。
③ 吴相湘：《晏阳初传——为全球乡村改造奋斗六十年》，岳麓书社 2001 年版，第 8 页。
④ 同上书，第 266 页。

在晏阳初的《九十自述》中，晏阳初对他 10 岁至 14 岁在西学堂的早期求学几年中，也是充满了无限的美好回忆，晏阳初对基督教的好感正是从西学堂这里开始留下烙印的。首先，晏阳初认为在西学堂受到了两项终生影响。一是学会了唱《圣诗》。从那时之后直至晏阳初的老年，晏阳初生活中最大的享受也是他唯一的娱乐就是晚间唱几首圣诗，或听圣咏的唱片，借以解除疲劳，暂忘忧患，舒畅胸怀。温厚从容的圣乐，给了晏阳初无限心灵上的安慰和精神上的鼓励，没有它，晏阳初认为生活是寂寞的。① 西学堂留给晏阳初的另一个终生影响是养成了喜好运动的良好习惯。正是因为长年有合理的身体锻炼，并加之晏阳初少时曾习过武，又有良好的生活饮食习惯，才使得晏阳初能够活到九十几乃至百岁的高龄。

其次，晏阳初从基督教所办的教会学校及其传教士、牧师身上更多感受到的是基督之爱与善。据吴相湘作《晏阳初传》中记载："姚牧师从不对学生反复噜苏讲说《圣经》，只以'身教'：用慈爱和蔼的态度和学生共同生活，细心照顾他们的一切——一年时间里，晏阳初如坐春风，深受姚牧师伟大精神的感召，发现耶稣基督博爱世人的若干道理，因此决定领受洗礼。信仰虔诚，至老弥笃。"②

第二节　成都时期：崇尚道德教育，追求基督教精神

成都时期是从 1907 年至 1912 年。1907 年晏阳初在西学堂完成初级学业后，来到成都入美国"美以美会"（Methodis Church）设立的华美高等学校读了两年，但没毕业就离开了。其中原因乃是晏阳初认为此校不重道德教育，缺乏基督教精神。学生赌博、喝酒，还有其他不好的事。③ 华美高等学校肄业之后，晏阳初约于 1911 年在姚牧师的引荐下结识了第二位对其一生产生重大影响的传教士史梯瓦特（James Stewart）。此人在成都创办辅仁学社作为其传教活动的场所，晏阳初作为其得力助手而在此社当翻译——将史梯瓦特传教士的布道或讲学口译成四川话。④

---

① 晏阳初：《九十自述》，载宋恩荣编《晏阳初文集》，教育科学出版社 1989 年版，第 268 页。

② 同上书，第 8 页。

③ 同上书，第 270 页。

④ 同上书，第 271 页。

第三节　香港时期：明确救国与救世一致的思想

香港时期是从 1913 年至 1916 年。传教士史梯瓦特令晏阳初甚为感动的地方，不仅在于虽然当时史氏为了传教急需像晏阳初这样的能手，但史氏却令人甚感意外地没有将晏阳初留在身边，继续辅助其能够得以更好地进行传教工作，而是推荐晏阳初到香港圣史梯芬孙书院（St. Stephens College）深造，并还不顾路途之艰辛从成都转重庆行上海再到香港，一路陪同晏阳初抵达香港。史梯瓦特待将晏阳初一切安顿妥当并将晏阳初托付于自己在香港的兄弟姐妹及同事，并令他们对其一定要多加照顾之后，才放心离去。他对晏阳初唯一的要求是让晏阳初在圣史梯芬孙书院补完高中课程之后考取圣保罗书院，"将来修成一位传教士，在本国宏扬主道"。① 这是史梯瓦特对晏阳初的期望，也是整个西方基督教教会到中国来为中国民众办教育的期望。

晏阳初因从小所受到的中国传统严谨而尚苦学式的家庭教育，所以用了不到一年的时间就以非常优异的成绩于 1913 年顺利进入了香港圣保罗书院（香港大学前身）政治系就读。选择政治学专业是晏阳初由于想要寻求救国救民的方法，晏阳初认为：救国与救世，都是义不容辞的事。② 在他看来，二者根本就是一回事，并且，此二者在他的脑海里从在内地会所办的西学堂学习时期开始就已经萌芽了。如果说晏阳初那个时候还不清楚这二者原本在他心目中是并不矛盾的，但在进了香港圣保罗书院之后，这一思想在他胸中就较为明确了。正是因为抱定这样的信念，晏阳初才会在后来（中华人民共和国成立后）将其平民教育及乡村改造事业推向了第三世界国家或地区。救国也是救世，而救世虽不是救国，但晏阳初的根本出发点原是指向范围更为广阔的救世的。

晏阳初对圣保罗书院并无多少过高评价。首先第一件事是，晏阳初当时以第一名的成绩考入该校，可获赠英皇爱德华第七奖学金，但此奖非英国的属民而不授予，晏阳初因拒绝入英国籍最终未得此奖。晏阳初当时心

---

① 晏阳初：《九十自述》，载宋恩荣编《晏阳初文集》，教育科学出版社 1989 年版，第 272 页。

② 同上书，第 280 页。

里想，"大学，顾名思义，应当是公正开明，传授世界知识，培养高尚人才的地方。号称第一学府的港大，竟如此偏执狭隘，以国籍为奖学金的条件。所谓条件，不等于是排华吗?"①香港作为当时的英属殖民地，大学亦不能例外——恰正是殖民国实行其殖民政策的最佳场所。晏阳初因有很高的民族气节，又有极其强烈的爱国救国之志，于是生活在一个殖民地，眼见亲历种种殖民歧视，他心中悲愤已久。②若不是为着史文轩（史梯瓦特）对晏阳初的要求，晏阳初对史氏义之所在，否则他是决计不肯再在圣保罗书院继续待下去的。

1915年，在获悉史梯瓦特传教士不幸在一战前线阵亡之后，悲痛之余，1916年晏阳初便与一学友离开圣保罗书院前往美国去了。但在前往美国的途中，晏阳初又意外地遇到一位传教士莱夫（Ralph），此人被当时"中国雅礼会"（Yalein China）的执行委员会选派到长沙的湘雅医院服务，与晏阳初相遇时正回美国度假。莱夫向晏阳初推荐了耶鲁大学，晏阳初因在香港圣保罗书院所遭受的种种民族自尊心的伤害，听莱夫介绍"耶鲁是个非常开明民主的学校，没有种族和阶级偏见，尤其欢迎中国学生"③，便转而去了耶鲁大学。

第四节　耶鲁求学与赴法时期：明晰"三C 力量"，志定平民教育事业

一　初进耶鲁大学，感受平等与博爱精神

耶鲁求学与赴法为华工服务时期是指从1916年至1919年。进得耶鲁大学后，该校的民主气氛果然和莱夫所讲的一致，因而晏阳初对此的学习与生活较为满意。认为耶鲁的可爱之处甚多，其中之一，是富于人情味④。晏阳初在耶鲁亲身感受到了基督的平等与博爱精神，回忆道：基督教的气氛笼罩着耶大，校中有教堂，教堂当然有唱诗班。我入学后，经常

---

① 晏阳初：《九十自述》，载《晏阳初文集》，宋恩荣编，教育科学出版社1989年版，第278页。

② 同上书，第279页。

③ 同上书，第284页。

④ 同上书，第285页。

参加礼拜①。同时晏阳初毛遂自荐加入了耶大的唱诗班，并因此而得到丰厚的报酬，学费有了着落，晏阳初心里自是欢喜。晏阳初自陈其生长于晚清民初，"在港大读了三年政治，略知民主理论而未见其实践，第一次真正体验到民主的真谛是在耶大"威廉·塔夫特的课上开始的②。

二　亲历先进民主与平等，更促救国救民心

在切身体验了美国的民主精神后，更促使晏阳初日日思考的一系列问题是：为什么华人被人看不起？连美国这样民主的国家都排华，他国更可想而知了。为什么？经过痛苦的思考之后，晏阳初总结："抗议只是治标，自强才是谋求真正平等之道。国与国之间不平等，人与人之间不平等，是纷争战乱的基本原因。要谋国家的长治久安、要想世界永久和平，当从平人间智能上的不平做起。我已感到平民教育的重要性。"③也正是在经历了香港的殖民统治与美国的民主政治两相比较之后，晏阳初救国改造社会的思想明确起来。正是抱定救国图强的思想，晏阳初在耶大时加入了秘密组织"成志会"，此会定期在纽约市开会，讨论事宜总离不开如何改造建设中国社会的主题④。

三　基督、孔子仁爱思想合一，形成至爱教育思想

晏阳初自认从来不是一个狭隘的民族主义者，主张"天下一家"的大同社会。同时，在晏阳初的心目中，他认为孔子的仁爱思想是与基督的博爱精神相通并相一致的。"恻隐之心，是消极的仁；舍己救人，是积极的爱。爱是人间最伟大的力量，能克服一切；恨是人间最可怕的力量，能毁灭一切。这世上恨太多，爱不够。我愿爱，不愿恨。仁者，恕也。仁者无敌。基督说：爱你的敌人。我没有敌人。若说是真有敌人的话，那是无知短识所造成的贫苦和歧见。我愿以仁化敌为友，以爱化苦为乐。孔孟、基督、姚牧师、文轩兄、塔夫特教授所揭示的要理，对我而言，只是一

---

① 晏阳初：《九十自述》，载宋恩荣编《晏阳初文集》，教育科学出版社 1989 年版，第 286 页。
② 同上书，第 288 页。
③ 同上书，第 290 页。
④ 同上书，第 291 页。

个，那就是：爱人、爱民、爱贫苦大众。"① 由此我们不难看出，晏阳初
是彻底将基督与孔子的仁爱思想融合到了一起。当然，此二者能够融合到
一起也是有客观基础的，在二者之间确有共通之处，比如教人为善，教人
爱人，教人以仁、以爱去改变人、教育人的思想，等等。也许正是由于此
点，西方有大量学者，搜索出儒家学说的仁爱思想在整个华夏民族的历史
长河中一直占有至高无上地位的某些记录，并最终认为，这即是中华民族
的宗教信仰，同时还冠以"儒教"之名。这是另外之主题，此处暂不作
详细讨论。晏阳初虽将二者之仁、爱、善思想合一，但却从未把儒家思想
冠以"儒教"称。

四　以仁爱善、济世救民心，为信仰基督宗教之缘由

晏阳初所领悟的基督教精神是积极进取并富有战斗性的，如晏阳初在
《九十自述》回忆中道："我最喜欢的是，齐步前进的操练，雄赳赳，气
昂昂，每一步踏下去，都感到力量，都发出回响……虽然我们不用刀枪，
但一操练起来，一股战斗的气概，油然而生。我们想象自己是基督的十字
军，征讨世上的罪恶和不平，以必胜的决心，无畏地前进。青春早已消
逝，但当年操练时的豪壮之情，跟随了我一生。"② 前已提到，晏阳初一
心要以基督之精神去征服世界、救国救民，因而在耶大，晏阳初之心早已
皈依基督，虽然功课很忙，仍常去参加"基督教青年会"与"学生志愿
往外国传教运动"组织的讲道、唱诗、弹风琴等。③ 同时，晏阳初在此两
组织的号召下本着救国救民的思想于 1918 年 6 月初，即毕业典礼后的第
二天，就踏上了去欧洲战场为华工服务的征程。

五　服务华工"三 C 力量"明晰，志定平民教育事业

在晏阳初第一次离家去阆中保宁府就学时，途中与盐贩为伍而行，夜
晚歇息时共以热水泡脚以缓解疲劳。从那时起，晏阳初开始萌发了对苦力
的无限同情之心。在法国为华工服务期间是晏阳初践行其平民教育思想的
开端，正是在华工的身上，晏阳初发现了苦力身上所潜藏着的无限潜力与

① 晏阳初：《九十自述》，载宋恩荣编《晏阳初文集》，教育科学出版社 1989 年版，第 291
页。

② 同上书，第 268 页。

③ 同上书，第 292 页。

智慧。儒家思想的认可并在现实生活中自觉应用，是晏阳初那个时代的中国读书人所特别具备的。晏阳初在 10 岁入教会学校之前于 5 岁时就在其父的教导下读了四书五经，早期所受到的"民为邦本，本固邦宁"这一信念牢入其心。他由此总结出，支撑其一生事业的核心思想即"三 C 力量"，一是孔子（Confucius），二是基督（Christ），三是苦力（Coolies）。综上可以看出，晏阳初的教育历程为其最终形成基督教信仰勾勒了清晰的脉络。阅及他十多年来的求学历程，虽其从未脱离过基督教在中国的各种力量帮助，从一个侧面说，这是西方基督教在华传教活动的成功典范，但晏阳初的基督教信仰是掺杂了中国传统儒家文化思想与晏阳初个人对广大下层民众的无限同情心，是一种以博爱世人、拯救世界、拯救广大民众的"天下一家"式，带有大同理想社会的积极入世的信仰思想。在此，可以说，基督教信仰对于晏阳初来说，也仅仅是一种"为我所用"的价值信念而已，但正是对这种博爱、坚忍、奋进信念的执着，晏阳初的世界性平民乡村教育事业得以持续成功进行了几十年，并被其后继者延续下去。

第 五 章

萨特存在主义视角下的教育实践[*]

存在主义哲学透视下的教师职业，有如下三个特点：一是处于自由与不自由的吊诡中；二是处于主动与被动的改变中；三是处于自由与责任的选择中。存在主义提醒人们意识到，工作的倦怠感是人生倦怠感的组成部分，工作的意义是生命意义寻求的组成部分，工作倦怠感是功利权衡后的选择，然而，教师们可以做出更好的选择。

第一节　教师职业倦怠感概述

职业倦怠感又称工作倦怠感，心理学上的"工作倦怠感"（burnout）一词最早的解释，是由美国心理学家菲顿柏格（Freudenberger）于 1974年所提出：它用以描述专业工作者在专业工作情境所引起的生理及情绪耗竭的现象，此种现象往往直接或间接影响到专业人员功能的发挥以及个人身心的健康。[①]

2008 年 7 月到 8 月期间，笔者曾在某省中小学骨干教师培训活动中担任学员辅导员。其间，在每天与学员的交流与沟通过程中，了解到所有学科的中小学教师在不同程度上都有着职业倦怠感。这种对教师职业的倦怠感并不因所教学科的专业性地位强弱而存在明显差异，"音体美"教师普遍认为自身地位在学校中被边缘化，受到"语数外"等"主科"的排挤，工资与待遇与之相较极不平等；而"语数外"教师则诉说重压在身，

＊　原文发表于《淮北煤炭师范学院学报》（哲学社会科学版）2010 年 6 月第 3 期，第 54—58 页。

①　林源明：《台湾中部地区运动休闲产业员工职场工作情境与工作倦怠感之研究》，《休闲运动期刊》2006 年第 5 期。

学生难教，超负荷工作等。在这两大阵营的内部，又有着各自更为细微的职业倦怠感诉说，诸如音乐与美术学科教师认为体育学科的考试分数因为在中考中要算入总成绩，对学生是否被高一级的学校录取起着一定的作用，因而在"音体美"被归为一个学科组时，从来都是体育学科教师在这个小群体中掌权。各门学科的老师都对自身从事的职业有所抱怨，原以为既然"音体美"学科的教师因在学校里被边缘化而抱怨，那么处于"核心"地位的"语数外"教师就会少些抱怨了，毕竟他们处于受重用的核心位置，晋升快，福利待遇也较之"音体美"教师好得多。然而，他们也仍然有很多的抱怨，对所从事职业的倦怠感绝不亚于因感到被极度边缘化而有着较深职业倦怠感的"音体美"教师。

这引起了笔者深深的思考：教师职业倦怠感并不完全是因为教师职业压力过大而造成，心理学上的解释大多认为这是教师专业成长中的必经阶段。然而，笔者认为职业倦怠感的产生，不论是在教师入职初期理想与现实之间的差距所导致的失望与厌倦感，还是教师职业中期由于单调、乏味、枯燥而产生的倦怠感，抑或是外在环境中缺乏良好的激励机制而产生的职业怠惰，等等，这些所有的对职业所产生的倦怠感都与主体怎样看待生命的意义、工作的意义有关。从萨特的存在主义哲学观来看，其实质是由对生命短暂与有限的恐惧、无可奈何的厌倦所致。

第二节　存在主义哲学透视下的教师职业

一　自由与不自由的吊诡

人在本质上是自由的，但在实际上却是不自由的，这在教师这一职业角色上尤为明显地体现出来。按照存在主义对人的界定，人在本质上都是自由的个体，至少是始终力图寻求自由的个体。然而，教师职业却让教师更多感受到的是人成为不自由的个体，成为被压迫者。那么，教师被谁压迫呢？首先，是被自己压迫，被自己的灵魂所压迫。每个个体身上都存在着囚禁自我的囚笼，以外界的眼光来审判自己。

做教师的有意无意间总是在社会期望中行事、活动，当个体意识到自己的言行将会受到外界人们的监督时，他的内心便不会再有完全的自由而无任何约束。其次，是被其他外在的存在所压迫。人们常说身体是灵魂的囚笼，尤其是佛家常说人的肉身不过是"一身臭皮囊"，死不足惜。人的身体遵循着一般哺乳类动物的本性，诸如吃喝拉撒、睡眠、性欲等，这种观点的极致，甚至认为身体是肮脏的而只有灵魂才是洁净的。然而，法国哲学家福柯却说灵魂才是身体的囚笼。[①] 因为让身体或者肉身遭罪的、不自由的，其实是人的灵魂。身体听命于灵魂的指引，因而事实上身体是无辜的、纯洁的，真正有可能堕入肮脏并使身体堕入肮脏的是人的灵魂。一个不自由的个体、一个感到被压迫的个体，其实主要的是源于他内心的不自由，以及自我灵魂的囚困。

　　总体而言，教师这一职业总是处于自由与不自由的两难困境中。当太过自由时，将难以符合教师作为学生榜样的角色期待；然而，当受限于这种角色期待而束手束脚时，作为个体的教师又会因自由的丧失而感到处于被压迫的状态中。一个真正自由的人其实更根本的是一个精神存在而不只是一个物质存在。被压迫者的一个最大特征就是"非人性"，即并不具有本属于他们的真正的人性。在他们身上只能看到物化的人性而不能凸显精神与思想的人性。教师职业虽然从外显的行为来看是不自由的，但真正的自由来自心灵的省察，如同一个习于思考的哲人那样去思考自身。当然，这个世界并不需要每一个人都是哲学家、思想家，但是一个民族若大多数人都被物化了，对思想文化、精神文化的需求并不明显，那可以说这是一个没有思想的民族，从而失去创造性，失去领先于世界文化的前沿地位，乃至于只能跟在西方国家的后头亦步亦趋，亦是不难想象的。作为教师，要教会学生成为内心真正自由的个体，自己应首先学会从心灵深处获得真正的自由，做一个精神的存在，而不仅仅是一个物质的存在，受困于外界物质计较的种种干扰中。

二　主动与被动的改变

　　首先，萨特的存在主义强调，丢弃你的主动权的正是你自己，你以为你自己是没有能力反抗的，所以你不敢反抗，"不敢反抗"其实是你自己做出的选择。这和洛克的"白板说"不同，洛克说儿童犹如一块"白板"，任凭你想在它上面画什么，它就是什么。这是一种被动的存在，而萨特的存在则是一种自主的存在，自己决定自己将成为什么样的人、拥有什么样的心态、拥有什么样的生活。存在主义的最终原则是：人不但为自

---

① ［澳］丹纳赫等：《理解福柯》，刘瑾译，百花文艺出版社 2002 年版。

己个人负责，而且要为所有人负责。同时这也意味着在为自己做选择的同时也是在为所有人做选择。因为当自己做出某种选择时，自己的选择同时也会造成对周遭人和事物的影响。人们往往容易小看自己作为一个存在的影响，我们在生活的环境中，不仅在受着别人的影响，同时我们也在影响着别人，存在即影响，只要人们都存在，人们就会相互影响。尤其是，当人们受到有益的或不宜讲出来的影响时，人们只让自己默默地被他者影响；而当我们存在时，我们也在以一种默默无闻的方式影响着别人。那么，以此来看，作为人、作为教师的我们就是相互存在着的，对生命、对工作所产生的倦怠感同样也是相互影响着的，这说明了从众心理的巨大作用。

其次，20 世纪早期，勒庞的《乌合之众》① 旨在说明：作为群体而存在的人们，在群体的影响下失去了理性的自我，群体中只要有一个人出来呐喊暴动，就会一石激起千层浪，此时人们就不会静下来思考大家都这样到底对不对、其合理性到底有多大。类似地，倦怠感的产生也是群体性的，面积大、具有普遍性，那么在这样一个全国乃至全球都产生了职业倦怠感的时代，我们每一个人作为一个自主的存在，是否要选择跟着所有的人一起消极倦怠呢？在此背景下，以萨特的存在主义观来试着分析这一问题，会引起我们对此问题进行一些更主动的思考，以至，让为人师者能够更主动地把握自己的人生。

众所周知，萨特的存在主义哲学在 20 世纪 80 年代的中国大陆曾风靡一时，现在，似乎已然过时。目前人们谈的是"后现代"、是"解构"，但是我们追求真知不是一种跟风的短暂行为，如果盲目地跟着趋势与潮流走，那么我们必然是对任何一种理论或学说都理解不透，那又如何谈起用它来指导我们的生活实践呢？用萨特这种主动性的存在论还可以时刻警醒着我们不要真让"群氓的时代"成为一个事实，如果一个时代真由"群氓"构成了，那这样的时代还怎样有救呢？

最后，作为知识分子的教师，应该总要守住一点正义，知识分子是社会的良知，一旦我们也消极倦怠了，堕落为与"乌合之众"为伍、时代群氓的组成分子，那么这个社会还有救吗？鉴于一份社会责任感作为教师这一职业的底线，我们难免也会有消极倦怠，甚至是颓废、堕落的时候，

① ［法］勒庞：《乌合之众》，冯克利译，中央编译出版社 2004 年版。

但作为自主存在的人，或许我们不应该让这种时候过多地出现，在片刻的厌恶、倦怠感之后，我们还要振奋起来，为了自己的存在也为了他者的存在，说得更远大一点也是为了世界的存在。一个人的所有行动都是为了自己要成为的存在而创造的，"英雄是自己成为英雄的，懦夫也是自己成为懦夫的"。人的存在并不是放纵，不管他人，或只考虑自己的存在；而是严肃地、认真地思考各种选择，因为任何选择，不但为自己，也是为所有人。

三　自由与责任的选择

首先，存在主义认为，人的自由是一种建立在考虑个人做出自由选择所带来的后果的自由。给自己找到一个合适的理由然后坚定信心地去做，一旦选定去做了，就要为自己的这一选择负责到底。事实上，在现实生活中，人们多少都对存在主义哲学的这种自由选择及其所产生的后果是有所考虑的，同时，恰恰正是因为有了一定的考虑之后才选择消极退避。因为他们没有勇气承担伴随着这份选择的自由所带来的可能会有的负面的、麻烦的后果，他们于是拒绝了本属于自己的自由，逃避自由。德裔美国心理学家弗洛姆对此曾有过深入的研究，他在《逃避自由》① 一书中解释人们一方面追求自由、极度渴望自由，但另一方面却又在不由自主地躲避自由，那是因为选择了自由、自主做出决定，人就会陷入一种孤立无援、孤独的境地里，人们由于不堪忍受这种孤独感，所以宁愿选择不要自由。

而依照存在主义哲学对自由选择的诠释来看，实际上人们不愿积极地拥抱本属于自己的自由，那是因为害怕伴随着自由而同时产生的责任担当。对照起一定程度上的消极怠惰现象来看，一些人不愿选择去积极行动，其原因就是害怕这种选择后的担当，一旦选定了怎么去做，个人就得承受选择所带来的后果。因而为了减少风险性、不稳定性，甚至是避免遭受挫折、失败与打击，人们便更宁愿选择不动声色，宁愿消极一点，不去做太多的事，也就不会引来更多的不必要的麻烦了。这也是人生、工作中人们之所以采取消极怠惰的原因所在。作为普通人的教师同样也不例外。

为什么"大家"的力量会对个人的某种选择有着如此巨大的号召力与影响力呢？这仍然是做出某种选择之后责任担当的问题，如果大家都选

① ［美］弗洛姆：《逃避自由》，刘林海译，国际文化出版公司2002年版。

择了这样去做，自己也选了，那么由自己担当的那份责任就小多了，这种责任被"大家"分担了，所谓"责不罚众"就是这个道理。反正自己不用承担过多的责任，做出大家都选择的选择，麻烦与危险相应地就减少了。所以才有那么多人要从众，随大溜。其实，从众心理，是由人们对安全感的需要所导致的。然而，这对于一个社会的进步来说并不一定是件好事。如果大家在职业中都不约而同地选择了消极退避、怠惰，真正做实事的人越来越少了，这个群体、这个学校、这个地区，甚至于这个国家还能有什么大的进步呢？在此之中，更多的人不是在逃避自由，而是在逃避责任。教师职业的自由便是一份需勇于直面责任并担当责任的自由。

其次，存在主义否定那种只要自由不要责任的人所崇尚的自由。很多时候个人并不为自己的选择负责任，他们只是选择自己去做什么和不做什么，但却对自己的选择行为所带来的后果不予理睬，也不考虑给别人、给社会带来的伤害，他们的口号是"只要自由不要责任！"这种人你该拿他怎么办？那是最糟糕的消极怠惰状态，就像破罐子破摔一样的，不对自己的行为选择负责，则只有一步步地走向堕落、走向毁灭。在这个时候又该怎么办呢？到了极致就是彻底剥夺其自由选择权。这种状况最好的结果也就是终其一生都碌碌无为，可以说是虚度了光阴，白活了一世。但是，作为主动性存在的个体，他也有后悔的一刻。只是不管他本人，还是别人都无法确知他将会在什么时候后悔，懂得后悔就是一种觉醒的开始，能够把握住后悔的这一时机，再鼓励后悔者去积极行事，为自己的选择行为负责，可能就能取得一定的改善性效果。教师应意识到这一点，一面鼓励自己勇于承担选择所带来的后果，一面要积极鼓励学生亦应如此。

最后，存在主义视角下人的工作及生命恰如西西弗斯的劳役般荒谬，然而人的自觉却在抗拒着这种荒谬。与萨特同属存在主义学派的代表人物加缪曾著有《西西弗斯的神话》①，其中的核心观点认为人来到这个世界就如同被罚推巨石上山的西西弗斯一般，石头被推上山顶后总会滚到山脚来，然后西西弗斯又把它推上山去，又再滚下来……人们不断地用身心投入工作，但却被工作给耗尽精力；他们企图从中得到享受，但工作之后得到的却是疲劳；他们想要在工作中令自己不断上进，但工作却令自己变得越来越堕落，越来越安于现状、不思进取。

---

① ［法］加缪：《西西弗斯的神话》，杜小真译，广西师范大学出版社2002年版。

　　存在主义哲学将"堕落"理解为"人若未能努力超越自己，便是堕落（verfallen）。存在主义思想中的'堕落'，与寻常观念中的堕落，在本质上有极大的不同。寻常的堕落观念是以社会规范为准则，而存在主义的堕落，则指自我生命的沦陷，人将自我迷失在人云亦云的群众之中，就是堕落"①。工作如何使人堕落？通常情况下，人在有了工作之后，有了较为稳定的职业时，就会逐渐失去积极工作的动力。那么，是稳定使人堕落？教师行业虽然辛苦但却具有较高稳定性，不会被什么人随便"炒鱿鱼"。但这里存在一个矛盾：按理越是辛苦难做的工作，人们通常会因为担心自己做不好而产生危机感，或没有安全感，于是不会堕落而更倾向于努力工作，积极向上。但为什么教师易产生疲倦感或倦怠感呢？因为教师这一职业难度大？需要面对的学生太复杂，难以应对？要想一直优秀就要一直严格要求自己。可是，作为普通人的大多数教师并非都想一直优秀。通常而言，与大部分人一样，普通教师抱持的观念是：过得去就行了，不是最坏的也不是最好的，就那样，只要没有被开除的危险，还可以继续在这里待下去，还可以继续在这里混、在这里工作，不会有什么经济危机，也就这样吧。然而，严格意义上，教师职业是一个不允许堕落的职业。一个已工作了的教师不应该是一个储量有限的资源，他的工作年限越长，他被挖走的资源就越多，如同一个逐渐被掏空的口袋，或如同一个血浆逐渐被吸干的过程。有思想、有深度的教师不应是这样的。要使自己的职业生命有意义，就不应该让工作把自己给平庸化了。任何事，只要你想做，没有人能够阻拦得住你。

第三节　存在主义视角下的教师职业倦怠感

一　工作的倦怠感是人生倦怠感的组成部分

　　人的生命虽然短暂但仍然会产生倦怠感，工作倦怠感并不完全始自工作上的各种压力。工作倦怠感是生命倦怠感的一部分，就如同工作压力只是生活中各种压力组成的一部分而已，这不是职业本身的特性决定了人们会对工作产生倦怠感。教师职业是最具创造性的职业，然而，为什么有那

---

　　①　东华大学教育研究所学术活动文案记录：《存在主义的界定》，朱丽娟笔录，崔光宙授课（www. edu. ndhu. edu. tw/note/notebook/94—1/sch1—2（07）941127. pdf）。

么多的资料显示，教师职业恰恰是最易产生倦怠感的一类职业呢？解释此问题可从探究生命的意义入手。工作有意义吗？这应该是我们在丧失对工作的积极性时所探讨的问题。工作是生命的组成部分，要想使生命有意义，能够在工作中寻出些意义，那生命基本上也就有意义了。

事实上，对人们的职业倦怠感一个最为简单的解释，就是从业者对所从事的工作失去兴趣、失去信心，终归而言就是失去意义，从工作中找不到生命或生活的意义，以混日子、打发光阴的心态来看待工作。从萨特的存在主义哲学进行思考，在工作与生活中寻出意义来并不难，意义应当被理解为一种"成为状态"（State of becoming）①，这种状态更多的是指一种取向，一种生命意义的取向。工作的倦怠感是人生倦怠感的组成部分，不管教师专业发展有多少个阶段，这种倦怠感都是有可能发生在任何一个阶段的，因为倦怠是一个人的基调，是由人的作为一种社会性动物，既能研究外在世界又能研究他自身的这一特殊性决定的，厌恶是人在这种状况下后天习得的本性之一。人们会有倦怠感，会在工作中感到自己大势已去、已经没有多少"奔头"了，乃是由对时间、对生命的有限所感到的无奈和无力感。因为生命短暂，不论我们做出什么样的努力，生命都终将很快就结束了、到头了，所以，我们何必要做那么多努力、何必要那么累呢？就这样过了、就这样混下去，距离退休的日子也不远了，反正也不会有什么大的造化，即使我做出努力，外界环境也有诸多限制，我何必呢？抱持这样的想法，工作必然是令人感到倦怠的，工作已然倦怠，生活亦不会逃离这种已经存在的倦怠了。

二　工作的意义是生命意义寻求的组成部分

什么叫做有意义？自得其乐叫有意义吗？自己过得好，也尽自己所能去让别人过得好，为社会做出自己应有的贡献，这样可以被称为有意义吗？经历越丰富就越能看透生活的意义吗？绝对不是。意义代表着某个目的的实现，意味着某种功用性的价值的实现，某种获得、收获。对于教师而言，我们并不仅仅要有生的勇气，有存在的勇气，还必须要有思考的勇气。因为仅仅拥有生命却不善于思考的人，每天过着模式化、轨迹化、常规化的生活，除了在遇到问题时只会消极抱怨以外，他什么建设性的事情

---

① ［美］弗林：《存在主义简论》，莫伟民译，外语教学与研究出版社 2006 年版，第 23 页。

也做不了。他既拯救不了自己不自由的心灵，就更别说去感化、影响他的学生做一个乐观、积极向上的人了。

有的人以为，只要能够经常出去走走、出去旅游，游览、观赏名胜古迹、名山大川，游遍全世界，这样就不会有空虚感，人生也就有意义了。当然，我们不否认"读万卷书，行万里路"的伟大意义，然而，使自己的人生具有意义的路径并非只此一条，尤其，一个本就空虚的灵魂，即使旅行回来，也仍然会哀叹自己又回到了一成不变的工作生活中，如同离开地面的尘埃复又落定在它原来的位置一般，他的心灵没有因此而得到提升。意义的寻求是朝向内的，而非朝向外部，从某人、某物、某景中获得。据此，一个学科的地位也是靠本门学科的教师们去一代代传承并不断复制下来的。每一个科目的任课教师都能正确地认识到自己这门学科存在的意义吗？认识到它能给自己、给学生们带来的意义吗？"音体美"教师对自身学科地位处于边缘化的抱怨，并由此而产生较深的职业倦怠感，其实是他们并未认识到自己所从事专业的意义，他们不知道在他们的音乐、美术或体育课上究竟要教给学生们什么。当被问及这一问题时，很少有人能正面回答，大都是抱怨学科地位的低下、教材内容的不合理、上课所必需的教具与材料的匮乏，等等。然而，笔者认为以积极的心态做事，总比带着消极负面的心态做事要好。无意义的工作使人堕落，有意义的工作使人奋进，意义在于个体对自身存在的创造中。

三　工作倦怠感是功利权衡后的选择

人们在决定自己要采取什么行动时，往往是以估算结果会怎样来做出选择，而不是先问一下自己在这一过程中究竟做出了多大的努力，先把自己的那份努力做了，再来看结果。这种结果论、目的论的行事准则本身就内含了惰惰性。虽然它维持了某种稳定性现状，但却是缺乏创造性的最大动因所在。在人的行事准则中还存在着义务论的解释，德国哲学家康德认为，道德就如同我们头顶上的星空一样，是我们作为人的一种义务，这种义务不需要任何理由。类似的命题有：做教师的就必然要有良好的道德修养；教师是道德高尚的化身。诸如此类，从前对教师职业不证自明的道德律令，现在已经越来越不为人们（尤其是教师从业者本身）所赞同了，因为背负着这样的道德律令，就给从事教师职业的人提出了较高的限制，这是大多数平常人都难以做到的。非结果论之中，在义务论失去了市场之后，过程论还多少能够为人们所接受。即人们做事不应仅仅从结果出发，只看重结果的好坏，而让自己去选择做或者是不做。除了结果以外，我们更应该看到过程之中所具有的价值，在过程之中我们获得了经历，有了体验，享受过程，这些比得到一个既定的结果更重要。

人们选择了不自由，这样人们就可以不用对自身完全负责任。人们更愿意在具有高稳定性的行政机关、事业单位工作，而不愿选择那些应聘制的私人企业、公司等工作。事业单位自由度小但工作稳定；公司、企业灵活，自由度大，但人们因为害怕由此带来的不稳定、朝不保夕，而更宁愿选择前者。选择自由就意味着你自己在其中占有着主动权，那么自己就得多动起来、得多付出。不消极怠惰就意味着自己要多做事，多做了也未必能够得到自己所想要的，这是一种保障并不确定的付出，这样看来，怠惰也是一种功利计算之后的怠惰。两相权衡之下，消极怠惰对自己更有利，风险性更小些，所以人们宁可任由厌倦、倦怠感、厌恶感将自己笼罩着，就这样混沌地过着，也不愿轻易地、主动地做出任何改变。保持现状虽不会有所增益，但也不会对自己造成什么不可接受的损益，在此种情况下，教师们更宁愿选择消极怠惰。可以说这是教师职业倦怠感的普遍性与难以消除性的根本原因之一。

四　我们可以做出更好的选择

教师必须有哲学的训练，才会有反省思索的习惯。教育哲学提供各种理论，让教师持不同的观点，从更广泛而深入的层面去观察教育与教学活动。生的目的不是为了死，花开不是为了花落，人生的意义在于经历。有宗教信仰的人依靠他们心中的神灵来使心灵得到慰藉，而我们这些没有宗教信仰的凡夫俗子靠什么来使自己的心灵得到慰藉呢？靠哲学。依靠哲学可以使心灵得到慰藉，哲学就是一种意义的探寻。萨特的存在主义哲学对生命意义的寻求是在摒弃宗教信仰对生命意义的探求情况下展开的，因而它或能适合我们这些无神论者的教师们做一参考。

第 六 章

贝塔朗菲一般系统论教育实践[*]

贝塔朗菲（Bertalanffy）一般系统论强调整体系统观，强调某一组织系统中元素间的相互作用及关联性，同时还强调系统与其外部环境间交互式的开放特性与自适应性。这些特性正是复杂性科学理论中所强调的。作为用整体观看待世界的贝塔朗菲，以具有复杂性科学特征的一般系统论透视法，对存在于当时美国的各种教育问题发表了不少具有创见性的观点和看法，这对当前中国教育实践具有一定的启示性作用。

第一节　贝塔朗菲一般系统论的产生

自 20 世纪 20 年代以来，现代科学技术迅猛发展，使得用分析还原的认识论方法已无力很好地解决涉及很多变数的问题，从而，在生物学到心理学等学科领域里，兴起了一股有机主义思潮，哲学紧跟其上，也注意到了这一新现象的产生。在这样的时代背景下，贝塔朗菲结合自己的专业研究及其自身善于从哲学的角度来思考问题的个人特性，开始考虑和探索一般系统论。从那时起，贝塔朗菲不断在自己的各种论著中反复强调："在今天，所有的学科都牵涉到'整体'、'组织'或'格式塔'这些概念表征的问题，而这些概念在生物学领域中都有它们的根基。"① 其中，贝塔朗菲经过他在生物学领域内的深入研究，在反对机械论与活力论时提出了机体论，以开放系统的理论，为物理学和物理化学揭示了新的概念，最后机体论还导致了一些基本哲学概念的产生。机体论也称有机论，其核心思

---

　　* 原文发表于《南阳师范学院学报》（社会科学版）2008 年第 2 期，第 80—82 页。
　　① ［奥］贝塔朗菲：《生命问题》，吴晓江译，商务印书馆 1999 年版，第 1 页。

想认为：所有生物都在其组成的物质和能量连续交换中保持自身。它能以活动的方式，尤其是运动的方式对外界的影响即所谓刺激作出反应。我们人类自身就是生物之一（不过是在生物链中处于更高一级而已）。这种生物学机体论观点就是一般系统论基本思想的直接来源①。当时，人类科学知识的高度分化产生的弊病为具有先见洞察力的学者所见。一般系统论在20世纪20年代就已提出，贝塔朗菲称之为"机体生物学"，有时也称"机体系统理论"，这是生物学中的有机论概念，强调生命现象是不能利用机械论观点来揭示其规律的，而只能把它看作一个整体或系统来加以考察②。

贝氏一般系统论中最为核心的思想即是对交叉学科的关注及大力提倡，贝氏在其一生的学术生涯中除在理论生物学方面完成了三本有体系的著作外，更引人注目的是他关于交叉学科方面的文章，有200多篇，大多散见于《科学》杂志及其他学术期刊上。他的通论性的著作，或者被收录在讲稿中，或者被放在论述系统思想的论文和各种演讲集中③。

贝氏的思想之所以具有里程碑式的影响力，并不仅仅是因为它的具有多学科性质的丰富多样性，更为重要的是，其中对于一种整合之力的深刻洞察，正是因为这样一种对整合力的关注和洞见，才启发了后人要将与我们人类具有紧密联系的整个宇宙用整体的观念来看待，将实在中原本被人类看作各个分离的元素整合成系统中的一个个相互联系的实体。在20世纪，爱因斯坦宣称："如果人类要生存下去，我们就需要有一个崭新的思维方式。"④而这种新的思维方式无疑是一种具有一般系统论特征的、具有整体观的复杂性科学思维方式。

---

①　在《现代西方著名哲学家述评》有关贝塔朗菲的述评中，将 general system theory 译为"普通系统论"，而目前对此使用较为普遍的译文是"一般系统论"。因而为一致性起见，本章在引用王兴成对贝塔朗菲理论的述评中统一以"一般系统论"代替"普通系统论"。（参见杜任之《现代西方著名哲学家述评》，生活·读书·新知三联书店1980年版，第478页）

②　王雨田：《控制论、信息论、系统科学与哲学》，中国人民大学出版社1986年版，第425—426页。

③　［美］马克·戴维森：《隐匿中的奇才：路德维希·冯·贝塔朗菲传》，陈蓉霞译，东方出版中心1999年版，第3页。

④　同上书，第4页。

第二节　具有复杂性科学特征的贝塔朗菲一般系统论

贝塔朗菲的一般系统论被认为是复杂性科学研究的开端，因此，人们认为贝氏是复杂性科学研究理论的奠基人之一①。有关"复杂性"研究，发展至今，已经分化出了不少的学派，有学者归纳主要存在六个学派：一般系统论学派、自组织理论学派、复杂适应系统学派、新控制论进化系统哲学学派、复杂范式学派、系统管理学派②。当然还存在着其他许多种不同的分法，但从系统论出发来对"复杂性"进行研究，在国内学术界具有一定的认可度，目前就从事复杂性科学及其理论研究的工作者来看，有相当一部分都曾是从事系统论或系统科学研究的学者（如闵加胤、于景元、苗东升、颜泽贤等）。在此，我们并不认为有关复杂性科学的研究，只有从一般系统论出发才是唯一正确而合理的角度。中国科学院数学与系统科学研究院的复杂系统研究中心，认为复杂系统（Complex Systems），或称复杂性（Complexity），主要研究复杂系统由微观层次上各子系统之间的相互作用所导致的宏观层次上的系统结构与行为。它涉及自然科学、工程学、经济学、管理学和人文与社会科学等各个领域，可概括为自然界演化过程中形成的复杂系统、社会经济复杂系统、工程和过程复杂系统③。

1954 年贝塔朗菲与当时来自不同领域的科学界较为有名的三位学者成立了一般系统理论促进学会，1957 年改名为"一般系统研究学会"（SGSR）。该学会的声明中，将一般系统定义为对一门学科以上有兴趣的任何理论系统。学会主要有四项功能：（1）研究不同领域中概念、定律和模型的同型性，以促进它们从一个领域向另一个领域的移植；（2）鼓励缺乏系统思维的领域发展合适的理论模型；（3）尽力减少不同领域中

---

① 李夏、戴汝为：《系统科学与复杂性》，《自动化学报》1998 年第 2 期；苗东升：《复杂性研究的现状与发展》，《系统辩证学学报》2001 年第 4 期；吴彤、黄欣荣：《复杂性科学兴起的语境分析》，《清华大学学报》（哲学社会科学版）2004 年第 3 期；金吾伦、郭元林：《复杂性科学及其演变》，《复杂系统与复杂性科学》2004 年第 1 期。

② 颜泽贤等：《系统科学导论：复杂性探索》，人民出版社 2006 年版。

③ 中国科学院数学与系统科学研究院复杂系统研究中心，2006 年 10 月（http：//complex. amss. ac. cn/index. html）。

理论研究的重复；（4）通过在专家中间增加交流来促进科学的统一①。以一般系统研究学会所声明的四项功能对比中国科学院数学与系统科学研究院的复杂系统研究中心的介绍来看，在它们之间确实存在着许多相似之处。由此可见，复杂性研究总是与系统相联系着的。

如果说在复杂性科学研究中最为明显的特征中包括以下几点：学科间的交叉性、跨学科性，整体性的观念，知识的综合性乃至整合，并最终走向统一的话，那么，一般系统论很显然是复杂性科学研究的开始。因为从最初一般系统论建立时，其努力目标即是通过寻找系统所共有的原理来促成科学的统一，亦即通过对所有系统的基本原理的研究，最终取得科学上的突破②。一般系统论寻求将所有关于组织的复杂性的科学观点囊括起来③。而这正是人们之所以将一般系统论概括为复杂性理论开端的原因。

另外，拉兹洛（Ervin Laszlo）作为一般系统论的后继有力研究者，主要发展了系统哲学，这是一种与分析哲学相对的整体性哲学。拉兹洛在20世纪80年代到中国来访问时，在演讲中曾专门提到："现在有'复杂性科学'这种提法，其实，'复杂性科学'就是系统科学。"④因而，人们之所以认为贝氏的一般系统论是"复杂性科学"研究的奠基性理论，是因为"复杂性科学"研究的前提性假设把事物看成一个个相互关联的开放的有机系统。"复杂性科学"与系统科学在某种程度上，在相当大范围内是相交的——产生交集。

第三节　贝塔朗菲复杂性科学特征的一般系统论教育观

贝塔朗菲作为一般系统论这一交叉学科的创始人，在生物学、医学、精神病学、心理学、社会学、历史学、教育学和哲学等领域都做出了重要

---

① ［奥］冯·贝塔朗菲：《一般系统论：基础、发展和应用》，林康义等译，清华大学出版社1987年版，第13页。

② ［美］马克·戴维森：《隐匿中的奇才：路德维希·冯·贝塔朗菲传》，陈蓉霞译，东方出版中心1999年版，第7页。

③ ［美］E. 拉兹洛：《系统哲学讲演集》，闵家胤等译，中国社会科学出版社1991年版，第6页。

④ 同上书，第86页。

贡献①。以下我们将详细讨论贝氏所关注的一些教育学问题。

首先，贝塔朗菲的一般系统论致力于解决人类知识中自然科学与人文科学之间相互分离的状况，因而他所主张的教育含义，主要是注重人性潜能方面的开发，同时，他反对那种在工业化及现代化之下，将人奴役为机器的用科技管理人类的教育形式。贝塔朗菲指出："借助于现代科学技术的帮助，不仅无生命的和非人类的自然界，就是人这种动物也能被管理。用训练来抑制人的行为。"② 而这种科学技术化的训练在学校教育中时有体现，尤其在贝氏所处的 20 世纪中期，正是美国等西方国家处于追求科技高效高速发展的时期。因而，贝氏在有关教育的问题上特别提出了教育应注重的是对人性及其潜能的开发，不要让人在科学技术管理的面前失去了潜在于自我当中的个性及其创造力。

其次，贝塔朗菲还就当时盛行于美国的教育公平问题从教育哲学的角度进行了评价。他认为："教育哲学中应该重新考查的一个方面就是人类的个体价值问题及其对立面，即'一切个人都有平等的能力和平等的智力'的说教，这显然是在拙劣地模仿美国宪法。"③ 因而，在贝塔朗菲看来，这种教育平等观不会给教育领域带来任何好处，它把教育的发展方向引向了一个最低的普遍标准，即适应于一群人中最低的智力水平。很显然，20 世纪六七十年代，美国在当时就苏联发射了世界上第一艘载人飞船成功的创举威胁下，普遍认为美国的整体教育水平已远远地落在了苏联后面，因而认为这是美国国家科学技术不能在世界上处于最高领先地位的原因。贝塔朗菲就当时美国存在的现实教育状况，以一个科学家的身份认为，美国在教育制度上的智力平等政策恰恰是导致教育整体水平低下的原因，而且感到这是一个国家从教育领域开始就难以培养出精英人才的主导障碍所在。

再次，贝塔朗菲还对当时存在于生理心理学中具有较高普遍性的"刺激—反应系统论"持否定意见。他认为这个错误见解的理论对教育理论有着巨大的影响。这种刺激—反应的价值观使得在教育领域里，教师将

---

① ［美］马克·戴维森：《隐匿中的奇才：路德维希·冯·贝塔朗菲传》，陈蓉霞译，东方出版中心 1999 年版，第 2 页。

② ［奥］冯·贝塔朗菲、［美］A. 拉威奥莱特：《人的系统》，张志伟等译，华夏出版社 1989 年版，第 156 页。

③ 同上书，第 157 页。

学生在学校里的行为看作是一种被动式的反应，即对不良环境的一种条件反射式的应付。然而，正是由于教师们的这种偏见，才造成了许多在教学工作上有损于儿童正常健康成长的错误方式。学生的自然好奇心和创造力，想弄明白事理的愿望，儿童在进行活动及有关事情上得到的内心的愉快体验，等等，所有这些都为学校和教师所忽视了，他们看不到这些体验对于学生健康成长的作用有多么重要。这可以说是多少存在于学校教育中的一种令人感到遗憾的现象。在对生理心理学刺激—反应论的否定、批判的同时，贝氏还提到这导致了教育理论中过度强调实用主义的倾向。虽然，学校教育中也有必要教给学生各种技能，比如从三种基础的训练（三 R，reading，writing and arithmetic）到医生和律师等专业技术性较强行业的培训，实用性知识的获得对于将来走向社会的学生来说是必不可少的。但是，贝塔朗菲更加强调"教育的总目标却不是实用主义的。它的目标不是培养出被调节控制在适应和服从状态下的纯粹的社会机器人，它培养的是在一个自由自在的社会里得到快活的人。因此，再说一遍，眼下的教育哲学忽略了这一点"①。接着，贝塔朗菲继续引申认为，从长远来看，这种看起来很实用的方法最终是不实用的。因为，它的势力范围已经从自然科学领域拓展到了人文学科上。但是，众所周知，人文学科偏向的，或者说更重视的是理论的积累、理解与阐释，它是对艺术、诗歌等的文化价值的释义。这些文化领域不是重在实用主义的价值方面；它们的目的即存在于自身之中。然而，正因为如此，它们才有了更高层次的实用价值。

最后，正如具有复杂性科学特征的一般系统论所强调的那样，贝塔朗菲就学校教育里的分科教学作了批判，并再一次在学校领域里，强调了学科间的交叉性与跨学科性教学及其研究，从而提倡在学校教育中开展综合课程，缩减一些不必要的课程，合并多种具有较多相关性的以前曾相互分离的课程，精简浓缩，给学生提供高质量的由优秀教师任教的核心课程。

贝塔朗菲基于一般系统论，对存在于当时美国社会的各种教育问题所发表的观点和看法，对我国目前的教育现实也有着一些积极的启示性意义。比如，对人性教育的重视，对庸俗智力平等主义事实上是给精英选拔

①　［奥］冯·贝塔朗菲、［美］A. 拉威奥莱特：《人的系统》，张志伟等译，华夏出版社1989 年版，第 159 页。

带来了阻滞性负面作用的警醒性提示，对具有短视性现实主义取向的教育行为所带来的不良后果的告诫，对实施综合课程所表达的具有操作性的建议，等等，这些都是当前我国教育现实问题中，值得我们注意和思考的方面。

第 七 章

贝塔朗菲、普里戈金与皮亚杰
的复杂性教育实践*

　　理论生物学家贝塔朗菲（Ludwig von Bertalanffy）、化学—物理学家普里戈金（Ilya Prigogine）与教育心理学家皮亚杰（Jean Piaget），三者各自在其原有学科基础上，通过复杂性研究范式，创建了具有复杂性特征的一般系统论、耗散结构论与儿童认知发展论。首先，这使教育学研究者们开始思考，作为人文社会科学而存在的教育学，综合意味着什么；其次，当学校教育在大多数社会问题中，陷于"巴尔干半岛之境地"时，教育学领域对此作出合理的抗议是必需的；最后，复杂性科学研究范式，作为教育学研究的一个新通路，将更能引起此门学科中的工作者们对跨学科综合意识与能力的重视和培养。

　　1994 年，美国圣菲研究所（Santa Fe Institute）成立十周年。1995年，霍兰（John H. Holland）的《隐秩序：适应性造就复杂性》一书出版。此书是作为纪念著名波兰学派大数学家乌拉姆（Stanislaw M. Ulam）的年度特邀讲座系列著作之一而出版的。乌拉姆的妻子在 1994 年的该讲座开场白中提到："乌拉姆是一人圣菲研究所。"① 意即乌拉姆是一个具有跨学科性的、综合各种文理知识的大学者。乌拉姆夫人对丈夫的评价也许有过高之嫌，因为就圣菲研究所在当今世界的知名度来看，也许有知道圣菲研究所的人已远远超过了对乌拉姆有所了解的人。圣菲研究所的声誉就

---

　　* 原文发表于《内蒙古师范大学学报》（教育科学版）2007 年第 11 期，第 25—28 页。
　　① 《乌拉姆夫人开场白》，载［美］约翰·霍兰《隐秩序：适应性造就复杂性》，周晓牧等译，上海科技教育出版社 2001 年版。

世界范围来看应该比单个的"一人圣菲研究所"式的乌拉姆强大。但是，这种陈述却隐示着，就当今时代来看，虽然知识已经发展到高度分化的时期，精细到了相当繁杂的程度，但一定程度的综合与跨学科研究，在单个人身上实现，却仍然是极有可能的。

第一节　具有代表性的三位跨学科复杂性科学研究者[1]

一　与圣菲研究所的比照

圣菲研究所[2]是一个具有明显跨学科性质的研究所，它集世界各专业领域内的名学者及诺贝尔奖获得者于一室，共同商讨、研究复杂性科学，虽然这种综合与跨学科研究是多人合作式的，但也不排除其中的许多成员，个人自身同时也都是跨了一两门乃至几门学科的研究者。他们的研究工作之所以会取得成功，在一定程度上是因为恰当地运用了跨学科的知识、方法与方法论。

以下我们将要举例说明这三位学者也都同样具备圣菲研究所及其成员们的综合、跨学科研究特性，并且他们三者中有两人是公认的复杂性科学研究的肇始人与推动人。虽然他们并非是目前研究复杂性科学的主要代表性机构圣菲研究所的成员，但他们在各自的时代（特指其个人的学术鼎盛期）都组建了自己的学术团体或组织。至今，这些组织仍然生机勃勃地存在着，与著名的圣菲研究所一起担负着促进人类知识走向综合、走向跨学科方向的使命，共同致力于解决自 20 世纪 20—30 年代开始而延续到我们这个时代，并还将继续发展下去的复杂性科学领域的问题。

目前，学界普遍认为，复杂性科学研究始自一般系统论的开端，作为生物学家的贝塔朗菲起到了奠基性作用；之后普里戈金从化学—物理学的

---

① 本章中"复杂性理论研究"与"复杂性科学研究"不作细致区分，因章中着重述及的三位学者，在各自的专业研究领域里都建立了具有影响性的理论。这种理论既是在科学研究基础之上得出的，又是通过个人在哲学思辨上的深邃思考而铸就的，因而科学研究与理论研究在此是相互融合的。

② 《圣菲研究所简介》，2007 年 5 月（http://www.santafe.edu/about/）。

角度进一步推动了复杂性科学研究的理论发展（当然，推进复杂性科学研究向前发展的还有其他许多起了决定性作用的理论成果，比如控制论、协同学等，由于篇幅有限，本章对此暂不涉及）。就皮亚杰的个人学术历程观之，我们看到皮亚杰的教育理论居于其研究历程的中晚期。这是建立在他早期生物学基础、发生认识论哲学、儿童认知发展心理学，乃至皮亚杰经过长期担任联合国教科文组织相关教育职务后，所累积起来的综合性、跨学科性理论。对照此前所列复杂性研究开端与第二阶段的两个代表人物（贝塔朗菲和普里戈金），皮亚杰的研究工作，有充分而合理的理由可被看作亦是具有复杂性研究范式的。

二　划分的标准

我们的划分（见表 1）是粗略的。对所选"三个代表"，将归于的特定时间阶段，并不以其个人生命时间为界，而是大致以他们各自理论所出现和盛行的时间为划定范围的基准。贝塔朗菲处于复杂性研究的第一阶段（20 世纪 50 年代之前），早期复杂性科学研究形成的开端——奠基性时期；普里戈金处于复杂性研究的第二阶段（20 世纪 40 年代至20 世纪末），复杂性科学研究的物理学——自然科学时期；皮亚杰处于复杂性研究的第三阶段（20 世纪 70 年代至 21 世纪），复杂性科学研究的综合形成发展时期。将皮亚杰的理论放在复杂性研究的第三阶段里来看，乃是因为复杂性研究所走过的历程，是从自然科学到科学哲学再到社会科学，而皮亚杰及其理论更多的是活跃于人文社会科学领域，虽然他所创建的理论，其基础深植于自然科学的生物学，甚至是皮亚杰本人的数学与逻辑思维能力，但正如人们所看到的，皮亚杰更多的是在教育心理学里出现。皮亚杰的复杂性研究范式可被看作是人文社会科学领域里的一个典范。

对于三者所具有的复杂性研究范式特征，可从他们各自的教育背景、专业发展路径、研究领域与个人兴趣及偏好、组建的学术团队或学术组织与公共性职务、所取得的成就等几个方面来分析。

表1　　　　　　　Bertalanffy、Prigogine、Piaget 三者的异同比较

人名	理论要点	代表著作	研究领域	研究启发及哲学兴趣	组建的学术团队或学术组织	在复杂性理论发展中的位置
贝塔朗菲 Ludwig von Berta-lanffy（1901—1972），美籍奥地利人	整体系统观：组织系统中元素间的相互作用及关联性；系统与其外部环境间交互式的开放特性与自适应性；复杂性一般系统论透视法	《生命问题》《一般系统论》《人的系统观》等	理论生物学，一般系统论，自然科学与哲学	受母亲及居住地（维也纳）浓郁人文艺术氛围影响，对科学和哲学同样感兴趣；妻子建议其以生物学为职业，因为一个生物学家能够利用他所知道的知识再去成为一个哲学家，而哲学家则很难以其他方式去谋取生存①	1954年成立一般系统理论促进学会；1957年改名为"一般系统研究学会"（SGSR）；②等等	第一阶段（20世纪50年代之前）复杂性理论形成的开端——奠基性时期
普里戈金 Ilya Pri-gogine（1917—2003），比利时人获1977年诺贝尔化学奖	自组织出现在远离平衡的自然界；不可逆性和概率性是大自然在所有层次上的内在性质，进化、结构涌现和创造性，成为所有层次上自然过程的基调	《探索复杂性》《确定性的终结》《从混沌到有序》《从存在到演化》等	化学物理学，耗散结构论，自然科学与哲学	受其母亲影响具有浓厚艺术、人文、哲学气质，阅读过许多哲学著作，尤其受法国生命哲学家柏格森《创造进化论》的影响，开始思考生命本质是什么，从而探索时间在自然科学中的作用，创建他一生的复杂性科学研究事业③	1959年，索尔维国际物理化学研究所所长；1987年，得克萨斯大学奥斯汀分校普里戈金统计力学和复杂系统研究中心主任；④等等	第二阶段（20世纪40年代—20世纪末）复杂性理论的自然科学时期

①　［美］戴维森：《隐匿中的奇才：路德维希·冯·贝塔朗菲传》，陈蓉霞译，东方出版中心1999年版，第33、37页，前言第1—3页。

②　［奥］冯·贝塔朗菲：《一般系统论：基础、发展和应用》，林康义等译，清华大学出版社1987年版，第13页。

③　同上。

④　［比］普里戈金：《未来是定数吗？》，曾国屏译，上海科技教育出版社2005年版。

续表

人名	理论要点	代表著作	研究领域	研究启发及哲学兴趣	组建的学术团队或学术组织	在复杂性理论发展中的位置
皮亚杰 Jean Piaget（1896—1980），瑞士人	认识在本质上是一个主动建构的过程，认知结构与图式；同化与顺应；平衡与失衡；感觉运动期、前运算思维期、具体运算期、形成运算期；发生构成主义；等等	《发生认识论原理》《教育科学与儿童心理学》《儿童早期逻辑发展》等	理论生物学发生，认识论认知发展，心理学	母亲的影响：早年为皮亚杰特聘一典型人文主义者做教父，奠定了皮亚杰的哲学根基①。生物学方面的兴趣则来自父亲的严谨态度和家乡自然历史博物馆馆长保罗·戈代的指导②	1929—1967年国际教育研究中心主任；1955—1980年，日内瓦大学发生认识论国际研究中心主任③；等等	第三阶段（20世纪70年代—21世纪）复杂性理论的综合形成发展时期

三　对例证的分析

从表 1 中，我们可以了解到，贝塔朗菲从小受母亲及居住地（维也纳）浓郁人文艺术氛围的影响，对科学和哲学都感兴趣。在贝塔朗菲还很年轻的时候，他就曾很费思量地咨询过妻子，到底应该选择哲学还是生物学作为终生职业。

而皮亚杰除了具备严谨的科学探究精神外，在他身上也能找到浓厚的人文气质。就他本人的个人经历而言，这种兼具自然科学与人文科学两种气质并行不悖的特性，乃是由于深受父母身上所表现出来的这两种截然不同的气质影响。皮亚杰的父亲是一位非常严肃而严谨的历史学教授，不苟言笑，甚至在日常生活的小事情上，也要求皮亚杰必须在做到有严格合理的逻辑推理之后，才能行事。而皮亚杰的母亲则是一位虔诚的天主教徒，她常常过于想象化，这反而使得在她身上表现出了较为充分的人文气质，

①　赵祥麟等：《外国教育家评传》（第三卷），上海教育出版社 1992 年版，第 620 页。

②　［摩洛哥］摩西：《世界著名教育思想家》（第三卷），梅祖培等译，中国对外翻译出版公司 1995 年版，第 253 页。

③　［英］博登：《皮亚杰》，杨赋斌译，昆仑出版社 1999 年版，第 160—161 页。

皮亚杰在这方面受到了很多正面的影响，他母亲在他很小的时候，就把他托付给了一个典型的人文主义者教父，这位教父让皮亚杰学到了许多人文科学方面的知识，培养了皮亚杰爱好哲学思考的习惯①。

至于普里戈金，早年毕业于莫斯科音乐学院，在音乐艺术方面的爱好来自母亲的影响。上中学时，他就越来越关注文学、历史、哲学和人文学科。那时他读完许多哲学著作，最让他心动的就是法国生命哲学家柏格森的代表作《创造进化论》②。从那时起他就开始思考生命的本质到底是什么，对涉及时间问题最多的化学和物理学产生了兴趣，从而探索时间在自然科学领域中的作用，终生致力于复杂性科学研究事业。

以上三者的例证说明，这些以自然科学作为终生研究领域的学者、科学家，他们不但能在所从事的自然科学领域里取得一定成果，还能创造出同样具有跨时代意义的哲学论著，乃是因为他们个人对哲学都有着一定的兴趣，有着深厚的人文素养。

自然科学理论家同时又兼具哲学家的合理可能性，可在杨振宁博士"物理学的尽头是哲学"③ 这句话里得到一定程度的体现。自然科学的理论是一种有待实验去考证的假说，就其具有"理论性"这一层面来看，它距离哲学的思考已不远了。可以言之，从事自然科学理论研究并有一定人文科学素养的科学家们，在哲学理论上更易有所建树。

第二节　启示

一　作为人文社会科学而存在的教育学，综合意味着什么

就目前的状况来看，复杂性研究已成为一种具有世界规模的科学思潮，一种文化运动。复杂性理论研究吁求具有跨学科性质的专家学者。目前，在人类知识已达到相当精细乃至高度分化的情况下，如何达到具有建设性意义的良性的、综合或跨学科性呢？

---

① ［美］墨顿·亨特：《心理学的故事》，李斯、王月端译，海南出版社 2006 年版，第352—353 页。

② ［比］普里戈金：《未来是定数吗？》，曾国屏译，上海科技教育出版社 2005 年版，第 91页。

③ 丁常春：《马克思主义宗教观新探》，《四川行政学院学报》2004 年第 6 期，第 95—97页。

在此，我们仅就人文社会科学工作者如何了解、理解并恰当地掌握与自然科学相关的自然哲学方面的知识这一问题进行探讨。在受到复杂性理论的启发下，处于 21 世纪这个新综合时代，人文社会科学工作者从自然科学研究成果及理论中受到的启发是来自自然科学领域里的新思想、新观点及新的方法论等。这是一种借鉴性活动，重点在于自然哲学方面的知识，而不在于具体的某一门自然学科的知识精通，虽然一定的了解和掌握是必要的，但是，一个清醒的人文学者不禁要问：在此之中，究竟我所能够把握得了的是什么？对于一个人文社会科学工作者来说，他如果要花费巨大的时间与精力投入自然科学某门具体学科的知识学习之后，才能继续开展自己的研究工作，那一定不是我们这个讲求效率的新综合时代所极力倡导的。综合的意义绝不是要一个人文学者变成某一自然科学领域里的行家里手，而是要求能够在一定程度上较为准确地把握来自自然科学领域里的新理论、新理念、新的方法论，从而能够富有创见性地应用于人文社会科学领域。

此外，还需提及的是，自然科学领域的研究工作者在新综合时代里，他们所能够做到的综合是，如同以上所举三位科学家那样：将其在自然科学领域里取得的成就与哲学思想联系起来，深入浅出地陈述他们在自然科学领域里所取得的研究成果，并能够从中提炼出新的具有哲学方法论意义的理论。

最后，由于教育学属于社会科学领域，是人文学科与自然科学知识的兼容并蓄，教育学研究工作者，尤需具备这种综合与跨学科性的研究意识与研究能力。

二　学校教育成为社会普遍问题"巴尔干半岛之争"的抗议

在贝塔朗菲的传记中，有 R. 巴克闵斯特·富勒作的前言，其中对教育中的分科问题给予了高度的关注，他认为，对知识的专业化进行得最为彻底的场所在学校①。

从富勒对学校教育过度专业化的评论中，我们看到，人们批驳专业化分工程度的过度化首先是从学校开始的。学校教育因此成了社会上大多数

---

① ［美］马克·戴维森：《隐匿中的奇才：路德维希·冯·贝塔朗菲传》，陈蓉霞译，东方出版中心 1999 年版，第 33、37 页，前言第 1—3 页。

问题争论的导火线、论争的焦点与战场，此种局面类似于以"火药桶"而著称的巴尔干半岛之地位。在这些指责学校教育种种不足与过失的激烈论争中，人们没有看到的是，当学科分化成为一种普遍的社会现象时，学校在其中所扮演的只是一个工具性角色。

学校的分科性教学也许对专业化起到了推波助澜式的作用，但学校并非是这场高度专业化过程中的肇始人和最终决定它是否该停止的裁决人。由此角度来看，不论是教育界内部人士还是教育界外部人士，都不应就此而过度苛责学校所应承担的责任。他们应该建议在学校教育中怎样做才是更为合理的，并且去身体力行，以示为榜样。比如贝塔朗菲、普里戈金、皮亚杰，三者在看待教育问题时，都有一个相通之处，那就是教育所要培养的是具有独立自由人格的人①。

三 复杂性科学研究范式，教育学研究的新通路

来自生物学、化学—物理学、教育心理学领域的三位著名学者贝塔朗菲、普里戈金与皮亚杰，他们分别从各自的专业领域出发，通过复杂性的思维方式与研究范式，在自己原有专业基础之上，构建了具有复杂性特征的一般系统论、耗散结构论与儿童认知发展论。这使人们看到，一个综合性、跨学科性、整体性的学科时代已经到来，而教育学自身作为一门具有高度综合性、跨学科性质的学科，致力于这一领域的研究工作者们有意识地培养自身具有这种综合与跨学科的复杂性思维及其研究范式，将有助于推动教育学术知识在 21 世纪的优化与发展。

---

① ［奥］贝塔朗菲、［美］拉威奥莱特：《人的系统观》，张志伟等译，华夏出版社 1989 年版，第 159 页；［比］普里戈金：《未来是定数吗?》，曾国屏译，上海科技教育出版社 2005 年版，第 71 页；［摩洛哥］摩西：《世界著名教育思想家》（第三卷），中国对外翻译出版公司 1995 年版，第 255—256 页。

第 八 章

复杂性研究之人文社会科学的作为[*]

近年来，人文社会科学领域里有关复杂性的研究，主要涉及"复杂性"与后现代；"复杂性"与中国传统文化；"复杂性"与社会学；"复杂性"与教育学等方面的内容。本章重点讨论复杂性研究中，人文社会科学对自然科学在价值观的导向和方法论上的引用与借用问题。

自 20 世纪以来，人类对自然界与其自身所处社会的复杂性进行了多种多样的研究，大致归纳起来似可看作在以下三个学科领域里的探索，一是物理自然科学；二是科学哲学；三是人文社会科学。当然，这样的划分并非是绝对的，它们三者之间各自所做的工作有许多相交之处，尤其是第二、三者对第一者在观念、方法论上的应用。实际上从最初开始，"复杂性"的出现，或者说是被发现、被关注，首先来自自然科学领域。虽然我们并不否认复杂性作为一种客观自然现象是古已有之，但被人们提上议事日程却是从自然科学的各种实验及其结果开始的。本章将重点讨论复杂性研究中，人文社会科学对自然科学在价值观的导向和方法论上的引用与借用问题。由于篇幅所限，对人文社会科学领域里的其他诸多具体学科，如历史学、文学、政治学、经济学、管理学、法学等的复杂性研究暂不涉及。

第一节 人文社会科学领域里的"复杂性"概念

在人文社会科学领域里，人们更多体会到的是："复杂性不是某种单一的理论体系，而是一个集群、集合（collection），它常常分散于各学科

---

* 原文发表于《社会科学论坛》2007 年第 11 期（下），第 25—28 页。

领域的研究中，包括人工智能、博弈论、计算机科学、生态学、进化论与哲学等。它不是'宏大叙事'（grand narrative）式的理论——借着这种宏大框架能够解释人们的各种行为；它更多的是指一种看到事物之间联系性与可能性的研究视角或范式。通过这一视角或范式可以看到大量的全球性的联系，复杂性理论让我们了解到世界上某一个小小地方的很小的变化都能够给世界带来巨大的影响。"①

另外，在人文社会科学领域里，埃德加·莫兰（Edgar Morin）对"复杂性"的解释也具有一定的代表性，"complexus 意味着交织在一起的东西。确实，当不同的要素（比如经济的、政治的、社会的、心理的、情感的、神话的）不可分离地构成一个整体时，当在认识对象与它的背景之间、各部分彼此之间存在相互依存、相互作用、相互反馈作用的组织时，就存在复杂性。复杂性，由于这个原因，是统一性与多样性之间的联系"②。

由此我们可以看到，与自然科学领域里"复杂性"指的是"与混沌、分形和非线性相关联"略有不同的是，人文社会科学领域里更为倾向于认为"复杂性"指的是各种事物之间的联系性与可能性、统一性与多样性、混乱性或杂多性等意思，因而较倾向于认为复杂性科学是以研究自然、社会的复杂性和复杂系统为核心的新科学，一种新兴的研究范式或视角。复杂性研究在人文社会科学领域里，担当起的是一般方法论的角色，所以，在社会科学领域，复杂性研究是以一种复杂性观念、复杂性思维为特征而存在的学科群，它类似于某一个"类"或"群体"，但却绝非单一的独立个体。

第二节　人文社会科学领域里的复杂性研究

一　"复杂性"与后现代

把二者放到一起进行讨论的理由与原因。首先，因为它们有着能够产生的共同的文化背景，现代技术革命，为复杂性探索和后现代反基础主义

---

① Lynn Davies, *Education and Conflict: Complexity and chaos*, 1st ed., London: Routledge Falmer, 2004, pp. 19 – 20.

② ［法］埃德加·莫兰：《复杂性理论与教育问题》，陈一壮译，北京大学出版社 2004 年版，第 27 页。

的出现提供了重要条件。其次，后现代理论似乎有着这么一个特色"一个理论框架，在其中，任何东西都可以往里面塞"①，在某种意义上，它是具有相当的包容性的。同时，复杂性理论的核心思想也有着开放与综合的特色，因而，学者或研究者们将它们放在一起似乎是有着一些天然的内在理由。再次，后现代理论之所以和复杂性理论能够联系到一起，是由复杂性科学的基本思想与后现代理论的核心主旨所决定的。复杂性的特色，在于特别强调和精于分析自组织的过程，反对传统概念的表述。因而，尤其是在"反传统概念的表述"这一点上，后现代理论则与复杂性理论有了共同的攻击目标与"靶子"，换言之，受到它们攻击的对象具有同一性。最后，将复杂性理论与后现代联系起来，学者或研究者们似乎多少都有着这样一个共同的愿望：可以用整合的方式将计算机科学理论连同哲学理论，采取一种批判视角的分析方法来使用复杂性理论。这也是复杂性之所以能够合理化地站在"后现代"这样一个视角来看待和处理各种问题的充分理由所在，整合是后现代最为显著的特征之一。

二　"复杂性"与中国传统文化

复杂性与中国传统文化，就目前学界对复杂性的相关研究来看，也算是一个比较"热"的热点问题。所讨论的主题，首先涉及整体观方面。如："与以分析的、原子主义和还原主义为主要思维模式的西方文化相反，整体论却是中国传统哲学的灵魂，是中国传统文化的性格表征。中国传统哲学的诸种流派，大都坚持一种'天人合一'的宇宙整体观，即认为主体和客体是统一的，人是整体宇宙中的一部分，自然与人类有统一性。"②

其次，有学者认为复杂性理论在中西方古代哲学思想史上很早就已经出现了。如埃德加·莫兰曾提到：实际上我们在东方和西方的哲学史上可找到许多复杂性思维方式的因素和前提。他们写道：自古代，中国的思想就建立在阴和阳之间的既对立又互补的两重性逻辑关系的基础之上。老

---

① Paul Cilliers, *Complexity and Postmodernism*, Ist ed, London: Routledge, 1998, Preface, p. 1. [南非] 保罗·西利亚斯：《复杂性与后现代主义：理解复杂性》，曾国屏译，上海科技教育出版社 2006 年版，前言第 1 页。

② 聂耀东、彭新武：《复杂性思维·中国传统哲学·深层生态学》，《思想理论教育导刊》2005 年第 4 期。

子提出对立面的统一构成实在的特点。在 17 世纪，方以智提出一个真正的复杂性的原则。在西方，赫拉克利特提出了必须把矛盾的概念联系在一起来断言一个真理。帕斯卡是古典时代的一个关键的关于复杂性的思想家，如他的《思想录》中所提出的箴言："任何事物都既是承受作用者又是施加作用者，既是结果又是原因，我认为不认识部分就不可能认识整体，同样地不认识整体也不可能认识部分。"晚一些时候，康德阐明了理性的极限或疑难。在斯宾诺莎那里人们找到了世界通过它自己自我产生的概念。在黑格尔那里，辩证法预告了两重性逻辑，这个自我构建的过程变成了陈述精神从自然中涌现出来最终达到其完满实现的宏伟体系。尼采引起了确定性的基础的第一个危机。在后马克思主义那里，我们由于阿多诺（Adorno）、霍克海默（Horkheimer）和晚期的卢卡奇（Lukacs）不仅发现了许多批判经典性的因素，还有许多形成复杂性思维方式的养料①。

　　在此，作为经典著作理论，我们可以看到它们对人类思想进步的无穷价值。但是，历史的厚度，对于创新与发展来说，有时候到底是一种助益，还是一种"拖后腿式"的阻碍与妨碍呢？这种状况似乎如同一个双腿被捆绑了沙袋而艰难前行中的人。历史在某种程度上对人类的创新也许存在着一种樊篱式的限制。什么都是古已有之的，那么我们的新东西在哪里？现代人或者说当代人就真的再也创造不出较之历史上所有的那一切来说，是完全不同的、完全全新的新知识出来了吗？如果答案是肯定的，是否"有历史"就成为了一种不乐观的境地了呢？从这一点上来看，到底历史的沉积与积淀能够带给人类发展与进步的是益处多一些，还是坏处多一些呢？

　　与此相关，一些有历史主义偏好的人，不论当下里出现任何一个新的思想、理论或观点，他们都有着一种要到历史潮流里去追根溯源的癖好。有一种坚定的信念一直支持他们这样去做，那就是在历史的长河中定能够找到这个新出现的事物的根源，并且坚信它一定是古已有之的，因为任何东西都不是凭空掉下来、横空出世的。当然，在此，我们并非否定当新事物出现时，用历史主义的眼光来研究或看待这一问题就是完全不应该的，

---

① ［法］埃德加·莫兰：《复杂性思维》，2007 年 5 月 26 日（http：//www. philosophyol. com/bbs/dispbbs. asp？ boardID ＝24＆ID＝12608＆page＝8）。

但正如任何东西走过了头都只会走到它的反面一样，特别是在哲学、人文社会科学领域中，这样的倾向尤其严重，这又是不是人文社会科学的发展，难以达到像自然科学那样，发生日新月异的质的跃迁之变化的缘由之一呢？

三　"复杂性"与社会学

如果将社会系统作为一个天然的复杂性系统来看，其本身是最为复杂的，也就是说，社会具有复杂性是其天然本性。但是，在复杂性理论从自然科学中诞生以来，人们却似乎并未对社会系统的复杂性做过明确而成规模或有影响的研究，来自社会学领域的研究者也总结道："在社会学中复杂性问题一直没有成为一个专门课题。"但是，"由于复杂性是社会过程的基本特征之一，社会学家关于社会过程的描述和分析不可避免与当前有关复杂性问题的讨论有许多契合之处"①。是否可以说，正是复杂性理论的出现提醒了人们，用产生于自然科学中的复杂性方法论来研究社会系统，会取得较之以前不同的局面、进展和成果。或者，复杂性理论可以更有益于我们从另一个新的角度或侧面来了解和研究社会系统，它能够给我们打开一个研究社会系统及其问题的新通道。

社会学领域与复杂性理论相关的研究主题，主要涉及社会发展的全球化问题；"复杂性"研究方法的具体运用；社会变迁与社会交往过程复杂性等方面的研究。复杂性在社会学研究领域里，与自然科学领域出现的趋势相反，社会发展首先是从简单现象开始，逐渐上升到更为复杂的层面上来的。而正是由于这种演化趋势上的差异，才为社会学与自然科学领域的研究提供了不断相互交流与沟通的机会。

四　"复杂性"与教育学

教育学领域是一个复杂的系统，其复杂性表现在：教育活动所处环境的复杂性和不确定性；教育组织系统的多层级、多单元、多功能和多目标的复杂性；教育行为结果预测、决策与控制的非线性和非确定性；教育信息的非对称性；以及教育系统所处的非平衡态和混沌性；教育系统中，各子系统或子因素间的交互作用，并与外部复杂环境相互作用的自组织和自

---

① 谢立中：《社会的复杂性：社会学家的视野》，《系统辩证学学报》2001年第4期。

适应过程中的复杂性；等等。

第三节　启示

"复杂性"作为一种研究范式，进入人文社会科学的视域，是 20 世纪中后期，乃至 21 世纪的当今之事。然而，目前它已俨然成为人文社会科学领域里一种新兴的研究范式，并由于其对过去传统的线性思维所产生的颠覆性震荡作用，使得复杂性研究在人文社会科学领域里尤为引人注目。

由以上的分析，我们可看以到复杂性在人文社会科学领域里能够带给我们这样几个明显的启示：首先，复杂性常常与系统相关，复杂性总是在系统中发生的，因为事物本身所具有的复杂性，我们只能将其视作一个整体来看待，有了整体，就有了整体中的系统。复杂性的系统整体观，提醒人们注意到，研究事物，从整体的视角来进行多角度透视，并将整体系统中各部分子系统都尽可能地考虑到是非常重要的。第二，复杂性理论出现所带来的开放视域与学科综合意识程度，越来越受到人们的重视。自然科学与人文社会科学的交流与融合，这种学科间的影响作用对它们各自领域的学科发展都有着相当巨大的影响意义，这预示着一个自然、人文与社会各学科间的新综合时代已经到来。第三，人类自身的认识能力与客观存在之间的复杂性，也越来越引起人们深沉的思考。由古至今，人类社会所具有的一些迷信思想和宗教信仰或风俗传统习惯的产生，与客观事物的复杂性相关。正是因为事物过于复杂，超乎人类的解题能力，所以人们解释不了的或难以理解的现象或事物，便用一种空想、虚构和假想的形式去圆说它。但是，这种状况总会随着人类认识的进步而得以不断地解决，具有整合、开阔性视域的复杂性研究，将给予人们极大的信心去继续探索我们人类世界所面临的任何难题。

第 九 章

鲍曼后现代幸福观省思下的教育实践[*]

以鲍曼视角来看，后现代幸福观以享受即时性的幸福，不认可长远规划、长远利益或打算，不将幸福延迟享受等为特征，具有流动性、不确定性和求新求异等标志。在这样充满不确定性的世界里，现代教育者角色定位发生了改变，现代教育面临困境，遭遇来自后现代幸福观的种种挑战。

齐格蒙特·鲍曼（Zygmunt Bauman，1925—2017 年）是当今著名的波兰犹太裔英国社会学家，其理论以擅长研究后现代社会学而闻名。鲍曼认为，目前我们正处于流动的现代性社会中，也即经历着具有后现代特征的现代社会。它具有多变性、流动性、不确定性和风险性等特征。生活在具有后现代特征的现代社会里，人们的幸福观发生了改变，然而，现代教育却以其固有的稳定性特征表现出改变进程的缓慢，难以跟上时代观念的步伐。在这样的情况下，后现代幸福观对现代教育提出了一系列挑战。

第一节 "后现代幸福观"阐释

鲍曼对后现代幸福观的解释，融入在对前现代和现代的幸福观的重新诠释和批判中。具有后现代特征的幸福观崇尚即时享受，不延迟享乐，不为了将来不确定的幸福而牺牲现在的幸福，后现代的幸福观对财富的缓慢累积不再热衷，而崇尚即时消费：钱财只有用了才是自己的。攒积或囤积金钱在不确定的后现代消费化社会里是不理智之举，那样的人既不可能体验眼前每一次唾手可得的即时幸福，也不可能会拥有最终的幸福（他本人所期望的长久幸福）。后现代幸福观呈现的是一种追求"深度精神幸

---

*　原文发表于《黑龙江高教研究》2008 年第 9 期，第 9—11 页。

福"的终结，"即时享乐型幸福"的兴起。

后现代性的现代社会里，人我之间交往的浅层次性、表面性，以网络化社会为表征而成为一种新型的人际交往模式。以此，人们开始了认同一次性、即时了结、不拖泥带水，也即无须负任何责任、不会给后继生活带来任何麻烦的幸福观。鲍曼提到，"冲浪"是一个新流行的词汇，它准确地抓住了以不确定性为特征的新世界的新精神状况。在冲浪中，冲浪者同物质的联系仅仅是表面的，就如同一条小毛虫爬过就足以擦去溅在你身体上的少许水珠一样。在后现代性社会里，人们害怕的是黏性物质，对黏液的占有是有害的，恰恰是在我相信我拥有了它这样的时刻，它也拥有了我，我不再是控制占有进程的主人[1]。这隐喻着后现代人际关系浅层次交往的特性和趋势。人我之间浅层次性、一次性的交往方式减少了人们对所需负的无限责任的担忧。这样，在现今的幸福观看来，各种深度似乎都显得是危险的，表面成为了唯一相对安全的地方。这种新型的表面关系，也即人们之间的网络式交往关系，显示出电子网络信息为人们创造了一种不联系或相互隔离的状态。今天的社会，真正强调的恰恰是人际联系纽带的易断性（人们之间纽带的断裂和它们的联结一样容易）。占有和存在在当前人们所理解的幸福生活中并不十分重要了，真正重要的是使用——立即使用、当场使用、享受之后就没有了的使用、欢乐一结束就会得以终止的使用[2]。

目前，在日本社会里出现了具有一定数量的自由职业青年，他们拒绝拥有固定而稳定的、可靠的职业生活，认为这样能够避免稳定的工作所带来的羞辱性的指责，他们否定稳定性和长期性。自由职业者（根据不同的估计，这种人在日本年轻人中有 170 万～340 万）宁愿随意地选择短暂的、临时的和瞬间的工作，他们宁愿去挣零钱。长期投资——不管是在物质财富方面，还是在生活伴侣方面——都被避免了[3]。在当前人们对幸福生活的描绘中，暴富比稳定的利润更引人注目。世界每天都充斥着一夜之间就腰缠万贯的新闻——凭借幸运的偶然事件（如炒股、买彩票、电视节目中大奖等）。一次走运或一次灵感，而不是通过长期艰苦的工作和有

---

① ［英］齐格蒙特·鲍曼：《被围困的社会》，郇建立译，江苏人民出版社 2005 年版，第 152—153 页。

② 同上书，第 153—155 页。

③ 同上书，第 156 页。

计划的努力，越来越多的人轻易就获得了令世人瞩目的成功，但这从另一方面也表明了成功的脆弱性和短暂性。

这个世界已经把创业的意义改变得面目全非了，在这个不稳定的世界中，正如鲍曼所提到的，真正的"创业者"不会考虑按部就班地创建一个"企业"，不会像建造一座房屋那样自始至终地"选择最不容易腐烂的材料"；相反，他们会考虑，在信用被取消和信用到期之前，能否把利润据为己有①。这种典型的后现代幸福观具体表现在以下几个方面：赞同人际的浅层次交往，以免负责任；不把长期稳定的工作当作是一种幸福，反而认可随时可以开始，随时又可以被解雇的零散工作，否定长期性和稳定性；崇尚迅速致富，不再认可获取成功需要付出巨大努力的价值观；人们不再把踏实和诚信作为创业的座右铭，而是在信用上抢时间、打时间战。

第二节　遭遇后现代特性的现代教育

一　现代教育者角色定位的转变

鲍曼作为一个社会学家，长期以来对现实社会的教育问题也较为关注。早在华沙时期，他就一直很关心"科层制下青年一代的道德教育、大众行为与生活态度、党内管理与社会管理以及知识分子在其中的角色和作用问题"②。20 世纪 60 年代，作为华沙大学的社会学教师，鲍曼就已经以英文写作的方式，发表了一些有关教育问题的文章，如《对当代教育中的三点评论》（1966）、《当代教育问题的一些问题》（1967）③。在《对当代教育问题的三点评论》一文中，鲍曼给出了一个警醒式的提示：依附在国家意识形态上的道德教育，传授给学生们的是一元化的正统思想与道德观，然而，学生们进入了社会之后却发现多元的价值观与学校的一元论相冲突。鲍曼因而谴责"波兰的学校没有使年轻人作好准备去应付工业社会生活的复杂性"④。其次，鲍曼还论述了作为知识分子的学校教师

---

① ［英］齐格蒙特·鲍曼：《被围困的社会》，郇建立译，江苏人民出版社 2005 年版，第157 页。

② 蔡颖：《鲍曼思想简介》，《国外理论动态》2003 年第 9 期。

③ ［英］丹尼斯·史密斯：《齐格蒙特·鲍曼：后现代性的预言家》，萧韶译，江苏人民出版社 2002 年版，第 44 页。

④ 同上书，第 68 页。

如何帮助民众适应工业社会的复杂性的问题。最后，鲍曼提到："每个年轻人都应该对这样的事实有所准备，即他的一生由一系列决定和选择构成，没有任何人和任何事，没有任何神圣的天意和历史的必然性，能使他摆脱对自己行为的责任。"① 从中我们可以了解到，鲍曼认为具有知识分子身份的教育者，他们应负有热衷于教育民众的重任，帮助民众学会自我管理的技巧，学校教师有责任去传播他们的影响，并能积极地聚合社会的各种力量。

鲍曼对教育问题的关注基于这样一种认识：知识分子应该致力于了解青年一代的人生观及他们的当代个性特征，并以知识分子自身所具有的力量去影响和改变青年一代，使他们变得更好，以至于最终会有这样一个"新人"出现——有社区公民感、友善、充满信心、值得信任，并有免于恐惧的自由感，不怀疑他人，没有羞辱式的顺从的年轻一代。鲍曼认为："如果我们不是寄托于从年青一代那里寻求改变，那么我们如何指望，产生并发展出新的后改革（post-transform ation）社会是可能的呢？"②

在贝尔哈兹看来，鲍曼传递的信息主要是知识分子（包括教育者）的角色问题，知识分子应该充分地解释有什么东西可以评价我们的环境，批判具有破坏性的东西③。这表明，在具有后现代特性的社会里，现代教育者所具有的只是阐释者的角色，而不是立法者的身份了。在此情境下，现代教育者所能向学生做出的只是阐释某种东西的有害性，但却不能站在立法者的立场来禁止学生的行为。

二　应对不确定性世界，现代教育面临困境

迪尔登（R. F. Dearden）曾经提到，人们的某个追求实际就是人们的幸福。这实际上转换成了幸福有多重要的问题。学生有效学习的产生，幸福感在其中所起到的作用是必要的。甚至可以说，不幸福、不快乐的儿童

---

① ［英］丹尼斯·史密斯：《齐格蒙特·鲍曼：后现代性的预言家》，萧韶译，江苏人民出版社 2002 年版，第 70 页。

② Michael Hviid Jacobson & Keith Tester, "Bauman before Exile-A Conversation with Zygmunt Bauman", *Sociological Review*, March 2006.

③ 刘晓虹：《现代性的辩证法》，《国外理论动态》2003 年第 9 期。

将不能学到真正有价值的知识①。

　　然而，鲍曼提醒我们，在具有无穷大容量的网络化信息时代，知识被界定为如同丢弃垃圾一样的容易，目前我们所处的现代性社会是具有流动性的（即后现代社会），在这样的社会里，那种具有确定性传统的现代性成为流体而变得模糊了。当人们聚敛财富达到一种饱和状态时，聚敛物的增加就不再成为财富的象征，反而会变成令人不快的东西。那时，每一样过剩的东西都必然地会被抛弃，这同样也包括知识在内。这种状况对教育提出了极大的挑战。根据鲍曼的观点，人，卓越超群的学习动物，如果抛弃了传统的价值观，就会很难再继续依赖以往所获得的学习经验去行动。那么，一个人怎样能够为了不确定的流动的现代性而作准备呢？对于儿童的未来生活，我们应该怎样和应该教给他们什么，以至于他们能够继续很好地生活下去呢②？面对后现代信息化社会，知识的产生与获得都是相对容易的，那什么样的知识和怎样获取知识的方式能让学生感到幸福，并能使学生能够通过获取知识从而获得他们所需要的幸福呢？鲍曼所提出的这一系列现代教育如何应对不确定性世界的问题，正是后现代幸福观对现代教育所提出的挑战。

第三节　后现代幸福观对现代教育的种种挑战

　　后现代幸福观是在具有不确定性、流动性的现代社会中产生的，它以必然的趋势向以固定性为特征的现代教育提出了严峻的挑战。

一　后现代幸福观对现代教育影响力的挑战

　　如前所述，现代教育者立法者身份的消失，而似显力弱的阐释者身份的凸显，在具有后现代性特征的现代性社会，使得学校教育在面对后现代幸福观时，其教育影响作用也相应变得软弱无力。尤其在对人们的

---

　　① R. F. Dearden, "Happiness and Education", Philosophy of education: major themes in the analytic tradition, Vol. 2, *Education and Human Being*, edited by Paul H. Hirst and Patricia White, London: Routledge, 1998, p. 307.

　　② *Pathways into the Third Millennium. Society, Knowledge and Know-How*, UNESCO/ICPHS INTERNAT IONAL SYM POSIUM, Istituto Italiano per gli Studi Filosofici, Naples (Italy) Dec. 6 and 7, 2001. (unesdoc. unesco. org/images/0012/001256/125670e. pdf)

新思想、新观念的影响方面，学校教育的力量甚至有面临着落在公共媒介力量后面的危机趋势。后现代幸福越来越多地是为媒体的力量所传播着，如互联网、电视、电影、广播、各种铺天盖地的广告等。按照目前的现实观之，教育在此方面的作用与力量正逐渐让位于消费社会里的媒体力量，学校里教师对学生进行思想观念教育的影响力正在日渐式微，学校的教育功能在某些方面走向了下坡路，日益受到媒体作用的威胁。在对人们的思想观念方面的影响力上，媒体有代替学校而履行教育人们的功效，在后现代信息化消费社会，伊里奇的"非学校化社会"以新的形式扩散着。

二　后现代幸福观对现代理性教育的挑战

现代理性教育从文艺复兴时期开始已经持续了几百年，鲍曼认为，现代性发挥作用的关键机制是规训，在这一工作伦理下，人们高度顺从而没有思想，人们为现代性所付出的是以自由为代价而换取安全感。然而，时至今日，现代性的维持机制已被削弱，矛盾态度占据着各个角落[1]。

这种状况正如卡尔（Wilfred Carr）所指出的，后现代的出现是对自启蒙时代以来所创下的现代理性教育理想、教育价值与教育目的的挑战，它让启蒙时代的传统教育处于危机之中，并让教育理论者与研究者们面临着抉择的场面：或者干脆彻底抛弃自启蒙时代以来的现代理性教育理想，或者继承和发扬它。杜威曾经提到，启蒙时代公众能够轻而易举地信任，通过消除无知和迷信（它们是使得人类处于奴隶状态的根源，是苛政的支柱），先进的科学将能够产生自由的体制，然而，现在的时代已经不再有这种可能出现了[2]。

面对当前后现代主义对教育价值及教育理想所提出的挑战，卡尔（Wilfred Carr）反思了人们对自启蒙运动以来就已经产生的"现代性"这个概念的信任。他认为伴随着后现代主义，"现代性"现在成为了一个被批判与引起注意的焦点，结果，启蒙运动许诺的自由教育价值正在被消解。后现代性概念的含糊性是众所周知的，但在现代性概念之中却含有这

---

① 蔡颖：《鲍曼思想简介》，《国外理论动态》2003年第9期。

② Wilfred Carr, "Confronting the Postmodernist Challenge", Philosophy of education Major themes in the analytic tradition, Vol. 3, *Society and Education*, edited by Paul H. Hirst and Patricia White, London: Routledge, 1998, p. 436.

样一个非常能够说服人的观点：真正重要的不是它证明或显示了一个新的社会现实，而是它表明了一种新的对待社会现实的态度①。现代理性教育教给学生的只能是启蒙时代的幸福理想，而面对后现代社会里出现的新型幸福观，却表现出从未有过的无所适从。

三　后现代幸福观对具有风险性未来教育理想的挑战

人类的命运总是存在于未来。然而，人类的命运"一旦被流放到了未来，它注定是永远停留在那里。幸福注定依旧是一个假设和一个期待：它的实现总是离现实有一定距离的那个诺言。事实上，恰恰是幸福的这种位置，敏锐地解释了'前'与'后'的现代区别，导致了对'所谓的'合法事物的责难和怨恨，导致了对'未来'事物的兴趣"②。鲍曼的这一观点提醒我们看到，现代教育理想的未来同样也是具有风险性的。它曾经告诉我们为了将来的幸福，学生时代吃苦是值得的，然而，"这使得对幸福的追求成为了一种难以实现的、有时令人不安的、通常令人痛心的任务。它导致了永恒的风险。它涉及了抵押未来，承担了大量的责任，并面临着为这种责任付出沉重代价的前景"③。

后现代性社会的现实状况表明，我们越来越不关心未来将给人类带来的幸福；对使我们获得幸福的科技进步，也越来越有更多的人持保留态度。"我们不再相信，未来是前所未闻的幸福的仓库，未来的幸福能使目前的欢乐相形见绌。我们不再确信，变化绝对是一件好事，或'更好'是'未来'的同义词。幸福已使自身失了业。"④ 按照鲍曼的观点，未来是失控的，人们不再像从前那样进行长期规划了，所有的这一切使得人们在全新的背景下追求幸福。如果人们拥有他们所需要的一切，那么，他们为什么还要努力学习和工作呢？为什么还要使自身更加紧张呢？在这种观念之下，具有风险性的未来教育理想也同样地被消解了。

---

　　① Wilfred Carr, "Confronting the Pos-tmodernist Challenge", Philosophy of education Major themes in the analytic tradition, Vol. 3, *Society and Education*, edited by Paul H. Hirst and Patricia White, London: Routledge, 1998, p. 436.

　　② ［英］齐格蒙特·鲍曼：《被围困的社会》，郇建立译，江苏人民出版社 2005 年版，第 138 页。

　　③ 同上书，第 139 页。

　　④ 同上书，第 141—142 页。

第 十 章

冲突教育学初探*

　　"counter-education" 这一概念至少有三重含义：反常规教育、相向教育与冲突教育。通过对这一概念的解读，尝试提出 "冲突教育学" 这一主题，主要探究教育学领域内，各种相互冲突的理论之间的争执抗衡状态何以产生，能否得以适切解决等问题。

　　近年来，以色列海法大学教育学研究者伊兰·古尔—泽弗 (Ilan Gur-Ze'ev) 提出的 "counter-education" 概念较为引人注目，在由中央教育科学研究所主办的国外教育期刊标题信息中译为 "反向教育"①。笔者在一定程度上通过对这一主题的相关文献研读后，认为它至少存在着三重含义。

　　一是基于法兰克福学派的批判理论，"counter-education" 指 "反向教育"，即反常规教育。当今世界正处于全球资本主义化与工具理性主义的控制之下，这让我们看到现行教育是一种具有霸权式的规范化教育；各种教育陈述也多显示出的是正常化与常规化特征，可却忘了在这种常规教育之外还存在着非常规化、非规范性的 "反常规教育" (counter-education)。因而，针对这一现况，古尔—泽弗认为有必要进行反常规教育的思考，他是在对常规教育的反叛中来使用 "反常规教育" 这一概念的。但特定情境下，这一概念有时也指某个非常时期，为了国家与民族的某种需要，诸如安全需要或生存需要等所进行的特别教育。

　　二是基于 "工具理性下的交通规则反促成相向互撞型交通事故多频

　　* 笔者为第一作者。原文发表于《华南师范大学学报》（社会科学版）2008 年第 2 期，第 106—111 页。同时被中国人民大学报刊复印资料《教育学》2008 年第 8 期全文转载。
　　① 章鹏远：《国外教育期刊标题信息》，2007 年第 3 期（http：//www.cn ier.ac.cn/xx zx/btxx/2007/03/2470.html）。

发生"的这一事实,"counter-education"有"相向教育"的含义。规范化教育,它如同机器工具理性主义导向下的交通规则,只能让驾驶者犯下更多的交通事故;同时,也正是人们受制于这种工具理性主义的指导,从而认为交通事故是不可避免的。这为交通事故的多频发生提供了条件,使得人们习惯于交通事故的发生,甚至认为它是理所当然的。但古尔—泽弗提出,如果我们通过改变规范化教育而增加一些反常规教育,以打破这种常规受训下的惯习必然,那么避免迎面相撞型交通事故的发生是可以实现的。

三是基于第一、二重含义,古尔—泽弗将此概念引申到巴勒斯坦与以色列之间的冲突问题与和平建成的可能性上。他认为巴以双方的矛盾长期持续而未能得以解决,一是双方正处于道路上两辆正相向行驶中的汽车的状态——它们之间恰处于随时会相互碰撞的距离以内,它们因超近距离地面对对方而丧失了冷静与理智地相互看清对方的可能,因而只能时时相撞。

通过对"counter-education"概念的理解,启示着我们思考:教育学的理论与实践也存在着一种长期争执不休的状态。这些各式各样的教育理论与实践,它们基于不同的立论基础抱持不同的立场与观点,同时也为各自的立场和观点服务,从而表现出以各种"主义"互异其趣的各家各派纷争纠葛在一起,互相争持论战不休。在这种状况下,或许我们需要一个"冲突教育学",它致力于探究教育学各种理论间的相互争持不下状态何以产生,能否得以适切解决等问题。以下分四部分详加阐述。

第一节 反常规教育:基于法兰克福学派的批判理论

"counter-education"的基本含义是指"反向教育",即"反常规教育"、"反正统主流教育"。这一层含义主要是针对规范化(规训化)主流教育对学校教师与学生,以及对社会所造成的负面影响而提出的。古尔—泽弗认为,规范化教育是一种符号暴力,它部分是通过非符号暴力和一定适当条件下而获得成功的。一方面,这种暴力以外部环境的控制方式使人们产生主观隶属感,从而以一种自然的方式内化和控制"我"就成为了一个焦点——占霸权地位的规范化教育,它通过生产和控制霸权语言来规范人们。另一方面,规范化教育所创造的暴力不仅包括个人与集体主观态度的形式化，而且在他们内省时，同样也看不到这一概念是怎么一回事、是如何产生的。被规范化了的人在他们所能够接触到的系统里，仍然会被阻止从其他人那里获得合理的注视——只要他们所受限于的系统没有通过哲学和政治上的暴力被突破或毁坏①。但是，作为一种独特的生命，每一个人都有潜在的认识他自己的主观能动性的能力，他们不会被永远地控制和束缚，这是独特的人类所拥有的内在资源，人们会寻求、会为以对话反思与超越为特征的反向教育而努力。这是一种具有批判感的反常规教育，是阿多诺他们一直以来长期关注的主题。古尔—泽弗提到，"今天的反常规教育应该联合本雅明的弥塞亚主义（Benjamin's Messianism），以及阿多诺的否定辩证法（Adorno's Negative Dialectics）、霍克海默的否定神学（Horkheimer's Negative Theology）与当前的后现代感来共同思考"②。批判教育学的理论来源之一"正是以探究社会和政治思想而著称的法兰克福学派（Frankfurt School），或称为批判理论（critical theory）"③。法兰克福学派的批判理论，否定性是其关键。

尹娜·塞默斯基（Inna Semetsky）的书评中提到，由伊兰·古尔—泽弗提出的"counter-education"（反向教育、相向教育、冲突教育）这一概念，是在面对目前规范的教育模式及规范化教育占主流优势地位的状态下而提出的。目前这一时刻，历史上叫作新批判与创造性语言的时代，然而常规教育的批判却不能改变这个世界。当古尔—泽弗说当代人正处于正面交锋的教育之中时，他认为我们应该面对后现代条件的挑战，并且应担负起它的伦理问题、生命存在问题和认识论问题。塞默斯基评论道："我们理解这正是作者的道德责任感——他写作此书的动机，同时也是一个新的，希望用来克服教育中的现代与后现代战争状态的策略。"④

---

① Gur-Ze've I., "Conflicting Philosophies of Education in Israel/Palestine", *Studies in Philosophy and Education*, No. 19, 2000.

② Gur-Ze've I., "Bildung and Critical Theory facing Post-modern Education", *Educating Humanity: Bildung in Postmodernity*, edited by LFVLIEL, MORTENSEN K. P, et al., UK: Blackwell Publishing Ltd, 2003, p. 90.

③ ［美］乔治·R. 耐特：《教育哲学导论》，简成熙译，（台北）五南图书出版公司2002年版，第169页。

④ Semetsky I., "Ilan Gur-Ze'ev's Enduring Improvisations", *Educational Philosophy and Theory*, Vol. 39, June 2007.

由以上的分析我们可以了解到，古尔—泽弗从时代背景的视角，考察了作为一种特殊角色而存在的教育，在不同的地区变成为特具创造性的符号暴力这一事实。基于法兰克福学派的批判理论，古尔—泽弗通过重估历史上各种示威运动——常规化教育中交替出现的各种冲突，从而提出一个异常的、离散的（或流散的）（Diasporic）反常规教育，并认为它能够超越现代政治和后现代哲学的种种假设①。反常规教育（学），也可以被称作流散教育学（Diasporic Education），这种反向的教育学将是对"我们"后现代快乐机器，前现代"救赎"事业和现代欺骗性承诺"自由解放"的彻底颠覆。

第二节　相向教育：基于对工具理性主义惯习思维的批判

古尔—泽弗提出，基于工具理性主义的指导下，人们制定出的并机械化执行的交通规则，实是造成更多更大交通事故发生的根源所在，这一事实（尤指两两相向行驶的交通工具之间所发生的迎面相互碰撞型交通事故）的严重性应引起人们的更大重视；并且，有必要开展"相向教育"（counter-education），让人们能够懂得在路上更加互相尊重、互相谦让。从这一层次来理解，"counter-education"指的是"相向教育"、"面对面相互尊重的教育"的含义，即让道路上两两相遇的个体在彼此面对面时，学会如何互相尊重、互相谦让，主动给对方让行的意涵，因为只有这样才能减少相向型迎面互撞式交通事故的高频发生，相向互撞式交通事故是可以人为避免的。奥妮—皮卡·摩伊斯奥与朱哈·苏奥兰塔（Olli-Pekka Moisio and Juha Suoranta）评论道："伊兰·古尔—泽弗考察了交通与交通事故作为西方思想的一种反映。交通事故被认为是在公共场域里不可避免的，几乎如同是对当前历史时刻闪米特族神（the Moloch）的圣洁般的牺牲。他建议我们必须得使自己为了相向教育的可能性而做好准备，相向教育，它将为西方秩序提供一个可供选择的策略。这将不仅仅包括智识、心理以及在经济压力上的解放，而且还包括技术与交通运输的解放，这种解

① Gur-Ze've I., *Beyond the Moddern-Postmodern Struggle in Education: Toward Counter-Education and Enduring Improvisation*, Rotterdam: Sense Publishers, 2007, Description.

放，本质上区别于那种传统上的交通惯习。"① 这表明，人们只有在放弃了从前的不良交通惯习思想行为之后，在学会了如何友善、理性地面对相向而来的"他者"时，才有可能维持一个较为和谐的秩序——即使两个个体同时处于一个共域性的空间内时，它们常常会相向而行（对面闯过），但却可避免时时相互冲撞的可能性发生。从相向教育（直面的教育）的观点来看，如果没有远距离的合乎正义与合乎理性的、超越性的客观批判，真实的自我反省是不可能的。

古尔—泽弗也曾明确指出："与后现代教育的花言巧语相对照，相向教育更致力于克服驾驶者的非本真的自我，这种非本真的自我，是通过否定他者的相异性来认识自己的。"② 这是一种流动取向的相向教育，古尔—泽弗将它与流散哲学（diasporic philosophy）结合起来思考，认为它"必须经由解释学的方法对传统或传统道德与传统精神礼貌的指示来建立，只有这样坚持使'互相尊重'被人们认识到是十分重要的，才有可能实现"③。相向教育主张，行走在路上的人们作为一个流散的懂得爱的人而去热爱生命，作为护卫者而存在——护卫理性的、开放的与自由的公共空间。在某种意义上，流散的相向教育是非常具有犹太人特色的，但另一方面它也必须克服犹太教作为真理而成为一神论排除其他任何神存在的现象④。相向教育的本质特性是反对机械化、规范性与强制性的安全驾驶教育（在路上行驶时），它致力于产生具有人文主义理想的流散教育事业。

第三节　冲突教育：基于巴以长期战争状态的反思

基于以上两种含义，古尔—泽弗将此概念引入对以色列与巴勒斯坦二者之间相互关系的思考中，这是"counter-education"概念最核心和深层

---

① Molslo Olli-Pekka, Suoranta J., "Introduction: from Reaction to Action in Contemporary Social Sciences?" *Education and the Spirit of Time: Historical Global and Critical Reflections*, Sense Publishers, Rotterdam/Taipei, 2006, p. 5.

② Gur-Ze've I., "Driving as a Manifestation of the Essence of the Current Historical Moment", *Education and the Spirit of Time: Historical Global and Critical Reflections*, edited by MOISIO Olli-Pekka, SUORANTA J. Ro tterdam: Sense Publishers, 2006, p. 47.

③ Ibid., p. 48.

④ Ibid., pp. 48 - 50.

的含义。古尔—泽弗认为，巴以之间的冲突持续长年不断而难以得到解决，乃是因为二者之间处于一种两两相对的超近距离场域中，这是一种类似在道路上将会相互碰撞的两个交通工具之间的相撞距离。由于相距太近，并又总是面对面的，在这种状态下，双方都难以保持一个清醒、理智、冷静的头脑来客观地评价和审视对方，于是导致二者间长年处于相互频频碰撞的冲突状态中。此时，"counter-education" 即有了 "冲突教育" 的含义，并相应地含有 "和平教育" 主题。在这一含义中，古尔—泽弗还特别阐释了大屠杀记忆对巴以双方的现时影响，检讨了以色列在其国内全面实行的大屠杀教育实是加深了巴以双方的矛盾冲突，这是一种将巴以仇恨代代相传下去的行为。

　　首先，古尔—泽弗等人提到，"巴勒斯坦及其他阿拉伯国家不承认大屠杀记忆，是因为他们认为这一结果是以色列自身的复国运动造成的。反大屠杀态度是反犹太文化的一部分。巴勒斯坦人认为他们所受到的苦不是来自纳粹暴行而是来自以色列国的暴行。但是，不管怎样，巴勒斯坦人应承认以色列人所受到的苦，这种苦难来自纳粹分子；同时犹太人也应该承认他们给巴勒斯坦人所带来的苦难"①。

　　其次，在另一篇文章中，古尔—泽弗陈述了他对巴以冲突与和平解决问题的观点。他认为以色列国民因为持有犹太人是人类历史上的受害者的观点，对大屠杀的记忆反而成为一种工具，促成了以色列国民的民族优越感，这使教育冲突成为了犹太民族的传统中心议题，并且导致了把巴勒斯坦人民当作 "他族（异族）" 的暴力压迫的产生。这其实对于犹太民族地位的确立和对作为 "他族（异族）" 而存在的巴勒斯坦来说，都是一种双倍的暴力。因而，古尔—泽弗提出，"只有通过重估我们这个民族所具有的超然的优越感，才能克服这种优越感在某种程度上的非真实性"②。为了达到这一目的，古尔—泽弗继而提出 "一个真实的激进教育在以色列是被需要的"，并认为永存的阿拉伯与以色列地方性知识与权力差异，需要教育扮演能够调解双方在文化差异上的矛盾的角色，需要教育成为隐匿

　　① Gur-Ze've I, Pappé I., "Beyond the Destruction of the Other's Collective Memory: Blueprints for a Pa-lestinian/Israeli Dialogue", *Theory, Culture & Society*, Vol. 20, January 2003（http://tcs. sagepub. com/cgi/content/abstract/20/1/93：93）.

　　② Gur - Ze've I., "Defeating the Enemy Within: Exploring the Link Between Holocaust Education and the Arab/Israeli Conflict", *Religious Education*, Vol. 95, April 2000.

中的每方的代理人，这是为了调停存在于巴勒斯坦与以色列两个地区间文化上差异冲突的较明智之举①。

最后，古尔—泽弗提到，以色列所处的空间是一个舞台，一个竞技场，在那儿产生了彼此相关的具有生命力的教育哲学冲突。"在以色列地这个特殊的场景里，容纳着前现代、现代与后现代的各种状况。所有的这些为丰富的文化潮流和政治立场所框架着，另外还存在着三种一神论宗教，虽然它们现在也在对环境做出一定适应性的改革，但它们所基于的各种各样的精神，却是机器化取向、后机器化取向以及其他的各种大不相同的取向的。这些状况和动力系统反映了本地的教育哲学冲突。"② 以色列的特殊之处还在于给人以这样的感觉：它的常规教育的冲突孵化出了从前现代到现代再到后现代一次次在教育上的争夺与交替，每一次争斗的胜者都拥有中心地位，并利用它所取得的领域来向他者炫耀。不止一次地，在以色列，常规教育毁坏着多元主义之名和民主权利，或通过使用"公平"而用欺骗性语言来糊弄战争中的受害人。在以色列，伴随着它的每一次改革，在这一过程中锡安主义教育持续走过了近百年。锡安计划之所以未能成功，是因为没有真正认可和执行过多元文化、尊重差异（或多样性），同时它也在不断地毁坏着犹太民族的历史，制造了身份与利益同一性，并创造出一个生动的"新犹太人"神话——以色列国。这个成功是基于教育的成功，特别是证明了现代教育哲学的成功。它有好的教师，忠诚的英雄，做出贡献的农民，高效率的政府官员及政治人物。但这却是与为它而牺牲的国内外受害者分不开的。这些受害者首先是某个个体、集体或某种文化，甚至是对抗者的利益，它们只有在"他们的"这一思维体系下才能被回忆起来——"他们的"力量关系，"他们的"规范化教育。巴以之间持续不断冲突的幽灵，也是以色列和巴勒斯坦近百年来任何"反思"，或当前批判教育哲学所再次清晰呈现出来的成功产品。最后，古尔—泽弗总结道："以巴双方通过成功的教育哲学都严重忽视了群居的意义，它毁灭记忆、毁灭意识，控制民族身份并让其长期处于流亡中。他们双方都急于控制、赎回、驱逐，加强（具有意识形态特性的）哲学和政治教育，

---

① Gur‑ze've I., "Defeating the Enemy Within: Exploring the Link Between Holocaust Education and the Arab/Israeli Conflict", *Religious Education*, Vol. 95, April 2000, pp. 373–401.

② Gur-Ze've I., "Conflicting Philosophies of Education in Israel/Palestine", *Studies in Philosophy and Education*, Vol. 19, 2000, p. 363.

毁坏未经调节的内外部他者的存在。"①

由此，我们了解到古尔—泽弗提出积极改善巴以矛盾冲突的建议。首先，是双方要意识到彼此之间所处的这一相撞距离场域中的现实状况，认清现实后才能寻求更进一步客观地正视对方。其次，对于历史遗留下来的矛盾——大屠杀的记忆和事实，巴勒斯坦应坦然承认以色列人民因此而所遭受到的巨大灾难，同时，以色列也应坦然面对因其在以色列土地上建国而给巴勒斯坦人民所造成的同样不容忽视的巨大苦难的事实。再次，双方宗教信仰的一神教取向都应彼此保持边界，缓解因一神教信仰而带来的信仰冲突，继而又造成其他的一切并发冲突。

第四节　冲突教育学:何以可能

具有不同信仰与文化的各民族间所生产出来的理论知识，必然存在相冲突的一面，教育学更甚。因而或许我们需要一个冲突教育学，以研究这些种种的不相容的理论之间如何产生冲突，又如何进行抗衡并最终或走向融合，或由此衍生出新的又相冲突的理论，以致这种冲突的状态代代相传、一直延续下去的状况。在一个侧面，冲突反而成为各种理论之间相互成长、延续着的一种生命力量。然而，在这一过程中，曾是不相容的各类"异端"的权利是怎样存在的呢？

首先，古尔—泽弗"counter-education"概念的含义，其核心主旨是反常规正统的教育，这带给我们思考教育学的"多神论"起源而非"一神论"起源的启示。"多神论"起源，意即教育学理论基础的构成是多学科的，自有教育学的历史以来就从来不存在过事实上的"一神论"起源（单一学科起源）。认识到教育学理论基础的多学科而非单一学科起源的特性，我们可以更为清晰地看到，不是教育学理论成为一种阶下囚状态到别的学科那里去乞食，寻求一个吃百家饭长大式的无父无母、无自身亲身嫡传的单一学科理论基础起源；而是教育学的理论基础从诞生之日起本就是多元性、多学科性的。然而，恰恰正是教育学理论基础的这一多学科性起源事实的存在，令与它相关的各种理论学科之间互相争持抗衡着，每与

---

① Gur-Ze've I., "Conflicting Philosophies of Education in Israel/Palestine", *Studies in Philosophy and Education*, Vol. 19, 2000, p. 365.

其相关的学科总自认为教育学是它的一个研究范围而不视教育学是一个独立的学科，同时这些与教育学有着难以割舍的脐带关系的各母体学科，彼此之间又互相争持不下，搞不清谁才是教育学这一子学科最大最具权威性的正统母体。

其次，在教育学自身的学科内部却也有它的各子学科间"闹翻天"的状态，表现为以其某一子学科欲称霸教育学领地的趋势。比如与"知识"这一脐带相连的课程论认为，教育学就是课程学（论），除去课程外教育学里没有别的，教育学的任何问题最终都得落实到课程上来，都可归结为课程问题，因而教育学就是课程学（论）。趁着新基础教育课程改革，办基础教育搞课程研究的大有走商业化道路的趋势。另有与伦理道德一脐相关的一种大德育论认为，教育学就是德育学，教育不是教人为善，那还有什么存在的意义？所以，教育学即是教人为善的学科，因而道德伦理学教育才是真正的教育学。再则，近年来兴起的教育法学，认为现代法制社会，没有教育法学的存在，教育学难以为生、难以为继，新的时代将是教育法学大放异彩的天下，其他的一切教育学都不足为论。近年来，中国大陆大力发展高等教育的大背景下，高等教育学又似乎成了教育学领地里的一门显学，有政府的大力支持，一切顺畅。中国大陆土地上所有高校凡已初步具备条件的，都纷纷建立了高等教育研究所，高等教育学成为了教育学里的官方学科。以高等教育为研究方向的专业招生大势兴起，高等教育学因此而成为教育学的一个火爆热门专业。教育技术学更是不认可它是教育学的一门子学科，早些年已财大气粗独立出去另立门户，从来不把教育学放在眼里。还有最古典的教育史，持着这样一种更让人感到奇特的观点，"哪里有什么教育史这门学科存在？教育本来就是历史学这门学科研究的一个必然内容啊？！"教育学在历史学的视界里有如被撒了化尸粉般立即消失得无影无踪了；等等。教育学领域里各种纷争，花样百出，令人咋舌、眼花缭乱。

这是由"多神论"起源所引起的种种内外部战争所致，因而教育学也可被称为冲突教育学。教育学思想的多元化是众所周知的，除正统的、主流的、规范化（规训化）的教育理论外，我们应给予所谓的非主流或反主流教育思想或理论以其应有的权利，有容乃大，教育学理论不应用"一神论"理论而排除"多神论"事实的存在。教育学是冲突的教育学，种种理论基础之间互相冲突是教育学的一个本质特征，同时也是其生机点所在，因而教育学虽无一日不处于"战争"状态中，但却显示出了它无限强大的生命力。基于此，我们需要确立"冲突教育学"的研究主题，以探索出教育学理论新的生长点。

附 录 1

从 "知识精英" 到 "知识工人"

——大学生社会身份整体下移趋势探析*

当今社会是一个全球化时代，具体到大学生群体而言，他们日常生活的网络化促成了其日常生活的消费化。这一运行机制中，网络化与消费化互为促动，使整个大学生群体的社会身份逐渐向下移动：成为接受过高等教育的普通大众，未来的知识工人。大学生们应清醒认识到这一社会角色的转变，只有具备了对自身社会身份的清醒认识与合理定位，才能改变"大学毕业就是失业"的普遍精英主义价值观下的命运。

第一节 "社会身份"的概念界定

社会身份，指人们在一定的社会制度、社会结构中所处的地位的外在标志。在现代社会中，身份仍反映人们的社会地位的等级差别，更主要地表现在人们的职业角色，即工作职务职位的不同。① 个体的社会身份通常呈现为一种动态发展的过程，也即在社会流动中形成某一特定的社会身份。而社会流动则是指个人的职业和社会地位不断变动的现象。主要分为垂直流动和水平流动。垂直流动，是指一个人在上下排列的社会阶层间的流动。如果一个人从地位较低的阶层上升到地位较高的社会阶层是向上流动，反之则是向下流动。上下流动的区别主要表现在社会地位、收入、名声和权力上的差别。一般来说，向上流动是人们所期望的，因为每个人都

---

* 原文发表于《青年探索》2008 年第 4 期，第 28—32 页。

① 韩玉敏等：《新编社会学辞典》，中国物资出版社 1997 年版，第 407 页。

有积极向上的愿望。向下流动一般是无可奈何的。①

附录 1 中的"社会身份"概念，主要在于探究个体在职业身份变化方面。个体职业身份的差异是考评其社会身份高低的一个指标，职业不分贵贱，但却有高低之分，比如律师、医生的职业身份在人们心目中享有较高声誉、具有较高的社会地位是得到公认的。人们的社会身份是一种受过教育后的身份，人们社会身份的高低与其受教育程度高低密不可分。有研究者认为：社会身份实际上是一种"教育身份"。人们对教育和文凭的热衷，其实是对身份的追求；教育对文凭的生产，本质上是对身份的授予。"获得以文凭为标志的教育身份"，彰显的是人们社会身份的不同，"人们因不同的教育身份而处于不同的社会阶层，也因教育身份的改变而导致社会流动"②。

1967 年，布劳和邓肯对美国社会的职业结构与职业流动进行了系统研究后认为，对个人职业地位影响最大的因素是教育程度。而在不同层次的教育中，高等教育促进社会代际流动的作用最大。对高等教育而言，我们可以通过考察高等教育学历与职业的联结关系来认识其对社会流动的作用。学者在考察人们的社会地位时，常常使用职业这个指标，因为职业可以表明人们所属的社会阶级或阶层，可以表明人们的社会地位。日本学者潮木守一对高学历社会和低学历社会中高等教育毕业生的就业结构进行了国际比较，他指出，在低学历社会，高等教育毕业生大部分为专业性、技术性的职业所吸收；而在高学历社会，这种情况大大改变了，高等教育毕业生为事务性、销售性、体力职业所吸收的比例大大增加。③ 这一点正是当前我国高等教育大众化时期，人们还未及时看到的情况所在，尤其大学生作为当事人本身因处于其中而一时难以调整过来。另外，时至 2004 年，仍然有学者强调"在现代社会，高等教育这一过去一直是选择少数学术精英的机构，现在还在起着分配职业阶梯上的等级和社会结构中的位置的作用。教育，尤其是高等教育是现代社会通向高层次社会地位的途径。因而，现代社会的高等教育在社会流动、社会分化中具有'筛选器'的功能"④。这是一种只看到教育的正向社会成层功能的观点，而未看到当前

---

① 高雅云：《社会心理学词典》，农村读物出版社 1988 年版，第 214 页。
② 陈振中：《论教育身份》，博士学位论文，华东师范大学，2005 年。
③ 张德祥、周润智：《高等教育社会学》，高等教育出版社 2002 年版，第 69—70 页。
④ 刘旭：《大众化阶段高校的教育公平使命》，《教育发展研究》2004 年第 9 期。

情况下，教育的社会成层功能正在趋于负向偏移，越来越多的接受过高等教育的青年人并未因此而改变局促的经济状况。不少家庭贫困的农村父母时有哀叹：十几、二十年一家人辛辛苦苦、节衣缩食供出一个大学生，可却仍然找不到工作，不仅连自己的生活状况都难以改善，更别说改善父母及家庭的生活状况了。

第二节 大学生社会身份整体下移趋势的表现

一 "天之骄子"身份的终结

高等教育本是产生社会精英的重要机制。过去，由于高等教育的特殊性，教育对象在很大程度上是精英分子，大学是按照精英主义原则所组织的。一方面，社会及其高等教育机构认为，进入大学的人本来就是精英，另一方面大学不但促使这些精英的成长而且也分配高等教育资源，使他们走出大学之后成为社会精英。在中国社会主义国家成立以后，社会建设需要包括知识技术精英在内的各种精英，国家从而把大学当作培养社会精英的预备场所，通过大学而培训政治、经济、军事、知识等各界的"领袖人才"和"接班人"。①

然而，高校扩招带来大学生数量与质量的失衡。近十多年来，随着高校扩招，大学生数量呈直线上升，而质量却在下降。大学生群体精英化的普遍向上流动状态已然终结，平庸化却正在兴起。当今的大学生们甚至都无耐心安静地坐下来完整地读完一本古典名著，有时间就是消费——娱乐是消费行为，上网也是一种消费行为，他们的生活整个已经消费化了，这种消费化的生活方式使其加速平庸化，想深刻起来，似乎缺少可行的外在环境与条件。网络化的日常生活方式使得他们通过具有大众传媒性质的互联网，难以接触到数量有限并受着一定准入性条件限制的精英文化和高深知识。互联网作为一种大众传媒工具，其更多呈现出的是大众文化，满足的是大众化的品位，这加速促成了整个大学生群体的大众化转变。

---

① 金生鈜：《高等教育入学体制与社会身份：对教育机会分配的教育哲学分析》，《高等师范教育研究》2001 年第 6 期。

二 大学生成为"网络乌合之众"

大学生们的网络化生活使得他们生活的消费化色彩更为明显地增加。首先，上网浏览这一行为本身就是在消费；其次，网上购物与网上消费的网上银行付款等便捷措施的实现，使得大学生们通过网络更迅捷方便地进行着一切有可能的消费活动。据《第 18 次中国互联网发展状况统计报告》，截至 2006 年 6 月 30 日，我国网民人数达到了 1.23 亿人，其中 18—24 岁的网民占 38.9%，47.7% 的用户文化程度是大专和本科。同时，据统计，只有极少数的大学生没有接触过网络，每天上网时间在一小时以上的超过了大学生网民总数的 60%。[1] 由此可见，处于消费化社会的高校大学生们，其生活的网络化，已成为一个不争的事实。有人提出"网络乌合之众"[2] 的构成体中，必然亦包含了大学生群体。

对于高校大学生群体来说，他们由于共同的行为（上网）而聚合到一起，即他们聚集在互联网上从事着相同的上网活动（都在使用互联网，这一行为是相同的），但在这一群体性的行为中却没有组织性，不具备什么核心凝聚力，他们只是为了上网这一共同的目的而暂时聚合到一起的一群人，缺乏领导，也可以说是一盘散沙，因而可被称为"网络乌合之众"。"网络乌合之众"类似表意群众，指的是那些能够提供感情的表达和释放机会的群众。在现代社会中，到处都有表意群众的例子，如狂呼乱叫的乌合之众、庆祝节日快乐的人群以及挤满了观看体育比赛欢呼激动的球迷们等。参加者一般会放弃它们日常生活中的感情控制，毫无顾忌地发泄一阵自己的感情。[3] 网络同样也给大学生群体提供了这样一个发泄、宣泄的平台。一方面，他们遨游在全球互联网这个自由自在的世界里，互联网是全球性的街头，聚合着无数人，这些人来自五湖四海，他们不是具有凝聚力的群体，但一旦某个事件激起大家的兴致时，他们就会从互不相关的旁观者变成为统一行动的行动者。"网络乌合之众"表现出的是"有意识人格的消失，无意识人格的得势，思想和感情因暗示和相互传染作用而转向一个共同的方向，他们变得不理性、野蛮。勒庞的《乌合之众》所

---

[1] 张珂：《论大学生网民的从众心理》《中国青年研究》2007 年第 4 期。

[2] 苗炜：《网络乌合之众》，《三联生活周刊》，2006 年 4 月（http://www.sina.com.cn）。

[3] 郑欣：《集群行为：要素分析及其形成机制》，《青年研究》2000 年第 12 期。

描述的暴力行为在网络上以一种古怪的方式在演变着"①。另一方面，消费化网络化社会里，"群众运动在政治上已死，却在抢购商品的荒谬行为中再现"②。消费化社会，商家通过互联网等传播媒介以夸张的手法用强大的广告攻势为其商品大作宣传，大学生们通过网络信息传递的神速，会在瞬间将一个低廉商品的购买信息以超指数增长的速度传开，群体性的疯购疯抢商品行为有如群众运动般的浩大之势有可能在互联网上展开着。

三　大学生沦为就业"弱势群体"

1999 年开始的高校扩招，使我国的高等教育从"精英教育"向大众化教育转变。2002 年，时任国务院总理的朱镕基首次在政府工作报告中使用了"弱势群体"这个原属学术领域的词汇。有关学者估算，中国的"弱势群体"约有八千万至一亿人，他们是由于某些障碍及缺乏经济、政治和社会机会而在社会上处在不利地位的人群，主要有四部分人：下岗职工；"体制外"的人，即那些从来没有在国有单位工作过，靠打零工、摆小摊养家糊口的人，以及残疾人和孤寡老人；进城农民工；较早退休的"体制内"人员。在传统的视野中，大学生显然不属"弱势群体"之列。然而在当前的社会状况下，对照于此，有人针对大学生群体在高等教育大众化阶段所显现出的普遍就业难状况，提出"知识失业"的概念，受过高等教育的劳动力处于不得其用的状态，是最为典型的知识失业。这种现象已经在不止一个国家发生。高学历劳动者的失业，正在成为一种应该正视的现实。③"知识失业"、"大学生沦为就业弱势群体"等提法，都说明的是大学生就业难的问题，概念的原提出者在其文中详细分析了大学生成为就业"弱势群体"的原因，在于他们对自身大众化社会身份认识不清，难以从"我本精英"的传统观念中及时转变过来。无独有偶，一些研究者所提出的"新失业群体"与此相似。"新失业群体"的显著特征包括高学历低龄化、长期处于失业状态、没有国有或集体企业工作经历、无制度保障、易被边缘化等。④

---

① 苗炜：《网络乌合之众》，《三联生活周刊》，2006 年 4 月（http：//www. sina. com. cn）。

② 柯裕棻：《流行文化中认同政治的产制：以凯蒂猫的消费为例》，2007 年 1 月，第 225 页（http：//www. jour. nccu. edu. tw/wp-content/pdf/70pdf/2 - 32 - 14. pdf）。

③ 唐福敬：《大学生沦为弱势群体？》，《青少年导刊》2005 年第 9 期。

④ 李杨、陈璐：《我国"新失业群体"的困境与对策探讨》，《青年探索》2007 年第 2 期。

以下两个"特例式"的现象从另一侧面也说明了大学生职业身份、社会身份的实然性转变。

现象1：博士到中学当"孩子王"。2008年1月6日《中国教育报》报道：严峻的就业形势与基础教育对高层次人才需求的相遇，使越来越多的博士"下嫁"中学。如今，在深圳、上海等大城市的一些中学，教师队伍中的硕士、博士研究生比例，已接近甚至远远超过一些地方高校，有的已达30%，有的甚至更高。自2004年博士进中学至今，"下嫁"北京十一学校、人大附中、首都师大附中等中学的博士越来越多，有的多达30人。①

现象2："傍老族"的出现。伴随大学毕业生就业难的出现，一批大学生毕业后不从事工作而依赖父母生活，这一特殊的社会现象被称为"傍老族"。"傍老族"也称"啃老族"，这部分不在业的青年中，有不少沉溺于虚拟的网络世界中，生活虽不宽裕，但也觉得过得轻松自在。这一群体大约占大学毕业生的10%左右。另据中国新闻网（2005年10月16日）报道：目前有七类中国年轻人有业不就，其中一类就是高校毕业生，他们对就业岗位期望过高，过于挑剔，最后索性不就业。这类人的特点是心气高，认为低收入岗位使自己"屈才"，大约占15%。②

现象1说明最高学位级别的博士毕业生都已选择"下嫁"中学，大学硕士、本科毕业生其就业形势的严峻更可见一斑了。现象2则表明的是仍有相当数量的大学生未能发现自身社会身份的实然性转变，在"高不成，低不就"的人为化漫长择业过程中蹉跎岁月，无法清醒定位自身。

第三节　大学生社会身份整体下移趋势原因探析

大学生社会身份的改变有多种方面的原因，将视线聚焦于学校系统，就学校教育功能方面而言，则凸显了其负向功能的作用；放眼学校视界之外，则为全球化、信息化与大众化"三化"社会的现实状况，将大学生日常生活方式改变，从而导致了如此的结果。

---

① 《博士纷纷"下嫁"中学的现实考量与探索》，《中国教育报》，2008年1月6日，新华网教育频道（http：//news. xinhuanet. com/edu/2008－01/06/content_ 7372562. htm）。

② 潘彤、储庆中：《对大学毕业生中"傍老族"现象的思考》，《中国大学生就业》2006年第15期。

一 高等教育大众化致使教育成层功能负向偏移

高等教育大众化具有双面效应。高等教育大众化，一方面意味着将有越来越多的人可接受到较高一级的学校教育，民众受教育的整体水平将会在一定程度上有所提高，知识工人（knowledge worker）的现象将会越来越明显；另一方面，高等教育大众化也消解了与此相对应的高等教育人才精英化的局面。今后，将会有越来越多受过高等教育的普通民众出现，因而，面对大学生群体不再普遍必然是社会精英构成体的现实，大学生们保持必要的自信是应该的，但更应清醒认识到的是，当今时代的大学生已经丧失了以往所处于的更有可能普遍向上流动而成为社会精英的状况，现今大学生们的社会身份纵向流动，似有日本社会学家三浦展所描述的"下流社会"① 状况——向下流动的趋势。社会精英不是因为受过高等教育就会成为一种必然结果的。当今时代，即使你受过不错的高等教育，进入社会后同样也需要不断地努力，自身社会地位才会有向上提升的可能，受过高等教育不是成为社会精英的保险单。目前的社会现实让我们看到，为数越来越多的大学生们现在正从事着过去二十年甚至是未受过完全中等教育的民众们的普通工作，但即使是这类的一般性工作，当今时代接受了高等教育的大学生们却未必都能做好。这当然不单纯是能力缺乏的问题，更重要的是大学生群体对自我价值的合理定位问题，是整个国民心态的调整问题。接受过高等教育的人，除在知识上的扩充与丰富外，更多的是其一般性综合素质的提高，国民素质的提高，这不是指每一个接受了高等教育的人都干着高级白领的工作，而是指越来越多的蓝领工人是由接受过高等教育的人从事，并且是乐于从事。

教育成层，按照《教育大辞典》上的解释，即教育分层或教育层化，它是指社会成员因具有不同的教育程度，而对社会地位、社会财富、权力、文化和职业进行再分配，使原有的阶级和阶层不断得到补充、再生，使新的阶级和阶层得以形成的过程。② 教育对社会分层的作用和影响，长期以来一直是教育社会学中主要关注的主题。这个方面的探讨着重于研究

---

① 下流社会，意即处于社会中间阶层的群体近年来有了更多、更明显向下流动的趋势，而更少的向上流动成为社会精英阶层的趋势。（参见三浦展《下流社会：一个新社会阶层的出现》，陆求实等译，文汇出版社 2007 年版，第 2—3 页。）

② 顾明远：《教育大辞典》（第 6 卷），上海教育出版社 1992 年版，第 412 页。

教育的结果如何影响人们的社会地位的获得，以及制约一定社会的阶级和阶层的结构的构成。

　　教育成层的社会功能原本是双向的，既能促进社会成员的向上流动，又能筛选出一部分社会成员向下流动。自工业社会以来，学校教育的这种社会成层功能一直处于正向与负向较量的动态平衡发展过程中。教育成层功能负向偏移，即学校教育成层功能更多地表现出促使其成员向下流动的趋势，而更少地促使其成员向上流动的现象。当前，教育成层功能的负向偏移状况，表现为接受过高等教育的社会成员其职业身份的下移，高等教育大众化带来的相应结果是高学历人员社会身份的大众化。在教育领域内，早期研究者们普遍认为"教育对职业阶层的影响最大，也就是说，教育程度越高，职业阶层也越高"。"学校是通向职业的途径和促进社会流动的阶梯。因此，一个人要想获得较高的社会地位，就必须拥有一个较好的职业，而有一个较好的职业，就需接受较高程度的教育。"[①] 然而，当前的中国社会状况似乎并不完全是这样了。如果单从就业的角度来看，那么中国大陆的学校教育较之从前，已逐渐减弱了学生能够通过接受高等教育而向上流动获得较高社会地位的功能。高等院校，对于学生个体而言，不读上不去（其社会地位难以在原有基础上有所上升）；读了，也只能在对照从前的状况下（高等教育稀缺时期，入得了高等院校即"天之骄子"——准社会精英），显现出一种相对意义上的下移趋势：人们不再认为大学生是"天之骄子"——未来社会精英的必然候选人，大学生正在成为普罗大众中的一员。教育成层的正向功能遭到抑制，甚至致使教育的社会成层功能减弱，社会精英的形成不能由高等教育即时地、直接地产生，而要经历社会的历练后逐渐形成。高等教育大众化时期，高等教育本身不再像过去那样是社会的稀缺资源，而越来越成为公民的权利。高等教育也不再是培养社会精英的地方，而日益成为社会生活的中心。高等教育规模和数量的扩大，必然导致高等教育本身价值的变化。

二　"三化"社会交织共构改变大学生日常生活方式

　　首先，"三化"社会，指现今我们处在一个全球化、信息化与消费化的社会中。全球化背景下的当前中国社会，具有较为宽松的氛围与较大的

---

① 侯定凯：《高等教育社会学》，广西师范大学出版社 2004 年版，第 72 页。

开放性，西方消费化社会的风潮通过信息互联网络等方式传入进来。消费化社会，凸显以网络传播媒介等作为人们高效迅速消费的工具，在此情况下，大学生群体日常生活的网络化加速促成了他们日常生活的消费化。这一运行机制中，消费化与网络化互为促动，使整个大学生群体的社会身份逐渐向下移动，成为接受过高等教育的普通大众，未来的知识工人。不难理解，在消费化网络化协同作用的社会里，只有少部分大学生会成为今后的社会精英，而大多数大学生将普遍地成为一般大众，普通老百姓，呈现出其群体身份的一种整体下移趋势。

其次，高等教育大众化措施在中国的实行，国家更期望的是培养出大批高素质的劳动者和生产者，以此提高中国的综合国力与实力。一个国家，只有普通民众的整体水平得以提高，要建成高度文明的社会才能是有希望的。高等教育大众化之前，中国的高等教育院校规模有限，大学生数量稀少，他们因而很必然地曾是未来少数社会精英的雏形。然而，随着全球社会改变的趋势，高等教育的国际化、大众化、信息化，现在的高校大学生们普遍呈现出来的更多的是一种未来普通民众的主要构成体，一个新"乌合之众"的雏形似正在大学校园里孵化、形成。提出此说法并非是打击大学生群体的自信心，或危言耸听，有意贬低其社会地位，而是希望就此能提醒大学生们清楚认识到自己在这个时代所处的社会地位和将要面对的社会状况，从而合理定位自身，发展自己，为社会创造财富，做出自己应有的适当贡献。

最后，高等教育不能全盘大众化，应实行具有一定比例的大众化与精英化两条腿走路。大众化是普遍的，但却仍应保证具有一定数量的少数精英学校的存在。因为"没有大学不能无限期地过下去；肤浅的专科学校是不够的"①。没有保证一定数量的精英式的大学存在，一个国家的经济与科技的腾飞与发展是难以想象的，或者说是根本就不可能实现的。

---

① ［美］克拉克：《探究的场所：现代大学的科研和研究生教育》，王承绪译，浙江教育出版社 2001 年版，第 105 页。

附 录 2

美国课外家教辅导及其启示[*]

由家庭教师为中小学生提供的课外或校外学业辅导，在中国和美国都不是一个新鲜事物。美国的课外家教辅导在价值观上受到肯定、在教学方法上科学而有效、在政策上得到优惠与鼓励等。深入了解美国的家教辅导状况对我国家庭教师辅导具有一定的启示性意义。

由于家长对孩子教育的日益重视以及升学竞争的日趋激烈，我国家教辅导①正呈现突飞猛进的发展势头。在我国，为学生提供个别学习辅导的家庭教师，主要有两类人员来承担：一类是在职中小学教师，或其他具有一定教育和学科知识、技能的成年人，他们所提供的家教服务大多属于有偿型；另一类是在校大学生，虽然他们提供的家教服务有相当一部分也收取一定的费用，但主要是勤工助学行为，因而在一定程度上可算作志愿型。但国内的家教辅导就目前情况来看不容乐观，因而深入了解美国的家教辅导状况或许能给我国家教现状带来一些启示性思考，并于将来有利于这一问题的实际改善。

第一节　美国课外家庭教师辅导概况

一　对家庭教师辅导持正面积极态度，同时认为需加强管理与训练

美国学者大多认为："对学生进行长期的学业成就改善措施，最让人

＊　原文发表于《江苏教育研究》2013 年第 8 期，第 41—44 页。

①　此处所提"家教辅导"是"课外家庭教师辅导"的简称，其具体含义指的是正规学校课堂教学之外的学习辅导活动，这种学习辅导活动的辅导者主要由成年人来承担，受辅导的对象主要是学业困难的中小学生。它区别于学生之间的"同辈辅导"或"朋辈导修"等其他类型的学习辅导活动。

能够看得到希望的方式是基于家庭的辅导项目。……家庭教师辅导（Tu-toring）逐渐成为学校常用来作为加强课堂教学与改善学生学业成就的一种为人们所熟悉的工具。"[1]

　　近年来，美国的家庭教师辅导大多由志愿者们组成，作为一种志愿行为，其参与者的动机是积极而单纯的，他们都有着极大的热情与爱心去辅导那些在学业上处于失败边缘的中小学生。但美国学者同时认为，志愿家教们得到的管理性指导程度不一，需要持续性的管理指导，以利于他们能力的提高与信心的增加。[2] 缺乏训练与没有经验也许会给志愿家教的指导工作带来更多的问题，而不是解决问题。比如，他们或许是使处于失败边缘的学生更加地气馁了，或者是反而阻止了这些学生取得进步的步伐。[3]

　　因而，如果想要志愿家教项目取得好的效果，至少需具备如下条件：第一，严格挑选那些确实对家教辅导感兴趣的人，并且需与项目组签订承诺书。第二，为具有挑战性的阅读学习者提供特别的家教辅导训练。第三，经常不断地对志愿家教进行管理指导。第四，保持最低限度的志愿家教与管理指导者的配备比。第五，从开始着手时，就要让相关的学校与教师一起参与发展志愿家教项目。[4] 威斯克（Wasik）在 1997 年对成功志愿家教项目研究的结论也表明：在志愿家教项目中应该有执业教师的参与和指导，在志愿家教整个家教辅导的过程中都提供不断的反馈信息，高质量的志愿家教训练才能保证辅导的过程也是高质量的。[5]

二　政府从管理与财政上给予大力支持

1996 年，克林顿总统签署了《美国阅读挑战法案》，承诺要让每一个

---

① Edward E. Gordon, "5 Ways to Improve Tutoring Programs", *PHI DELTA KAPPAN*, 2009, pp. 440 – 445.

② Morris, D., *The Howard Street Tutoring Manual: Teaching At-risk Readers in the Primary Grades*, New York: Guilford Press, 1999.

③ Wasik, B., "Using Volunteers as Reading Tutors: Guidelines for Successful Practices", *The Reading Teacher*, Vol. 81, 1998, pp. 562 – 569. Gordon, E., "Looking Beyond the Stereotypes: Ensuring the True Potential of Tutoring", *Phi Delta Kappan*, Vol. 84, 2003, pp. 456 – 459.

④ Margaret Moore-Hart, Stuart A. Karababenick, "Becoming Successful Readers: A Volunteer Tutoring Program for Culturally Diverse Students", *Literacy Research and Instruction*, Vol. 48, 2009, pp. 149 – 171.

⑤ Wasik, B., "Volunteer Tutoring Programs: Do We Know What Works?" *Phi Delta Kappan*, Vol. 79, 1997, pp. 282 – 287.

初中毕业生（thirdgrade）都能够进行很好的独立阅读。为了响应《美国阅读挑战法案》的号召，有不少研究者纷纷选择在不同学区的学校，开展为处于学业成就失败边缘的中小学生提供志愿家教服务项目。例如，针对密歇根东南部地区的六所小学，为具有文化多样性学生提供的一项志愿家教服务项目，成功地使这些学生的阅读与写作能力获得了提高。特别地，这一项目致力于提高文化多样性学生的阅读表现能力，改善他们的阅读态度，其整体效果是令人满意的。[①]

三　广泛的人员参与及全方位的系列措施

美国的志愿家教项目主要是由学校教育系统来承担的，包括学区教育行政人员、中小学校长、大学的研究团队等。主要的措施涉及经费的提供、人员的招募与培训、场地的寻找与提供等。对于志愿家教的招募与培训活动包括辅导学习活动中的监管与跟踪指导、提供反馈信息、对辅导者辅导水平进行持续性提高的训练指导等方面。

第二节　美国课外家庭教师辅导的具体内容与实施环节

一　辅导教学材料的选取

（一）以选择率较高的书籍作为阅读材料的来源

美国中小学各门学科的教材由任课教师自行选定，同样，家庭教师的个别辅导也是由辅导者自主决定选择学习材料。以阅读辅导为例[②]，对于阅读辅导材料的选取，辅导者们通常会选用具有较高选择率的书籍，或从其他课外辅导项目中进行借鉴性选择。

（二）选用以美国多元文化背景为特色编写的阅读材料

因为美国目前的移民人口众多，因而有研究人员开发出了为具有多元

---

① Margaret Moore-Hart, Stuart A. Karababenick, "Becoming Successful Readers: A Volunteer Tutoring Program for Culturally Diverse Students", *Literacy Research and Instruction*, Vol. 48, 2009, pp. 149 – 171.

② 阅读作为一门课程在美国中小学属于"主科"，它们通常将语文这一科目分为拼写、阅读、写作等几个方面来进行。当然，美国并不像我国通常所理解的那样，有泾渭分明的分科教学，但阅读教学确实是它们的基础教育的重中之重。

文化背景的学生使用的教材，这种多元文化的书籍较具代表性的是由戴孟德与莫尔—哈特（Diamond and Moore-Hart）开发出来的指南①。就美国中小学生的多元文化背景来看，这些被选出来的阅读材料是比较具有针对性的，能够加强学生们欣赏与理解自己的文化背景的能力，同时也能改善他们的阅读成绩。

在一项对具有多元文化背景的小学生所进行的阅读辅导项目中②，教辅人员手册里包括辅导教学方法与指导方法，多元文化书籍包括阅读或写作教学活动设计指南、特殊文字教学策略等，为学生准备的辅导档案包括读写记录单，带有"力量圈"的词库（a word bank with a "powerring"）、教学计划（lesson plans）、一包字母卡片（a packet of letter cards）与评价表（comment sheets），等等。这些材料能够使辅导者记录学生阅读书籍的量、新词汇的学习（当受辅者学习认识这些词时，凡是他们能够熟练掌握的词就会被放进一个圆环内，即所谓的"力量圈"）、识字量或发音的正确率（这可通过识字卡片来进行）。这些辅导档案有可能让辅导人员通过学生的仿写活动记录下他们的写作表现（writing sample sheets）。辅导档案还提供一种方式来交流辅导者观察与记录的受辅者的日常进步。用这种方式，如果有多人同时辅导一个学生，那么所有的辅导者也仍然能够从辅导档案记录里了解到该生的日常进步，从而确保在整个辅导期间都能够对他进行积极的辅导。

二 辅导教学培训流程

（一）项目负责人与读写指导员进行严格训练

美国的志愿家教辅导活动，辅导人员大都会参与时间不等的培训研讨会，研讨会主要是对辅导人员进行系统的教学培训与指导。在这些研讨会上，项目负责人与读写指导员（the project director and the literacy coordinator）会陈述辅导程序、读写基础教学策略与技术、读写教学模式等核心辅导环节，然后成员在小组内进行模拟教学实践或其他方式的模拟教学。

---

① Diamond, B. & Moore-Hart, M., *Multicultural Literacy: Mirroring the Reality of the Classroom*, New York: Longman, 1995.

② Margaret Moore-Hart, Stuart A. Karababenick, "Becoming Successful Readers: A Volunteer Tutoring Program for Culturally Diverse Students", *Literacy Research and Instruction*, Vol. 48, 2009, pp. 149 – 171.

辅导人员为了尽快熟悉阅读进程、适应辅导项目，必须在整个培训期间都频繁地演练这些辅导教学的方式、方法与策略。同时，项目负责人及指导者们也必须基于当前的读写研究策略与阅读进步策略，花大量的时间来指导这些辅导人员，这样才能使辅导人员能够充分地了解儿童读写的学习心理。

（二）通过实训，使辅导人员了解阅读是一个心理语言学过程

特别地，辅导人员需了解阅读是一个心理语言学过程，阅读者需通过信息的获得与问题的解决才能够了解一段文字的意思。因为意义来自读者个体背景与文本的交互作用，所以在阅读文本时学生的积极活动相当重要，而且写的活动必须联系着读的活动，问问题、使用高质量的阅读材料等策略都是被特别强调的。观看一组特制的教学模式后，辅导人员要进行个人的或小组内的模仿实践，此时，读写指导员对他们进行流动指导，并适时地促进他们理解与使用教学策略，以达到真正掌握这些辅导教学模式的目的。读写指导员常常会发给辅导学员一些小册子，上面记录着特别的读写术语、概念或教学策略，这有助于学员在他们的辅导教学过程中随时翻阅使用。同时，学员们也会在这些小册子上随时添加上他们在辅导教学过程中总结出来的实践经验。

（三）拼写辅导须在阅读活动中进行

另外，家教辅导员会懂得如何教学生认识单词与拼读字母之间的关系，这需要在阅读文本中进行，或通过使用经巧妙处理过的材料进行。例如，辅助教学研讨会中读写策略环节就包括：阅读思考行动指导（DR-TA）、在问与答之间建立联系（QAR）、语言经验使用（LEA）、语义图（Semantic mapping）、提问策略，语法故事、配对阅读策略、诗歌朗读（Choral reading）、戏剧扮演（Reader's theater）、报纸杂志、写作策略、填字游戏（Making words）、识词策略等。以上所列的这些基于研究得来的教学策略，都会在辅导教师手册里看到，这有助于辅导教师反复记背或在后续的辅导教学中用以参考。

（四）家教辅导信息的公开宣传与反思性研讨活动的开展

项目负责人与读写指导员也会从文化的角度来宣传如何进行有效的辅导教学、如何使用具有文化多样性的读本、如何对待虐待儿童问题、如何建立父母与学校间的联系、如何培养团队精神等。在这些研讨会中，辅导人员都有机会去进行反思、讨论问题，或是分享他们在研讨会学习过程中

所取得的成功，另外还配有头脑风暴法的教学策略讨论，这些对他们辅导学生都是有所助益的。

（五）培训人员的跟踪指导

辅导者们会受到现场训练，在他们与其受辅学生一起学习时也会得到适时的现场指导。在这些现场的指导教学训练中，读写指导员会提供反馈信息，提供建议或对辅导人员的教学进行评论，包括阅读模式、写作策略，或在任何时候当辅导者需要帮助时提供帮助。他们还安排时间让辅导人员与读写指导员进行单独的现场指导，以便能更好地解决辅导过程中所遇到的各种问题。

三　辅导时限、时长与频率

辅导的目的在于通过提供课外的阅读与写作时间，开展令人愉快的具有个人体验的阅读与写作活动，让学生的读写能力有所提高。在参与至少两个周期的教学培训研讨会后，辅导人员就能够开始 30 分钟的一对一式的家庭辅导教学了。这种辅导每周 2—4 次，视不同的学校而定。不管一周 2 次还是 4 次，这些辅导的形式都是一样的。在每次 30 分钟的辅导中，辅导教师与孩子一起阅读多元文化的文本，用 15—20 分钟来进行交互式的问与答，接着是进行由托平（Topping）提出的配对阅读策略①，再接着是为每个受辅孩子的每一辅导期设计形式多样的辅导方案，它们会在实际的阅读辅导教学，包括学生自己的读写时间（每次至少 15—20 分钟）中得到使用。

四　阅读辅导的步骤

美国学者大多认为，阅读技能是一切学科知识获得的基础，因而，在有关志愿家教服务的诸多项目中，阅读能力的辅导最为重要。首先，受辅学生在他们的辅导者指导下选择他们爱读的书。其次，开展交互式的文本阅读。它除了辅导者与学生的问与答外，还有与学生一起大声朗读的活动。第三，始终地，受辅学生会在辅导学习的过程中得到有规律的、特别的赞美（例如，在表达上与流畅程度上等）。为了加强理解，辅导者定期

---

①　Topping, K., "Peer Tutoring Paired Reading: Outcome Data from Ten Projects", *Educational Psychology*, No. 7, July 1987, pp. 133 – 145.

地停下来与学生一起讨论词语与故事的内容。第四，辅导者还会在对学生就文本提问时进一步检测学生对文本的理解程度，这种检测可在交互式问答之前或之后进行。这些问题根据文本的类型都遵循 DR-TA 或 QAR 的原则。①

第三节　美国课外家庭教师辅导的启示

较之于我国的家教辅导，美国的家教辅导至少能给予我们以下几点启示。

一　积极肯定的价值观

美国具有较久的源于西方古典传统的家庭私人教师教学文化，而且崇尚个别教学法，因而，对家教辅导持积极而肯定的态度。我国自改革开放以来，由于经济水平的发展，课外辅导逐渐兴盛，但绝大多数属有偿家教，而且不少在职教师为学生提供课外个别辅导属于高昂的有偿教育服务，这导致我国普遍对家教辅导持负面态度或功利性看法。

二　科学有效的教育教学方法

美国的志愿家教有成套系统的方法，进行家教课外辅导的志愿者都有一套稳定而有效的教学策略。相比较而言，在中国，大学生进行课外辅导，大多只是为赚取生活补助费，他们既没有一套系统的教学计划，也无有效的教学方法与教学技能，更谈不上为中小学生选取适合于个别辅导的学习材料。而由在职或退休教师及其他成人为中小学生提供的课外辅导，其辅导学习材料主要是为了应试目的而制作，而并非是为了培养和提高学生的学习能力，其对学生全面发展的效用十分有限。

三　优惠的鼓励性政策支持与具有专业水准的人员培训及使用

如前所述，美国的家教辅导绝大多数属于志愿型，得到政府的大力支

---

①　Margaret Moore-Hart, Stuart A. Karababenick, "Becoming Successful Readers: A Volunteer Tutoring Program for Culturally Diverse Students", *Literacy Research and Instruction*, Vol. 48, 2009, pp. 149 – 171.

持，并受到不少优惠政策的鼓励，例如地方政府、学区管理部门、中小学校等需拨出一部分资金，主要用于志愿家教人员的培训上及其他一些教学支援服务项目上。这真正体现了教育的公共事业属性。当然，如果缺乏有效的管理、培训与监督机制，家教辅导是不可能真正做好的。在美国，不少大学与研究机构皆有专门人员组织各种类型的志愿家教辅导项目，辅导人员的选用实行公开招募，对其培训亦相当严格而科学，并在其对中小学进行课外辅导时仍有专门人员随时给予指导，并给予教育教学知能的追踪性再提高培训。

相比较之下，我国也是不主张在职教师为学生提供有偿课外辅导服务的，但事实却是大多数课外辅导是由在职教师有偿提供的，近些年来，更是在正规学校教育系统之外又形成了一个蔚为壮观的市场化特色鲜明的家教或补习"教育系统"。另一方面，各类高校学生也会组织无偿的"支教"活动，但"支教"大都面向农村薄弱学校、城市边缘地带农民工子弟学校等，"支教"的大学生往往是在未接受良好的教学指导的状态下就匆匆上阵，很难为支教对象提供多少有效的学业技能的改善。总的来看，由在职中小学教师所进行的有偿家教服务，主要受市场规律决定；由大学生所进行的勤工助学家教或"支教"服务，则要么流于形式，要么属于一次性短期行为。国内两种类型的家教服务皆缺乏相关部门的有效监管、指导与培训。

综上所述，欲改善我国课外家教辅导乱象丛生的局面，首先须从价值观上厘清课外辅导应属于公共教育事业的有益补充，我国政府及社会应从公共教育事业的角度来理解和看待课外家教辅导，并给予辅导人员以必要的培训和指导。

参考文献

（一）

1. ［奥］贝塔朗菲：《一般系统论：基础、发展和应用》，林康义等译，清华大学出版社 1987 年版。

2. ［奥］贝塔朗菲、［美］A. 拉威奥莱特：《人的系统观》，张志伟等译，华夏出版社 1989 年版。

3. ［奥］贝塔朗菲：《生命问题》，吴晓江译，商务印书馆 1999 年版。

4. ［澳］丹纳赫等：《理解福柯》，刘瑾译，百花文艺出版社 2002 年版。

5. ［澳］斯马特、［英］威廉姆斯：《功利主义：赞成与反对》，牟斌译，中国社会科学出版社 1992 年版。

6. ［比］尼科里斯、普里戈金：《探索复杂性》，罗久里等译，四川教育出版社 1986 年版。

7. ［比］普里戈金：《从存在到演化：自然科学中的时间及其复杂性》，曾庆宏等译，上海科学技术出版社 1986 年版。

8. ［比］普里戈金、［法］斯唐热：《从混沌到有序：人与自然的新对话》，曾庆宏等译，上海译文出版社 1987 年版。

9. ［比］普里戈金、［法］斯唐热：《确定性的终结：时间、混沌与新自然法则》，湛敏译，上海科技教育出版社 1998 年版。

10. ［比］普里戈金：《未来是定数吗?》，曾国屏译，上海科技教育出版社 2005 年版。

11. ［波］科拉柯夫斯基：《柏格森》，牟斌译，中国社会科学出版社 1991 年版。

12. ［德］狄尔泰：《精神科学引论》（第一卷），童奇志等译，中国城市出版社 2002 年版。

13. ［德］费尔曼：《生命哲学》，李健鸣译，华夏出版社 2000 年版。

14. ［德］弗洛姆：《人类的破坏性》，孟禅森译，中央民族大学出版社 1999 年版。

15. ［德］康德：《历史理性批判文集》，何兆武译，商务印书馆 1990 年版。

16. ［德］迈因策尔：《复杂性中的思维：物质、精神和人类的复杂动力学》，曾国屏译，中央编译出版社 1999 年版。

17. ［德］尼采：《悲剧的诞生》，黄燎宇译，漓江出版社 2000 年版。

18. ［德］魏德哈斯：《愤怒书尘：一个文化经纪人的青年时代》，王泰智译，商务印书馆 2004 年版。

19. ［法］本达：《知识分子的背叛》，孙传钊译，吉林人民出版社 2004 年版。

20. ［法］柏格森：《生命与记忆：柏格森书信选》，陈圣生编译，经济日报出版社 2001 年版。

21. ［法］柏格森：《形而上学引论》，王太庆译，载洪谦主编《现代西方哲学论著选辑》，商务印书馆 1993 年版。

22. ［法］德·布洛衣：《物理学与微观物理学》，朱津栋译，商务印书馆 1992 年版。

23. ［法］德勒兹：《康德与柏格森解读》，张宇凌等译，社会科学文献出版社 2002 年版。

24. ［法］多斯：《从结构到解构：法国 20 世纪思想主潮》，季广茂译，中央编译出版社 2004 年版。

25. ［法］福柯：《话语的秩序》，许冠强等译，载《语言与翻译的政治》，中央编译出版社 2001 年版。

26. ［法］福柯：《疯癫与文明》，刘北成等译，生活·读书·新知三联书店 2003 年版。

27. ［法］福柯：《古典时代疯狂史》，林志明译，生活·读书·新知三联书店 2005 年版。

28. ［法］哈列维：《哲学激进主义的兴起：从苏格兰启蒙运动到功利主义》，曹海军等译，吉林人民出版社 2006 年版。

29. ［法］加缪：《西西弗斯的神话》，杜小真译，广西师范大学出版社

2002 年版。

30. 〔法〕勒庞：《乌合之众》，冯克利译，中央编译出版社 2004 年版。

31. 〔法〕利科：《活的隐喻》，汪堂家译，上海译文出版社 2004 年版。

32. 〔法〕罗斯丹等：《法兰西院士就职演说：罗斯丹，尤奈斯库，佩雷菲特》，闫雪梅等译，上海社会科学院出版社 2006 年版。

33. 〔法〕玛丽：《对面的疯子：解读平常的疯狂》，黄荭等译，华东师范大学出版社 2007 年版。

34. 〔法〕摩罗特－西尔：《柏格森在今天对我们的意义》，《国外社会科学文摘》1965 年第 2 期。

35. 〔法〕莫兰：《复杂思想：自觉的科学》，陈一壮译，北京大学出版社 2001 年版。

36. 〔法〕莫诺：《偶然性与必然性：略论现代生物学的自然哲学》，上海外国自然科学哲学著作编译组译，上海人民出版社 1977 年版。

37. 〔法〕梅洛·庞蒂：《哲学赞词》，杨大春译，商务印书馆 2000 年版。

38. 〔法〕祁雅理：《二十世纪法国思潮：从柏格森到莱维—施特劳斯》，吴永泉等译，商务印书馆 1987 年版。

39. 〔法〕维莱：《世界名人思想词典》，施康强等译，重庆出版社 1992 年版。

40. 〔加〕麦克卢汉、秦格龙：《麦克卢汉精粹》，何道宽译，南京大学出版社 2000 年版。

41. 〔美〕巴雷特：《非理性的人：存在主义哲学研究》，段德智译，上海译文出版社 1987 年版。

42. 〔美〕伯恩斯：《法国与德雷福斯事件》，郑约宜译，江苏教育出版社 2006 年版。

43. 〔美〕达马西奥：《笛卡尔的错误：情绪、推理和人脑》，毛彩凤译，教育科学出版社 2007 年版。

44. 〔美〕杜兰：《杜兰讲述哲学的故事》，汪小春译，东方出版社 2004 年版。

45. 〔美〕福格林：《行走于理性的钢丝上：理性动物的不确定生活》，陈蓉霞译，新星出版社 2007 年版。

46. 〔美〕弗洛姆：《逃避自由》，刘林海译，国际文化出版公司 2002 年版。

47. ［美］柯尔：《物理与头脑相遇的地方》，丘宏义译，长春出版社 2002 年版。

48. ［美］迪瓦恩等：《20 世纪思想家辞典：生平·著作·评论》，贺仁麟总译校，上海人民出版社 1996 年版。

49. ［美］E. 拉兹洛：《系统哲学讲演集》，闵家胤等译，中国社会科学出版社 1991 年版。

50. ［美］雷舍尔：《复杂性：一种哲学观》，吴彤译，上海科技教育出版社 2007 年版。

51. ［美］罗伯特·保罗·沃尔夫：《哲学概论》，郭实渝等译，广西师范大学出版社 2005 年版。

52. ［美］弗林：《存在主义简论》，莫伟民译，外语教学与研究出版社 2006 年版。

53. ［美］古廷：《20 世纪法国哲学》，辛岩译，江苏人民出版社 2005 年版。

54. ［美］霍尔顿：《爱因斯坦、历史与其他激情：20 世纪末对科学的反叛》，刘鹏等译，南京大学出版社 2005 年版。

55. ［美］拉宾格尔等：《一种文化?：关于科学的对话》，张增一等译，上海科技教育出版社 2006 年版。

56. ［美］罗蒂：《后哲学文化》，黄勇编译，上海译文出版社 1992 年版。

57. ［美］马克·戴维森：《隐匿中的奇才：路德维希·冯·贝塔朗菲传》，陈蓉霞译，东方出版中心 1999 年版。

58. ［美］迈尔斯：《社会心理学》，侯玉波等译，人民邮电出版社 2007 年版。

59. ［美］美国不列颠百科全书公司：《不列颠百科全书（国际中文版）》，中国大百科全书出版社不列颠百科全书编辑部编译，中国大百科全书出版社 1999 年版。

60. ［美］米德：《十九世纪的思想运动》，陈虎平等译，中国城市出版社 2003 年版。

61. ［美］米德：《心灵、自我与社会》，赵月瑟译，上海译文出版社 2005 年版。

62. ［美］墨顿：《心理学的故事：源起与演变》，李斯等译，海南出版社 2006 年版。

63. ［美］皮卡德：《情感计算》，罗森林译，北京理工大学出版社 2005 年版。

64. ［美］桑塔格：《疾病的隐喻》，程巍译，上海译文出版社 2003 年版。

65. ［美］桑塔亚纳：《宗教中的理性》，张沛译，北京大学出版社 2008 年版。

66. ［美］斯特龙伯格：《西方现代思想史》，刘北成等译，中央编译出版社 2004 年版。

67. ［美］索卡尔等：《"索卡尔事件"与科学大战：后现代视野中的科学与人文的冲突》，蔡仲等译，南京大学出版社 2002 年版。

68. ［美］沃恩：《唤醒直觉》，罗爽译，新华出版社 2000 年版。

69. ［美］沃林：《非理性的魅惑：向法西斯靠拢·从尼采到后现代主义》，阎纪宇译，立绪文化事业有限公司 2006 年版。

70. ［美］特纳、斯戴兹：《情感社会学》，孙俊才等译，上海人民出版社 2007 年版。

71. ［美］维纳：《控制论》，郝季仁译，科学出版社 1963 年版。

72. ［美］维纳：《人有人的用处：控制论和社会》，陈步译，商务印书馆 1978 年版。

73. ［美］希尔：《现代知识论》，刘大椿等译，中国人民大学出版社 1989 年版。

74. ［美］希勒：《非理性的繁荣》，廖理等译，中国人民大学出版社 2000 年版。

75. ［南非］保罗·西利亚斯：《复杂性与后现代主义：理解复杂性》，曾国屏译，上海科技教育出版社 2006 年版。

76. ［英］玛格丽特·A. 博登：《皮亚杰》，杨赋斌译，昆仑出版社 1999 年版。

77. ［美］墨顿·亨特：《心理学的故事》，李斯等译，海南出版社 2006 年版。

78. ［美］约翰·H. 霍兰：《隐秩序：适应性造就复杂性》，周晓牧等译，上海科技教育出版社 2001 年版。

79. ［日］三浦展：《下流社会：一个新社会阶层的出现》，陆求实等译，文汇出版社 2007 年版。

80. ［瑞典］陶穆：《给 1927 年诺贝尔文学奖获得者的颁奖辞》，载陈映真编《诺贝尔文学奖全集》，远景出版事业公司 1982 年版。

81. [匈] 卢卡奇：《理性的毁灭：非理性主义的道路——从谢林到希特勒》，王玖兴等译，山东人民出版社 1988 年版。

82. [英] 鲍曼：《个体化社会》，范祥涛译，上海三联书店 2002 年版。

83. [英] 波普尔：《无穷的探索：思想自传》，邱仁宗等译，福建人民出版社 1984 年版。

84. [英] 伯林：《反潮流：观念史论文集》，冯克利译，译林出版社 2002 年版。

85. [英] 贝尔纳：《科学的社会功能》，陈体芳译，商务印书馆 1982 年版。

86. [英] 博登：《皮亚杰》，杨赋斌译，昆仑出版社 1999 年版。

87. [英] 丹尼斯·史密斯、齐格蒙特·鲍曼：《后现代性的预言家》，萧韶译，江苏人民出版社 2002 年版。

88. [英] 哈代等：《科学家的辩白》，毛虹等译，江苏人民出版社 1999 年版。

89. [英] 汉迪：《超越确定性》，徐华等译，华夏出版社 2000 年版。

90. [英] 汉迪：《非理性的时代》，吴美真译，（台北）联经出版事业公司 1991 年版。

91. [英] 汉迪：《非理性的时代》，王凯丽译，华夏出版社 2000 年版。

92. [英] 怀特海：《思维方式》，刘放桐译，商务印书馆 2004 年版。

93. [英] 吉尼斯：《心灵学：现代西方超心理学》，张燕云译，辽宁人民出版社 1988 年版。

94. [英] 柯林武德：《形而上学论》，宫睿译，北京大学出版社 2007 年版。

95. [英] 柯林武德：《历史的观念》，何兆武等译，商务印书馆 1997 年版。

96. [英] 柯林武德：《自然的观念》，柯映红等译，北京大学出版社 2006 年版。

97. [英] 齐格蒙特·鲍曼：《被围困的社会》，郇建立译，江苏人民出版社 2005 年版。

98. [英] 罗杰斯、汤普森：《行为糟糕的哲学家》，吴万伟译，新星出版社 2006 年版。

99. ［英］罗素：《西方哲学史》，马元德译，商务印书馆 2006 年版。

100. ［英］麦克利什：《人类思想的主要观点：形成世界的观念》，查常平等译，新华出版社 2004 年版。

101. ［英］沃尔顿：《人性：情绪的历史》，王锦等译，上海科学普及出版社 2007 年版。

102. 曹锦清：《现代西方人生哲学》，学林出版社 1988 年版。

103. 蔡颖：《鲍曼思想简介》，《国外理论动态》2003 年第 9 期。

104. 陈其荣等：《科学基础方法论：自然科学与人文、社会科学方法论比较研究》，复旦大学出版社 2004 年版。

105. 陈其荣：《自然哲学》，复旦大学出版社 2004 年版。

106. 陈卫平、施志伟：《生命的冲动：柏格森和他的哲学》，上海三联书店 1988 年版。

107. 陈应年：《20 世纪西方哲学理论东渐述要（上）》，《哲学译丛》2001 年第 1 期。

108. 丁常春：《马克思主义宗教观新探》，《四川行政学院学报》2004 年第 6 期。

109. 范冬萍：《系统哲学的新探索："控制论原理研究计划"》，《自然辩证法研究》2003 年第 9 期。

110. 冯俊：《法国近代哲学》，同济大学出版社 2004 年版。

111. 冯契、徐孝通：《外国哲学大辞典》，上海辞书出版社 2000 年版。

112. 冯契等：《哲学大辞典》，上海辞书出版社 2007 年版。

113. 冯晓虎：《隐喻：思维的基础、篇章的框架》，对外经济贸易大学出版社 2004 年版。

114. 高建明、孙兆刚：《论复杂性、非线性及其相互关系》，《系统辩证学学报》2002 年第 4 期。

115. 高雅云：《社会心理学词典》，农村读物出版社 1988 年版。

116. 龚群：《对以边沁、约翰·穆勒为代表的功利主义的分析批判》，《伦理学研究》2003 年第 4 期。

117. 郭景萍：《西方情感社会学理论的发展脉络》，《社会》2007 年第 5 期。

118. 郭景萍：《情感社会学三题三议》，《学术论坛》2007 年第 6 期。

119. 郭元林、金吾伦：《复杂性是什么?》，《科学技术与辩证法》2003 年第 6 期。

120. 韩玉敏等：《新编社会学辞典》，中国物资出版社 1997 年版。

121. 何颖：《非理性及其价值研究》，中国社会科学出版社 2003 年版。

122. 胡敏中：《理性的彼岸：人的非理性因素研究》，北京师范大学出版社 1994 年版。

123. 黄欣荣：《复杂性究竟是什么：复杂性的语义分析》，《自然辩证法研究》2004 年第 5 期。

124. 黄欣荣：《复杂性研究与隐喻方法》，《自然辩证法研究》2005 年第 10 期。

125. 黄雪霞等：《法国哲学：柏格森专题》，《哲学与文化》2005 年第 5 期。

126. 贾根良：《演化经济学：经济学革命的策源地》，山西人民出版社 2004 年版。

127. 蒋佩明等：《世界 100 位科学家》，江西科学技术出版社 2003 年版。

128. 金吾伦、郭元林：《国外复杂性科学的研究进展》，《国外社会科学》2003 年第 6 期。

129. 金吾伦、郭元林：《复杂性科学及其演变》，《复杂系统与复杂性科学》2004 年第 1 期。

130. 金吾伦：《复杂适应系统中的生成观念》，《江汉论坛》2007 年第 8 期。

131. 金尚年：《量子力学的物理基础和哲学背景》，复旦大学出版社 2007 年版。

132. 蓝宇蕴：《都市里的村庄：关于一个"新村社共同体"的实地研究》，博士学位论文，中国社会科学院研究生院，2003 年。

133. 李后强等：《社会现象中的混沌》，东北师范大学出版社 1999 年版。

134. 李建华：《科学哲学》，中共中央党校出版社 2004 年版。

135. 李石岑等：《柏格森号》，《民铎》1921 年 12 月。

136. 李文阁等：《生命冲动：重读柏格森》，四川人民出版社 1998 年版。

137. 李夏、戴汝为：《系统科学与复杂性》，《自动化学报》1998 年第 2 期。

138. 李醒民：《隐喻：科学概念变革的助产士》，《自然辩证法通讯》2004 年第 1 期。

139. 李杨、陈璐：《我国"新失业群体"的困境与对策探讨》，《青年探索》2007 年第 2 期。

140. 聂耀东、彭新武：《复杂性思维·中国传统哲学·深层生态学》，《思想理论教育导刊》2005 年第 4 期。

141. 林崇德等：《心理学大辞典》，上海教育出版社 2004 年版。

142. 刘劲杨：《穿越复杂性丛林：复杂性研究的四种理论基点及其哲学反思》，《中国人民大学学报》2004 年第 5 期。

143. 刘晓虹：《现代性的辩证法》，《国外理论动态》2003 年第 9 期。

144. 柳鸣九：《说说柏格森》，《中华读书报》2004 年 11 月 15 日。

145. 毛崇杰等：《二十世纪西方美学主流》，吉林教育出版社 1993 年版。

146. 苗东升：《复杂性研究的现状与展望》，《系统辩证学学报》2001 年第 4 期。

147. 苗东升：《论复杂性》，《自然辩证法通讯》2000 年第 6 期。

148. 苗东升：《系统科学大学讲稿》，中国人民大学出版社 2007 年版。

149. 潘泽泉：《理论范式和现代性议题：一个情感社会学的分析框架》，《湖南师范大学社会科学学报》2005 年第 5 期。

150. 尚新建：《重新发现直觉主义：柏格森哲学新探》，北京大学出版社 2000 年版。

151. 盛庆琜：《实然/应然鸿沟：自然主义和效用主义》，《伦理学》2003 年第 1 期。

152. 沈铭贤：《新科学观：现代人与自然的对话》，江苏科学技术出版社 1988 年版。

153. 宋学峰：《复杂性科学研究现状与展望》，《复杂系统与复杂性科学》2005 年第 2 期。

154. 孙鼎国：《西方文化百科》，吉林人民出版社 1991 年版。

155. 孙绍荣等：《理性行为与非理性行为：从诺贝尔经济学奖获奖理论看行为管理研究的进展》，上海财经大学出版社 2007 年版。

156. 田文军：《冯友兰传》，人民出版社 2003 年版。

157. 王勤：《非理性的价值及其引导》，博士学位论文，中共中央党校，1999 年。

158. 王理平：《差异与绵延：柏格森哲学的当代命运》，人民出版社 2007 年版。

159. 王礼平：《存在的呐喊：绵延与柏格森主义》，博士学位论文，复旦大学，2005 年。

160. 王宁：《略论情感的社会方式：情感社会学研究笔记》，《社会学研究》2000 年第 4 期。

161. 王延锋：《因果性、直观性、个体性与量子力学：试析保罗·福曼关于魏玛文化与量子力学发展之关系》，《自然辩证法研究》2002 年第 11 期。

162. 王雨田：《控制论、信息论、系统科学与哲学》，中国人民大学出版社 1986 年版。

163. 文兵：《面向复杂性：福柯的后现代知识观》，《首都师范大学学报》（社会科学版）2004 年第 2 期。

164. 邬昆如：《现代西洋哲学思潮》，黎明文化事业公司 1987 年版。

165. 邬焜等：《自然辩证法新编》，西安交通大学出版社 2003 年版。

166. 邬焜：《微观复杂性探究》，《河北学刊》2005 年第 2 期。

167. 武斌：《思维方式中的非理性因素》，《社会科学辑刊》1988 年第 1 期。

168. 吴国盛：《时间的观念》，中国社会科学出版社 1996 年版。

169. 吴国盛：《科学的历程》（2 版），北京大学出版社 2002 年版。

170. 吴宁：《和谐社会建设中的非理性》，合肥工业大学出版社 2007 年版。

171. 吴彤：《"复杂性"研究的若干哲学问题》，《自然辩证法研究》2000 年第 1 期。

172. 吴彤：《复杂性的兴起》，《科学技术与辩证法》2001 年第 6 期。

173. 吴彤：《复杂性概念研究及其意义》，《中国人民大学学报》2004 年第 5 期。

174. 吴彤、黄欣荣：《复杂性科学兴起的语境分析》，《清华大学学报》（哲学社会科学版）2004 年第 3 期。

175. 谢立中：《社会的复杂性：社会学家的视野》，《系统辩证学学报》2001 年第 4 期。

176. 熊哲宏：《心理学大师的爱情与爱情心理学》，中国社会科学出版社 2007 年版。

177. 杨大椿：《科学哲学通论》，中国人民大学出版社 1998 年版。

178. 颜泽贤:《复杂性探索与控制论发展》,《自然辩证法研究》2005 年第 6 期。

179. 颜泽贤等:《系统科学导论:复杂性探索》,人民出版社 2006 年版。

180. 叶秀山:《"哲学"活在法国:写在〈遥远的目光〉出版之际》,《哲学研究》2001 年第 3 期。

181. 尤召良:《塞尚与柏格森》,广西师范大学出版社 2004 年版。

182. 于景元、刘毅:《关于复杂性研究》,《中外管理导报》2002 年第 9 期。

183. 张成岗:《阿尔都塞的科学认识论:从"绵延"到"断裂"》,《河北学刊》2003 年第 2 期。

184. 张俊心等:《软科学手册》,天津科技翻译出版公司 1989 年版。

185. 赵凯荣:《复杂性:人类认识之谜》,博士学位论文,武汉大学,1999 年。

186. 赵松年:《非线性科学:它的内容、方法和意义》,《复杂性研究》,中国科学研究院《复杂性研究》编委会,科学出版社 1993 年版。

187. 赵修义等:《现代西方哲学纲要》,华东师范大学出版社 1986 年版。

188. 曾国屏等:《当代自然辩证法教程》,清华大学出版社 2005 年版。

189. 郑欣:《集群行为:要素分析及其形成机制》,《青年研究》2000 年第 12 期。

190. 郑伟建:《我国非理性研究的出路何在:谈非理性研究的前提及方法论》,《南京社会科学》1991 年第 1 期。

191. 周辅成:《西方伦理学名著选辑》,商务印书馆 1987 年版。

（二）

1. [巴西]弗莱雷:《被压迫者教育学》,黄志成译,人民教育出版社 2003 年版。

2. [德]波斯特莱斯维特:《最新世界教育百科全书》,郑军等编译,河北教育出版社 1991 年版。

3. [法]莫兰:《复杂性理论与教育问题》,陈一壮译,北京大学出版社 2004 年版。

4. [法]涂尔干:《教育思想的演进》,李康译,上海人民出版社 2006 年版。

5. ［美］多尔:《后现代课程观》，王红宇译，教育科学出版社 2000 年版。

6. ［美］美国不列颠百科全书公司:《不列颠百科全书》（国际中文版），中国大百科全书出版社《不列颠百科全书》编辑部编译，中国大百科全书出版社 1999 年版。

7. ［摩洛哥］摩西:《世界著名教育思想家》（第 1—4 卷），梅祖培等译，中国对外翻译出版公司 1994、1995、1996、1996 年版。

8. ［日］平塚益德:《世界教育辞典》，黄德诚等译，湖南教育出版社 1989 年版。

9. ［日］新堀通也等:《现代教育いこドズシク》，有信堂高文社 1981 年版。

10. ［瑞典］胡森、［德］波斯尔斯韦特:《国际教育百科全书》，李维等译，贵州教育出版社 1990 年版。

11. ［瑞典］胡森、［德］波斯尔斯韦特:《教育大百科全书》，西南师范大学出版社、海南出版社 2006 年版。

12. ［瑞士］皮亚杰:《教育科学与儿童心理学》，傅统先译，文化教育出版社 1981 年版。

13. ［美］乔治·R. 耐特:《教育哲学导论》，简成熙译，五南图书出版公司 2002 年版。

14. 毕诚:《中外教育名著评介》（第二卷），山东教育出版社 1992 年版。

15. 蔡春:《在权力与权利之间:秩序自由主义教育研究》，博士学位论文，华南师范大学，2004 年。

16. 陈锋:《狄尔泰教育学思想研究》，博士后出站报告，华东师范大学，2005 年。

17. 陈振中:《论教育身份》，博士学位论文，华东师范大学，2005 年。

18. 董标:《马克思主义教育思想论纲》（修订版），中国矿业大学出版社 1999 年版。

19. 董标:《教育的文化研究:探索教育基本理论的第三条道路》，《华东师范大学学报》（教育科学版）2002 年第 3 期。

20. 董标:《走向自由的教育学》，博士学位论文，浙江大学，2005 年。

21. 董标:《"教育学形态研究"课堂讨论稿》，华南师范大学教育学系，2005 年 10 月 10 日。

22. 董秀珍：《柏格森的哲学思想及其在教育上的启示》，《教育研究（台北）》2001 年第 9 期。

23. 堵述初：《毛泽东先生会见记》，载《晏阳初文集》，宋恩荣编，教育科学出版社 1989 年版。

24. 冯建军：《生命与教育》，教育科学出版社 2004 年版。

25. 台湾师范大学教育研究所编辑小组：《教育原理》，伟文图书出版有限公司 1979 年版。

26. 郭元祥：《论教育的过程属性和过程价值：生成性思维视域中的教育过程观》，《教育研究》2005 年第 9 期。

27. 顾明远：《教育大辞典》（增订合编本），上海教育出版社 1998 年版。

28. 侯定凯：《高等教育社会学》，广西师范大学出版社 2004 年版。

29. 扈中平：《人是教育的出发点》，《教育研究》1989 年第 8 期。

30. 扈中平、陈东升：《教育价值选择的方法论思考》，《教育研究》1995 年第 5 期。

31. 扈中平、刘朝晖：《对教育基本理论学科建设与发展的几点看法》，《华东师范大学学报》（教育科学版）1998 年第 2 期。

32. 扈中平：《教育研究必须坚持科学人文主义的方法论》，《教育研究》2003 年第 3 期。

33. 扈中平、蔡春：《教育人学论纲》，《华东师范大学学报》（教育科学版）2003 年第 3 期。

34. 扈中平：《教育目的论》（2 版），湖北教育出版社 2004 年版。

35. 扈中平：《"教育基本理论"讲课录音》，华南师范大学教育学系，2005 年 11 月 3 日。

36. 黄光雄：《柏格森哲学的教育观》，《花莲师专学报》1971 年第 3 期。

37. 黄志成：《西方教育思想的轨迹：国际教育思潮纵览》，华东师范大学出版社 2007 年版。

38. 蒋径三：《西洋教育思想史》，商务印书馆 1934 年版。

39. 谭光鼎、王丽云主编：《教育社会学：人物与思想》，华东师范大学出版社 2008 年版。

40. 金生鈜：《高等教育入学体制与社会身份：对教育机会分配的教育哲学分析》，《高等师范教育研究》2001 年第 7 期。

41. 金忠明：《从政治的婢女到经济的侍从：现代中国教育价值的迷失》，

《上海教育科研》2003 年第 3 期。

42. 靖国平：《教育的智慧性格：兼论当代知识教育的改革》，博士学位论
　　文，华中师范大学，2002 年。

43. ［美］克拉克：《探究的场所：现代大学的科研和研究生教育》，王承
　　绪译，浙江教育出版社 2001 年版。

44. 李家成：《论中外教育研究中的"生命"概念》，《安徽教育学院学
　　报》2004 年第 2 期。

45. 李明德、金锵：《教育名著评介》（外国卷），福建教育出版社 1992 年
　　版。

46. 李其龙：《博尔诺夫的教育人类学思想述评》，《华东师范大学学报》
　　（教育科学版）1996 年第 2 期。

47. 李雁冰：《西方人本主义教育理论发展的三种形态：兼谈人本主义教
　　育与科学主义教育的融合》，《宁波大学学报》（教育科学版）1998 年
　　第 2 期。

48. 林玉体：《西方教育思想史》，九州出版社 2006 年版。

49. 林源明：《台湾中部地区运动休闲产业员工职场工作情境与工作倦怠
　　感之研究》，《休闲运动期刊》2006 年第 5 期。

50. 刘济良：《生命教育论》，中国社会科学出版社 2004 年版。

51. 刘旭：《大众化阶段高校的教育公平使命》，《教育发展研究》2004 年
　　第 9 期。

52. 马秋凡、熊安明主编：《晏阳初教育论著选》，人民教育出版社 1993
　　年版。

53. 潘彤、储庆中：《对大学毕业生中"傍老族"现象的思考》，《中国大
　　学生就业》2006 年第 15 期。

54. 瞿葆奎、沈剑平：《教育学文集·教育与教育学》，人民教育出版社
　　1993 年版。

55. 瞿葆奎、施良方等：《教育学文集·智育》，人民教育出版社 1993
　　年版。

56. 瞿葆奎、张人杰：《教育学文集·法国教育改革》，人民教育出版社
　　1994 年版。

57. 瞿葆奎：《教育学文集·教育与社会发展》，人民教育出版社 1989
　　年版。

58. 瞿葆奎、唐莹：《教育科学分类：问题与框架：〈教育科学分支学科丛书〉代序》，载《元教育学》，人民教育出版社 2002 年版。

59. 任钟印：《世界教育名著通览》，湖北教育出版社 1994 年版。

60. 单中惠：《西方教育思想史》，教育科学出版社 2007 年版。

61. 折延东、龙宝新：《隐喻在教育理论研究体系重构中的作用》，《教育评论》2004 年第 2 期。

62. 石中英：《教育学的文化性格》，山西教育出版社 2005 年版。

63. 史静寰：《王立新基督教教育与中国知识分子》，福建教育出版社 1998 年版。

64. 唐福敬：《大学生沦为弱势群体》，《青少年导刊》2005 年第 9 期。

65. 夏正江：《现代西方人文主义教育理论之类型学分析》，《华东师范大学学报》（教育科学版）1996 年第 4 期。

66. 燕良轼：《教学的生命视野研究》，博士学位论文，湖南师范大学，2004 年。

67. 晏阳初、赛珍珠：《告语人民》，宋恩荣编，广西师范大学出版社 2003 年版。

68. 邹进：《狄尔泰的精神科学理论和文化教育学思想》，《北京师范大学学报》（社会科学版）1988 年第 4 期。

69. 吴俊升：《教育哲学大纲》，商务印书馆 1935 年版。

70. 吴式颖等：《外国教育思想通史》（十卷本），湖南教育出版社 2000 年版。

71. 薛烨、朱家雄等：《生态学视野下的学前教育》，华东师范大学出版社 2007 年版。

72. 张斌贤等：《西方教育思想史》，四川教育出版社 1994 年版。

73. 张焕庭：《西方资产阶级教育论著选》，人民教育出版社 1979 年版。

74. 文雪、扈中平：《论教育的时间内涵：时间不可逆的教育意义》，《高等教育研究》2006 年第 5 期。

75. 文雪：《在确定与不确定之间：复杂性的教育研究》，黑龙江教育出版社 2006 年版。

76. 吴相湘：《晏阳初传：为全球乡村改造奋斗六十年》，岳麓书社 2001 年版。

77. 伍香平、李华中：《论柏格森的直觉体验教育哲学观》，《湖南师范大学教育科学学报》2002 年第 3 期。

78. 《心理学百科全书》编辑委员会编：《心理学百科全书》，浙江教育出版社 1995 年版。

79. 晏阳初：《九十自述》，载宋恩荣编《晏阳初文集》，教育科学出版社1989 年版。

80. 张珂：《论大学生网民的从众心理》，《中国青年研究》2007 年第4 期。

81. 赵祥麟等：《外国教育家评传》（第三卷），上海教育出版社 1992年版。

82. 张德祥、周润智：《高等教育社会学》，高等教育出版社 2002 年版。

83. 祝福恩：《主观能动性中包含非理性因素》，《社会科学》1985 年第2 期。

84. 庄西真：《皮亚杰理论与教育改革：重读皮亚杰著作中译本的启示》，《常州技术师范学院学报》2001 年第 3 期。

85. 钟祖荣：《论学校教育对教育家形成的影响》，《北京教育学院学报》1998 年第 4 期。

（三）

1. Alex C. Michalos, *Education*, *Happiness and Well-being*, 2007. 9（http: //www. oecd. org/dataoecd/22/25/38303200. pdf）.

2. Ansell-Pearson, K., *Philosophy and the Adventure of the Virtual*：*Bergson and the Time of Life*, London and New York：Routledge, 2002.

3. Bergson, H., *Creative Evolution*, translation by Mitchell, A. Random House, Inc, 1944.

4. Bonhomme, M. B., *Educational Implications of the Philosophy of Henri Bergson*, Washington：Catholic University of America Press, 1944.

5. Corrigan, K., "A New View of Idea, Thought, and Education in Bergson and Whitehead?", *Interchange*, No. 1 – 2, February 2005.

6. Davies, L., *Education and Conflict*：*Complexity and Chaos*, 1ˢᵗ ed, London：Routledge Falmer, 2004.

7. Diamond, B. & Moore-Hart, M., *Multicultural literacy*：*Mirroring the Reality of the Classroom*, New York：Longman, 1995.

8. Donohoe, J., "Review: Thinking in Time: an introduction to Henri Bergson", *Choice*, No. 4, April 2006.

9. Edward E. Gordon, "5 Ways to Improve Tutoring Programs", *Phi Delta Kappan*, 2009.

10. Gunter, A. Y., "Temporal Hierarchy in Bergson and Whitehead", *Interchange*, No. 1 - 2, February 2005.

11. Gur-Ze've I., "Conflicting Philosophies of Education in Israel/Palestine", *Studies in Philosophy and Education*, Vol. 19, 2000.

12. Gur-Ze've I., "Bildung and Critical Theory facing Post-modern Education", *Educating Humanity: Bioldung in Postmodernity*, Edited by Løvlie L., Mortensen K. P., et al., UK: Blackwell Publishing Ltd., 2003.

13. Gur-Ze've I., *Beyond the Moddern-Postmodern Struggle in Education: Toward Counter-Education and Enduring Improvisation*, Rotterdam: Sense Publishers, 2007.

14. Gur-Ze've I., "Driving as a Man if estation of the Essence of the Current Historical Moment", *Education and the Spirit of Time: Historical Global and Critical Reflections*, edited by Moisio Olli-Pekka, Suoranta J. Rotterdam: Sense Publishers, 2006.

15. Gur-Ze've I., Pappé I., "Beyond the Destruction of the Otherps Collective Memory: Blueprints for a Palestinian/Israeli Dialogue", *Theory, Culture & Society*, Vol. 20, No. 1, January 2003 (http: M tcs. sagepub. com/cg i/content/abstrac t/20/1/93: 93).

16. Gur-Ze've I., "Defeating the Enemy With in: Exploring the Link Between Holocaust Education and the Arab/Israeli Conflict", *Religious Education*, Vol. 95, No. 4, April 2000.

17. Husén, T., Postlethwai, T. N., *The International encyclopedia of education*, Oxford: England Pergamon, 1994.

18. James Bowen and M. J. Bowen, "The modern West: Europe and the New World", *A History of Western Education*, Vol. 3, London: Methuen & Co. Ltd., 1981.

19. John S. Brubacher, *A History of the Problems of Education*, 2nd, New York: McGraw-Hill, 1966.

20. Kumar, S., Kumar, N., *Encyclopaedia of Educational Philosophy*, Vol. 5, New Delhi: Anmol Publicatons Pvt. Ltd., 2005.

21. Lakoff, G., Johnson, M., *Metaphors We Live by*, Chicago: Chicago University Press, 1980.

22. Mainzer, K., *Symmetry and Complexity: The Spirit and Beauty of Nonlinear Science*（英文影印版），科学出版社 2007 年版。

23. Margaret Moore-Hart, Stuart A., "Karababenick. Becoming Successful Readers: A Volunteer Tutoring Program for Culturally Diverse Students", *Literacy Research and Instruction*, Vol. 48, 2009.

24. Michael Hviid Jacobson & Keith Tester, "Baum an Before Exile: A Conversation With Zygmunt Bauman", *Sociological Review*, No. 3, March 2006.

25. Milic, C., *Bergson and Modern Physics: A Reinterpretation and Re-evaluation*, Dordrecht: Reidel Publishing Co. Holland, 1971.

26. Morris, D., *The Howard Street Tutoring Manual: Teaching At-risk Readers in the Primary Grades*, New York: Guilford Press, 1999.

27. Moisio Olli-Pekka, Suoranta J., "Introduction: from Reaction to Action in Contemporary Social Sciences?", *Education and the Spirit of Time: Historical Global and Critical Reflections*, edited by Moisio Olli-Pekka, Suoranta J. Sense Publishers, Rotterdam/Taipei, 2006.

28. Nietzsche, Friedrich, "Schopenhauer as Educator", *Untimely Meditations*, edited by Daniel Breazeale, translated by R. J. Hollingdale, Cambridge University Press, 1997.

29. Nietzsche, Friedrich, "On the Uses and Disadvantages of History for Life", *Untimely Meditations*, edited by Daniel Breazeale, translated by R. J. Hollingdale, Cambridge University Press, 1997.

30. *Pathways into the Third Millennium, Society, Knowledge and Know-How*, Unesco/Icphs International Symposium, Istituto Italian opergli Studi Filosofici Naples (Italy) Dec. 6 and 7, 2001. (unesdoc. unesco. org/images/0012/001256/125670e. pdf).

31. Paul Cilliers, *Complexity and Postmodernism*, Ist ed, London: Routledge, 1998.

32. Lynn Davies, *Education and Conflict: Complexity and chaos*, 1st ed. London: Routledge Falmer, 2004.

33. Peterson, T. E., "Whitehead, Bateson and Readings and the Predicates of Education", *Educational Philosophy and Theory*, No. 1, January 1999.

34. Popple, K., *The Logic of Scientific Discovery*, London and New York: Routledge, 2002.

35. R. F. Dearden, "Happiness and Education", *Education and Human Being*, edited by Paul H. Hirst and Patricia White, London: Routledge, 1998.

36. Semetsky I., "Ilan Gur-Ze've's Enduring Improvisations", *Educational Philosophy and Theory*, Vol. 39, No. 6, June 2007.

37. Topping, K., "Peer Tutoring Paired Reading: Outcome Data from Ten Projects", *Educational Psychology*, No. 7, July 1987.

38. Wasik, B., "Volunteer Tutoring Programs: Do We Know What Works?", *Phi Delta Kappan*, Vol. 79, 1997.

39. Wasik, B., "Using Volunteers as Reading Tutors: Guidelines for Successful Practices", *The Reading Teacher*, Vol. 51, 1998.

40. Gordon, E., "Looking Beyond the Stereotypes: Ensuring the True Potential of Tutoring", *Phi Delta Kappan*, Vol. 84, 2003.

41. Wheeler, O. D., *Bergson and Education*, London: Longmans, Green & Co., 1922.

42. Wilfred Carr, "Confronting the Postmodernist Challenge", *Society and Education*, edited by Paul H. Hirst and Patricia White, London: Routledge, 1998.

（四）

1. 东华大学教育研究所学术活动文案记录：《存在主义的界定》，朱丽娟笔录，崔光宙授课（www. edu. ndhu. edu. tw/note/notebook/94—1/sch1—2（07）941127. pdf）。

2. 侯怀银：《教育学世界》，2007 年 11 月，优势网（http: //www. usors. cn/blog/huaiyin/result. asp）。

3. 马军：《出版社快餐式生产造就翻译狂人》，2007 年 10 月，人民网（http: //www. 5book. com/Class/zxzx/bianji/2007 - 10/9/10091202788. html）。

4. 未名：《也谈姜志辉的翻译：以〈创造进化论〉为例》，2006 年 12 月，爱智论坛（http：//www. philosophyol. com/pol04/news/review/review/200612/2812. html）。

5. ［日］土屋靖明：《研究者简介》，2007 年 2 月（http：//read. jst. go. jp/public/dt_ksh_001EventAction. do；jsessionid = 007C92D0D62B9D58D5F27EA5AF576BA0CgABZR9H）。

6. 《维基百科全书》（http：//en. wikipedia. org/wiki/User_ talk：Paedia）。

7. 中国科学院数学与系统科学研究院复杂系统研究中心，2006 年 10 月（http：//complex. amss. ac. cn/index. html）。

8. 《圣菲研究所简介》，2007 年 5 月（http：//www. santafe. edu/about/）。

9. ［法］埃德加·莫兰：《复杂性思维》，2007 年 5 月（http：//www. philosophyol. com/bbs/dispbbs. asp？boardID = 24&ID = 12608&page = 8）。

10. 章鹏远：《国外教育期刊标题信息》，2007 年第 3 期（http：//www. cn ier. ac. cn/xx zx/btxx/2007/03/2470. html）。

11. 苗炜：《网络乌合之众》，《三联生活周刊》，2006 年 4 月第 4 期（http：//www. sina. com. cn）。

12. 柯裕棻：《流行文化中认同政治的产制：以凯蒂猫的消费为例》，2007 年 1 月，第 225 页（http：//www. jour. nccu. edu. tw/wp-content/pdf/70pdf/2 - 32 - 14. pdf）。

13. 《博士纷纷"下嫁"中学的现实考量与探索》，《中国教育报》，2008 年 1 月 6 日，新华网教育频道（http：//news. xinhuanet. com/edu/2008 - 01/06/content_ 7372562. htm）。

后　记

　　该书是在本人博士学位论文的基础上修改而成。说是修改，其实不过是增加了在校攻读博士学位期间与工作以来在教育、教学上的一些思考与观察而已。书稿下编绝大部分文章已在不同期刊上发表过，今趁此机会集结成集，也算是对自己近十年来学术研究工作的一个总结。

　　毋庸讳言，拙著是羞于见人的。但之所以又整理出来付诸铅字，不得己为各种主客观形势所迫。一个人学术成就的高低除了诚心正意这一内在品质之外，还有赖于其教育成长的经历、学术的累积及悟性。我等虽属平庸之辈，但追求高深学问的心仍有戚戚。

　　成书于此，但望今后能有所改进。

韦永琼

2014 年 6 月 23 日